Inhaltsverzeichnis

Schwerpunktthema:

Psychoanalyse der Familie

Editorial von
ELLEN REINKE & CHRISTIAN WARRLICH   5

KARL HEINZ BRISCH
Familiäre Bindungen.
Die transgenerationale Weitergabe
familiären Bindungsverhaltens   7

ANNI BERGMAN
Autonomiewünsche
versus Abhängigkeitsbedürfnisse.
Die Bedeutung des mütterlichen Objekts –
Ergebnisse einer Langzeit-Untersuchung   17

PETER MÖHRING
Das Paar – Liebespaar und Elternpaar.
Psychoanalytische Paardynamik
und Paartherapie   33

MICHAEL B. BUCHHOLZ
Die Rolle der Metapher in der
familientherapeutischen Behandlung
eines psychotischen Jugendlichen   45

MARINA GAMBAROFF
Der Einfluß der frühen
Mutter-Tochter-Beziehung auf die Ent-
wicklung der weiblichen Sexualität   59

HORST PETRI
Die Geschwisterbeziehung –
die längste Beziehung unseres Lebens   69

JÜRGEN GRIESER
Die Vater-Sohn-Beziehung.
Das Vaterbild zwischen Phantasie
und Wirklichkeit   81

ELLEN REINKE
Triadische Position und psychoanalytisches
Konfliktverständnis:
Zur gegenwärtigen Vermittlung
von Beziehungs- und Bindungsqualitäten
zwischen den Generationen   91

**Psychosozial aktuell:
Krieg und Frieden im Kosovo**

HANS-JÜRGEN WIRTH
Hat Slobodan Milošević eine Borderline-
Persönlichkeitsstörung?
Versuch einer psychoanalytischen
Interpretation   103

TRIN HALAND WIRTH
UND HANS-JÜRGEN WIRTH
Der Kosovo-Krieg im Spiegel
von Gesprächen und Kinderbildern   117

Rezensionen   123

Neuerscheinungen   141

Die AutorInnen   143

Zeitschrift »psychosozial« im Psychosozial-Verlag

Herausgeber: Hellmut Becker†, Dieter Beckmann, Iring Fetscher, Hannes Friedrich, Albrecht Köhl, Annegret Overbeck, Horst-Eberhard Richter, Hans Strotzka†, Ambros Uchtenhagen, Eberhard Ulich, Jürg Willi, Hans-Jürgen Wirth und Jürgen Zimmer.

Redaktion: Priv. Doz. Dr. Hans-Jürgen Wirth, Friedrichstr. 35, 35392 Gießen, Telefon 0641/77819, Telefax 0641/77742.

Redaktionelle Betreuung dieser Ausgabe: Volker Drüke

Sekretariat: Elke Maywald, Telefon 0641/77819.

Verlag: Psychosozial-Verlag, Friedrichstraße 35, 35392 Gießen, Telefon 0641/77819, Telefax 0641/77742.

Umschlaggestaltung: Psychosozial-Verlag nach Entwürfen des Ateliers Warminski, Büdingen.

Umschlagabbildung: Egon Schiele (1890-1918), „Die Familie", 1918

Druck und Bindung: KM-Druck, Groß-Umstadt.

Bezugsgebühren: Für das Jahresabonnement DM 98,- (inkl. MwSt.) zuzüglich Versandkosten. Studentenabonnement DM 49,- (incl. MwSt.) zuzüglich Versandkosten. Lieferungen ins Ausland zuzüglich Mehrporto. Das Abonnement verlängert sich jeweils um ein Jahr, sofern nicht eine Abbestellung bis zum 15. November erfolgt. Preis des Einzelheftes DM 32,-.

Bestellungen richten Sie bitte direkt an den Psychosozial-Verlag, oder wenden Sie sich an Ihre Buchhandlung.

Anzeigen: Zur Zeit gilt die Anzeigenpreisliste Nr. 2/1997. Anfragen bitte an den Verlag.

Copyright: Psychosozial-Verlag, Gießen.

Erscheinungsweise: Viermal im Jahr.

Die in der Zeitschrift veröffentlichten Beiträge sind urheberrechtlich geschützt. Alle Rechte, insbesondere das der Übersetzung in fremde Sprachen, bleiben vorbehalten. Kein Teil dieser Zeitschrift darf ohne schriftliche Genehmigung des Verlages in irgendeiner Form – durch Fotokopie, Mikrofilm oder andere Verfahren – reproduziert oder in eine von Maschinen, insbesondere von Datenverarbeitungsanlagen, verwendbare Sprache übertragen werden. Auch die Rechte der Wiedergabe durch Vortrag, Funk- und Fernsehsendung, im Magnettonverfahren oder ähnlichem Wege bleiben vorbehalten. Fotokopien für den persönlichen und sonstigen eigenen Gebrauch dürfen nur von einzelnen Beiträgen oder Teilen daraus als Einzelkopien hergestellt werden.

Manuskripte: Die Redaktion lädt zur Einsendung von Manuskripten (in zweifacher Ausfertigung) ein. Mit der Annahme des Manuskriptes erwirbt der Verlag das ausschließliche Verlagsrecht auch für etwaige spätere Veröffentlichungen.

Datenbanken: Die Zeitschrift *psychosozial* wird regelmäßig im *Sozialwissenschaftlichen Literaturinformationssystem SOLIS* des Informationszentrums Sozialwissenschaften (Bonn) und in der Literaturdatenbank *PSYNDEX der Zentralstelle für psychologische Information und Dokumentation* (ZPID), Universität Trier, Postfach 3825, 54286 Trier erfaßt.

CIP-Einheitsaufnahme der Deutschen Bibliothek: Psychosozial. - Gießen : Psychosozial-Verl. Erscheint jährlich viermal - Früher im Rowohlt-Taschenbuch Verl., Reinbek bei Hamburg, danach in der Psychologie Verl. Union, Beltz Weinheim.- Erhielt früher Einzelbd.- Aufnahme.- Aufnahme nach 53= Jg. 16, H. 1 (1993).

ISSN 0171-3434   ISBN 3-932133-74-9

Abonnement-Verwaltung: Bitte teilen Sie dem Verlag bei Adreßänderungen unbedingt Ihre neue Anschrift mit.

Schwerpunktthema:

Psychoanalyse der Familie

herausgegeben von
Ellen Reinke

Psychoanalyse

Gustav Bovensiepen/Mara Sidoli (Hrsg.)
**Inzestphantasien und
selbstdestruktives Handeln**
*Psychoanalytische Therapie von
Jugendlichen*
360 S., geb., ISBN 3-86099-127-2
»... daß der Versuch geglückt ist, aufgrund einer breit abgestützten klinischen Erfahrung die psychotherapeutische Behandlung schwer gestörter Jugendlicher darzustellen.« *(Kinderanalyse)* »... in seiner entwicklungspsychologischen Schwerpunktsetzung spannend und vielfältig.« *(AKJP)*

Peter Möhring/Roland Apsel (Hrsg.)
**Interkulturelle
psychoanalytische Therapie**
256 S., Pb., ISBN 3-86099-258-9
»... so besticht dieser Band durch Beispiele aus der analytischen Praxis, an denen sichtbar wird, welche Problemlagen sich aus der interkulturellen Begegnung ergeben und wie damit umgegangen werden kann.« *(Psyche)*
U. a. mit: *F. Pedrina:* Symbolisierungsstörungen im Vorschulalter; *E. Modena:* Erfahrungen mit ArbeiterInnen aus dem Mittelmeerraum; *D. Molinari:* Beratung und Therapie von Immigrantenfamilien.

S. Trautmann-Voigt/B. Voigt (Hrsg.)
Bewegung ins Unbewußte
*Beiträge zur Säuglingsforschung und
analytischen KörperPsychotherapie*
200 S., vierf. Pb., ISBN 3-86099-283-X
Beiträge von J. Lichtenberg und D. Stern sowie E. Siegel und M. Dornes. Wichtige Gedanken zu Entwicklungen der Psychoanalyse aus der Sicht der Selbstpsychologie und Säuglingsforschung: über Symbolbildung, Körpergedächtnis und -selbst sowie unbewußte Phantasiebildung.

*Bitte Gesamtverzeichnis und Probeheft
der AKJP anfordern bei:*
**Brandes & Apsel Verlag
Scheidswaldstr. 33
D-60385 Frankfurt a. M.**
Fax 069/95730187
e-mail: brandes-apsel@t-online.de

*Ulrike Jongbloed-Schurig/
Angelika Wolff (Hrsg.)*
**»Denn wir können die Kinder
nach unserem Sinne nicht formen«**
*Beiträge zur Psychoanalyse des
Kindes- und Jugendalters*
280 S., vierf. Pb. mit 8 vierf. Bildseiten
ISBN 3-86099-282-1
Der Band enthält grundlegende und fundierte Beiträge zur Psychoanalyse des Kindes- und Jugendalters. Die AutorInnen sind erfahren und in eigener Praxis tätig. Erörtert werden Behandlungsverläufe, Fragen des Settings, zu Übertragung-/Gegenübertragung, zum Vaterbild und wie eine gestörte Entwicklung wieder in Gang kommt.

**Analytische Kinder- und Jugendlichen-
Psychotherapie (AKJP)**
*Zeitschrift für Theorie und Praxis
der Kinder- und Jugendlichen-
Psychoanalyse*
ISSN 0945-6740, XXX. Jg.
Das *Heft 101* hat 160 S. **Thema Jugend
und Identität.** Mit U. Benz, U. Jongbloed-Schurig, K. Schneider-Henn, H. Kämpfer, R. Klüwer. **Mit Register Heft 1 bis 100.**

Editorial

Die Familie als Lebensform unterliegt einem stetigen Strukturwandel. Familienbildungsprozesse haben sich verändert. Von manchen wird die Familie als Auslaufmodell sozialer Lebensform bezeichnet, andere prophezeien eine Renaissance der Familie, wiederum andere sehen in neuen alternativen Familienformen – einem „Pluralismus von Familienformen" – die Zukunft. Festzuhalten ist, daß ein tiefgreifender und grundlegender Strukturwandel wichtiger Dimensionen des familialen Lebens stattgefunden hat. Die traditionelle Familie ist eine Erscheinungsform unter anderen –eine „postfamiliale Familie".

Sigmund Freud verstand die Familie als Hort der individuellen psychischen Entwicklung des Menschen sowie als Mittlerin zwischen Individuum, Kultur und Gesellschaft. Individuum, Familie und Kultur standen für ihn dabei gleichzeitig in einem antagonistischen Verhältnis. Er verwies damit über die „psychoanalytische Kernfamilie" – die ödipale Dreiecksbeziehung Vater, Mutter, Kind – hinaus. Die einseitige Betonung dieser Kernfamilie im psychoanalytischen Diskurs – mit ihrem Theorem ödipaler Triangulierung, später ergänzt durch das der frühen, präödipalen Triangulierung – begründete u.a. den Vorwurf der Fixierung der Psychoanalyse auf die Familie, den Vorwurf familialistischer Reduktion. Dieser Vorwurf ist mit der Entwicklung psychoanalytischer Theorienbildung heute so nicht mehr haltbar.

Vielfältige Perspektivenwechsel haben stattgefunden. Neben der klassischen Triangulierung Mutter-Vater-Kind, ödipal und präödipal, stellen z. B. die horizontale in der Geschwisterebene, die der Großeltern-Eltern-Kindesgeneration – die Dreigenerationenperspektive – und das Verhältnis Individuum-Familie-Kultur/Gesellschaft weitere relevante trianguläre Konstellationen dar. Ihnen allen liegt ein komplexes familiäres Beziehungsgeflecht dyadischer Beziehungen zugrunde, mit den verschiedensten Beziehungskonstellationen innerhalb der Familie, wie der Elternpaarbeziehung, Eltern-Kind-, Vater-Tochter-, Vater-Sohn-, Mutter-Tochter-, Mutter-Sohn-, Geschwister-, Mehrgenerationen-Beziehung. Die Familie kann zwar nicht allein als Summe dieser Beziehungskonstellationen verstanden werden, dennoch spielen sie und ihre Wechselwirkungen eine wesentliche Rolle und prägen diese.

Familie und familiäre Beziehungen sind Arbeitsfeld verschiedenster Professionen und sozialer Institutionen sowie Gegenstand von Forschung und Wissenschaft. Sie sind aber auch ein Teil psychotherapeutischen Alltags, in dem wir mit ihrer Komplexität konfrontiert werden. Die folgenden Beiträge, basierend auf Vorträgen, gehalten 1998 am DIALOG – Zentrum für angewandte Psychoanalyse der Universität Bremen –, sollen einen Beitrag zu dieser Vielfalt familiärer Beziehungskonstellationen aus heutiger psychoanalytischer Sicht leisten und ihrer Bedeutung in der praktisch-psychotherapeutischen Arbeit.

Ellen Reinke, Christian Warrlich

Neu im dgvt-Verlag

Anton-Rupert Laireiter & Heiner Vogel (Hrsg.)
QUALITÄTSSICHERUNG
in der Psychotherapie und psychosozialen Versorgung
1998, fest geb., 896 S., DM 98.-; ISBN 3-87159-019-3

Der Begriff Qualitätssicherung taucht im psychosozialen Bereich immer häufiger als gewichtiges Schlagwort auf. Was darunter zu verstehen ist, wird sehr verschieden interpretiert und oft mit Forschung, Evaluation oder Datenerhebung verwechselt. Dementsprechend unterschiedlich fallen, je nach Vorgabe, die Bewertungen und Ausführungen aus; aber zunehmend wird auch erkannt, daß im Ansatz der Qualitätssicherung neue Entwicklungschancen liegen, wenn man ihn als Bemühen zur selbstkritischen Reflexion über die laufenden Behandlungsprozesse und als Chance zur Weiterentwicklung therapeutischer und struktureller Angebote im Interesse von Patient(inn)en und Klient(inn)en versteht. Das Werkstattbuch faßt den Stand der Qualitäts-sicherung in diesem Bereich zusammen und versucht, Perspektiven für die weitere Entwicklung zu erarbeiten.

Michael Borg-Laufs
AGGRESSIVES VERHALTEN
Mythen und Möglichkeiten
1997, 200 Seiten, DM 32.-; ISBN 3-87159-017-7

Gewalt an Schulen und in Kindergärten, Gewaltkriminalität, Gewalt in Beziehungen und andere Arten gewaltsamer Auseinandersetzung spielen im Bewußtsein der Öffentlichkeit eine herausragende Rolle. Hier sind aus der Fülle der Thesen zur Entstehung aggressiven Verhaltens diejenigen dar-gestellt, die zur Zeit als am besten wissenschaftlich belegt gelten. Angerei-chert mit zahlreichen Praxisbeispielen werden grundsätzliche Fragen disku-tiert: Was ist aggressives Verhalten? Wie häufig kommt es vor? Wie stabil ist es? Die Ursachen aggressiven Verhaltens, die Rolle der Umwelt und der individuellen Voraussetzungen finden dabei genauso Berücksichtigung wie Möglichkeiten zur Aggressionsreduktion.

María del Mar Castro Varela, Sylvia Schulze, Silvia Vogelmann & Anja Weiß (Hrsg.)
SUCHBEWEGUNGEN
Interkulturelle Beratung und Therapie
1998, 320 Seiten, DM 44.-; ISBN 3-87159-140-8

Suchbewegungen. Der Titel des Buches ist zugleich Programm. TherapeutInnen und BeraterInnen, wie auch die NutzerInnen psychosozialer Arbeit üben aus unterschiedlichen Perspektiven Kritik an der gängigen Praxis, stellen bestehende theoretische und therapeutische Zugänge in Frage und erkunden die (Un-)Möglichkeiten einer "anderen" psychosozialen Arbeit: Ausbildungskonzepte, die einen ressourcenorientierten, reflexiven und kreativen Zugang zu interkultureller Arbeit ermöglichen; Ansatzpunkte zur gezielten Öffnung von Institutionen für alle potentiellen NutzerInnen und Professionellen –Schwarze Deutsche, JüdInnen, weibliche Flüchtlinge, Vielsprachige, Sinti und Roma; Überlegungen zu einem neuen, pluralistischen Selbstverständnis von psychosozialer Professionalität.

Anton-Rupert Laireiter, Karin Lettner & Urs Baumann
PSYCHODOK
Allgemeines Dokumentationssystem für Psychotherapie
Materialie 35, 1998, Manual 148 S., DM 28.-, ISBN 3-87159-335-4; **Dokumentationsmappe m. Kurzanleitung, allen Erhebungsbögen & Reserveblöcken, 360 S., DM 68.-**
Manual & Dokumentationsmappe zus. nur DM 89.-

Die Dokumentation stellt einen zentralen Bestandteil der psychotherapeutischen Tätigkeit dar und ist aus verschiedenen Gründen als verpflichtend anzusehen. Leider fehlt es bislang sowohl an verbindlichen Richtlinien und Kriterien wie auch an einheitlichen und übergeordneten Systemen zur Dokumentation dieser Tätigkeit, insbesondere im ambulanten Bereich. Das von den Autoren entwickelte Allgemeine Psychotherapie Dokumentationssystem PSYCHODOK versucht diesen Mangel, zumindest für das Fehlen breiterer und umfassenderer Systeme, zu beheben. Das System umfaßt zwei große Elemente, die Struktur- und Statusdokumentation einerseits und die Verlaufsdokumentation andererseits. Beide beinhalten eine Reihe von Einzelbestandteilen. Das Manual führt in die Anwendung des Systems ein, ist aber auch zur allgemeinen Lektüre geeignet.

Bitte fordern Sie unser Gesamtverzeichnis an!
dgvt-Verlag, Hechinger Str. 203, 72072 Tübingen
Tel. (07071) 79 28 50, Fax (07071) 79 28 51

Familiäre Bindungen

Die transgenerationale Weitergabe familiären Bindungsverhaltens

Karl Heinz Brisch

Einführung in die Bindungstheorie

Der Londoner Psychoanalytiker und Psychiater John Bowlby begründete in den 50er Jahren die Bindungstheorie, die er in seiner Trilogie über Bindung, Trennung und Verlust formulierte (Bowlby 1969, 1973, 1980). Die Grundaussage der Bindungstheorie besteht darin, daß es im Menschen ein angeborenes Verhaltenssystem gibt, das sich während des ersten Lebensjahres entwickelt und darauf ausgerichtet ist, daß der menschliche Säugling zu einer primären Bezugsperson eine intensive emotionale Bindung aufbaut, die ganz spezifische charakteristische Merkmale besitzt. Diese Bindungsbeziehung ist dadurch charakterisiert, daß der Säugling in Situationen von innerer oder äußerer Bedrohung und Gefahr Schutz und Sicherheit bei dieser Bezugsperson dadurch sucht, daß er sich ihr räumlich annähert, sie aufsucht, nach ihr ruft, weint, zu ihr hinläuft und sich an sie klammert. Dieses Schutz- und Sicherheitsverhalten ist für den Säugling von überlebenswichtiger Bedeutung. Die Entwicklung der Bindung ist nach Bowlby aber kein Prozeß, der sich nur in der Säuglingszeit abspielt, vielmehr wird Bindung als eine lebenslange Aufgabe angesehen. Auch im Erwachsenenalter sucht ein Mensch in Situationen von Angst und Bedrohung die Nähe zu einer Person, von der Beziehung er sich Sicherheit und Geborgenheit, das heißt auch Entängstigung und Schutz verspricht.

Die Theorie von Bowlby fand zunächst erhebliche Kritik in den englischen psychoanalytischen Vereinigungen, da sie im Widerspruch zu der damals fast ausschließlich vertretenen Triebtheorie der Psychoanalyse stand (A. Freud 1960). Diese geht davon aus, daß sich durch die orale Befriedigung des Säuglings an der Mutterbrust die menschliche Mutter-Kind-Bindung entwickelt (Freud 1905, S. 123 Freud 1916-1917, S. 126). Die Bindungstheorie Bowlbys wurde von den damaligen Psychoanalytikern abgelehnt, da sie scheinbar nur auf Verhalten hin orientiert war und einem systemischen und ethologischen Denken entsprang (Spitz 1960). Bowlby selbst wollte ursprünglich mit seiner Theorie die Objektbeziehungspsychologie weiterentwickeln (Bowlby 1958).

Konzepte der Bindungsforschung

Während die Bindungstheorie in der Psychoanalyse auf großen Widerstand stieß, fand sie in der akademischen Entwicklungspsychologie eine rasche Verbreitung und Aufnahme, insbesondere durch die Pionierarbeiten von Mary Ainsworth, einer Schülerin von Bowlby.

Bindungsmuster
von einjährigen Säuglingen

Mary Ainsworth gelang es zunächst durch viele Hausbeobachtungen, dann aber auch durch eine standardisierte Untersuchungssituation, die sogenannte „Fremde-Situation", das Bindungsverhalten von einjährigen Kindern zu ihren Bezugspersonen zu klassifizieren. Sie entdeckte drei Muster im Bindungsverhalten, die sie als „sichere", „unsicher-vermeidende" und „unsicher-ambivalente" Bindung charakterisierte (Ainsworth et al. 1969, M. D. S. Ainsworth et al. 1978). Die Untersuchungsergebnisse von Ainsworth wurden in vielen Längsschnittstudien im wesentlichen bestätigt. In verschiedenen Studien fanden sich ca. 50-60% von Kindern mit sicherer, 30-40% mit unsicher-vermeidender und ca. 10-20% mit unsicher-ambivalenter Bindung (K. E. Grossmann et al. 1997).

Sichere Bindung

Die sichere Bindungsqualität eines Einjährigen zu seiner Bindungsperson ist dadurch charakterisiert, daß der Säugling die Nähe zu seiner Bindungsperson in Trennungssituationen oder bei drohender Gefahr aktiv sucht. Sein Bindungssystem ist durch die Trennung aktiviert, was durch Bindungsverhalten im Sinne von Nachlaufen, Klammern, Weinen und Rufen zum Ausdruck kommt. Kann er die Nähe zur Bindungsperson durch körperlichen Kontakt herstellen und wird dies von der Bindungsperson akzeptiert und unterstützt, so wird sich sein Bindungssystem beruhigen. Er kann dann, ausgehend von seiner Bindungsperson, bei nachlassender Gefahr erneut seine Umgebung erkunden. Bindungssystem und Explorationssystem stehen nach Bowlby in einem reziproken Verhältnis. Ist das Bindungssystem aktiviert, kann der Säugling gar nicht oder nur eingeschränkt explorieren; ist dagegen das Bindungssystem beruhigt, kann der Säugling in vollem Umfang seine Kräfte für die neugierige Erkundung seiner Umwelt einsetzen. Nach Bowlby gibt es ein ausgeprägtes Bedürfnis des Säuglings, seine Umwelt zu erkunden und sich von seiner Mutter als sichere Basis auch zu entfernen, solange die Mutter als sichere Basis vorhanden ist und auch in Gefahrensituationen aufgesucht werden kann.

Unsicher-vermeidende Bindung

Kinder mit unsicher-vermeidender Bindung haben die Erfahrung gemacht, daß ihre Bindungsbedürfnisse von ihrer Bezugsperson nicht mit Näheverhalten und Körperkontakt beantwortet werden, vielmehr die Mutter oder die Pflegeperson häufiger bindungsdistanziertes Verhalten zeigt. Aus diesen Erfahrungen heraus haben die Kinder gelernt, daß sie sich in Situationen von Angst und Bedrohung eher nicht an ihre Bindungsperson wenden und Bindungsverhalten unterdrücken. Sie wirken in einer Trennungssituation daher scheinbar „autonom", so als könnten sie die Trennung ohne größere emotionale Belastung verarbeiten. Aus psychophysiologischen Messungen ist allerdings bekannt, daß diese Kinder einen erheblichen körperlichen Streß erleiden, da zum Beispiel ihr Speichelkortisolwert maximal erhöht ist, wenn er nach einer Trennungssituation gemessen wird (Spangler u. Schieche 1995).

Unsicher-ambivalente Bindung

Unsicher-ambivalent gebundene Kinder dagegen zeigen ein gesteigertes Bindungsverhalten. Sie reagieren unmittelbar auf eine Trennung von der Bindungsperson und wirken äußerlich am deutlichsten gestreßt. Sie weinen heftig und ausdauernd und können auch über längere Zeit nach der Wiedervereinigung mit der Mutter von dieser nur schwer beruhigt werden. In Nähe zeigen sie nach Beendigung der Trennung manchmal auch aggressive Verhaltensweisen, indem sie mit den Füßen nach der Mutter treten oder sich von der Mutter aktiv wegdrehen, während sie gleichzeitig, zum Beispiel mit einer Hand, bei der Mutter anklammern.

Desorganisierte/desorientierte Bindung

Erst viel später wurde noch ein weiteres Muster entdeckt, das sogenannte desorganisierte Bindungsmuster. Diese Kinder haben nach Main kein eindeutiges Verhaltensrepertoire.

Sie zeigen manchmal Bewegungsstereotypien oder laufen zur Mutter hin, bleiben auf der halben Strecke zur Mutter stehen, drehen sich um und laufen von ihr weg oder erstarren sekundenweise in ihren Bewegungsmustern („freezing") (Main u. Solomon 1986).

Bindungsrepräsentation (Bindungshaltung) der Erwachsenen

Parallel zu den Bindungsmustern und -qualitäten von Kindern konnten entsprechende Bindungsrepräsentationen von Erwachsenen durch ein sog. semi-strukturiertes Erwachsenen-Bindungs-Interview („Adult-Attachment-Interview") von Main und Mitarbeitern gefunden werden (George et al. 1985).

Sichere Bindungsrepräsentation

Erwachsene mit einer sicheren Bindungsrepräsentation („free-autonomous") können im Interview, in dem sie über Erlebnisse von Bindung, Trennung und Verlusten aus ihrer frühen Kindheit und über Erinnerungen zur Beziehung mit ihren Eltern befragt werden, in einem wertschätzenden kohärenten Dialogstil über diese Bindungserlebnisse sprechen. Auch wenn traumatische Erfahrungen erinnert werden, so können diese in einer selbstreflexiven Form eingeordnet und auch die Perspektive der Eltern in einer kohärenten Weise reflektiert werden.

Unsicher-distanzierte Bindungsrepräsentation

Erwachsene mit einer bindungsdistanzierten Repräsentation („dismissing") weisen dagegen der Bindung für ihre emotionale Entwicklung und den Aufbau von Beziehungen keinen höheren Stellenwert zu. Sie sprechen häufiger in idealisierter Weise von ihren Eltern oder auch in Form von Abwertungen. Trotz idealisierter Darstellung der Beziehung zu den Eltern gibt es im Interview in der Regel keine eindeutigen Belege für positive Bindungserlebnisse, bzw. die geschilderten Beziehungsepisoden belegen, daß die Eltern sich in einer wenig feinfühligen und wenig bindungsorientierten Art verhalten haben.

Unsicher-verstrickte Bindungsrepräsentation

Erwachsene mit bindungsverstrickter Repräsentation („enmashed") sprechen in sehr inkohärenter Weise über frühere Bindungserlebnisse. Dabei kommt es zu widersprüchlichen Aussagen, die aber von den Betreffenden im Narrativ selbst nicht bemerkt und folglich auch nicht korrigiert werden.

Bindungsrepräsentation mit ungelöstem Verlust und/oder Trauma

Später wurde von Main noch ein weiteres Muster gefunden, das als „ungelöste Trauer" („unresolved trauma of loss") klassifiziert wurde. In diesen Narrativen berichten die Erwachsenen von Trennungs- und Verlusterlebnissen, die noch in keiner Weise verarbeitet sind, oder von traumatischen Erlebnissen in Zusammenhang mit Mißhandlung und Vernachlässigung.

Bindung im Lebenszyklus und zwischen den Generationen

Longitudinale Perspektive

In der jüngsten Phase der Bindungsforschung interessierte insbesondere die Frage, wie sich über den gesamten Lebenszyklus, von der Kindheit bis zum Alter, das Muster der Bindung weiterentwickelt (longitudinale Perspektive) und ob und in welcher Weise die Bindungsqualität von der Eltern- auf die Kindergeneration weitergegeben wird (transgenerationale Perspektive).

Längsschnittstudien zeigten, daß zwischen der Bindungsqualität mit einem Jahr und dem Interaktionsverhalten von Kindern im Alter von 3-5 Jahren im Kindergarten durchaus Zusammenhänge bestanden. Sicher gebundene Kinder zeigten im Kindergartenalter häufiger prosoziale Verhaltensweisen, weniger aggressive Interaktionen und waren bereit, auf Konflikte mehr in Form von Verhandlungen und kreativer Auseinandersetzung einzugehen. 10jährige fanden in einem Bildertest, der Trennungssituationen darstellte, häufiger konstruktive Lösungen für die Trennungsgeschichten. 16jährige, deren Mütter eine sichere Bindungsrepräsentation hatten, konnten häufiger auf konstruktivere Bewältigungsstrategien oder in Streitgesprächen (zum Beispiel in einer phantasierten gemeinsamen Urlaubsplanung mit den Eltern) auf angemessenere Lösungsmöglichkeiten zurückgreifen. Sie hatten auch mit Gleichaltrigen in der Gruppe mehr Kontakte und wurden von diesen häufiger als wichtige Gruppenmitglieder geschätzt. Wenn auch keine hundertprozentige Kontinuität zwischen der Bindungsqualität im ersten Lebensjahr und der Bindungsrepräsentation im adoleszenten Alter festgestellt werden konnte, so weisen die Längsschnittstudien doch darauf hin, daß hier Entwicklungszusammenhänge bestehen, die aber durch äußere Einflüsse in die eine oder andere Richtung verändert werden können. So fand man zum Beispiel bei den Jugendlichen mit einer unsicheren Bindungsrepräsentation, die noch im Alter von einem Jahr mit einer sicheren Bindungsqualität eingeschätzt worden waren, daß sie häufiger Scheidungserlebnisse und Krankheiten und Verluste der Eltern erlebt hatten. Diese Ergebnisse weisen darauf hin, daß Bindung im Sinne Bowlbys ein lebenslanger Prozeß ist. Durch positive wie negative Bindungserfahrungen und einschneidende Lebensereignisse wie Trennungen und Verluste kann das ursprüngliche Bindungsmuster des Säuglings in eine sichere oder unsichere Richtung verändert werden (Zimmermann et al. 1995).

Transgenerationale Perspektive

Ainsworth konnte in ihren Studien zur Mutter-Kind-Interaktion zeigen, daß Kinder mit einer sicheren Bindungsqualität von ihren Müttern in einer feinfühligeren Weise gepflegt wurden. Feinfühlig bedeutet nach Mary Ainsworth, daß die Mütter in der Lage waren, die Signale ihrer Kindes wahrzunehmen, sie richtig zu interpretieren und auf sie angemessen und prompt, das heißt im Rahmen der altersadäquaten Frustrationstoleranz, einzugehen (Ainsworth 1979).

In anderen Studien konnte nachgewiesen werden, daß Erwachsene mit einer sicheren Bindungsrepräsentation häufiger ein feinfühliges Verhalten in der Pflegesituation zeigten als solche mit einer unsicheren Repräsentation (K. Grossmann et al. 1985, Main et al. 1985). Mütter mit einer sicheren Bindungsrepräsentation wiederum hatten mit einer höheren Wahrscheinlichkeit Kinder mit einer sicheren Bindungsqualität im ersten Lebensjahr, wenn sie in einer standardisierten Trennungssituation (der sogenannten „Fremde-Situation") untersucht wurden. Entsprechende Zusammenhänge wurden auch für die unsicheren Bindungsrepräsentationen und unsicheren Bindungsmuster der Kinder gefunden (van IJzendoorn 1995). Auf diese Weise konnte eine gewisse transgenerationale Kontinuität der Bindungsmuster durch die Forschungsergebnisse belegt werden (De Wolff u. van IJzendoorn 1997).

Allerdings wurde der Einfluß der Feinfühligkeit und ihre Bedeutung für die Entwicklung der Bindungssicherheit von Ainsworth anfangs überschätzt. Inzwischen wurden auch andere Parameter der Mutter-Kind-Interaktion – wie Reziprozität und Synchronizität – untersucht, da man annimmt, daß sie einen Beitrag zur Erklärung der kognitiven und sozialemotionalen kindlichen Entwicklung leisten (Esser 1993, Esser et al. 1993, Esser et al. 1995).

Das Desorganisationsmuster wurde überzufällig häufig sowohl bei Kindern aus klinischen Risikogruppen als auch bei Kindern von Eltern gefunden, die ihrerseits traumatische Erfahrungen wie Verlust- und Trennungserlebnisse, Mißhandlung und Mißbrauch mit in die Beziehung zum Kind einbrachten (Main u. Hesse 1990) (bis zu 80% in klinischen Stichproben, im Vergleich zu 10-25% desorganisierte Verhaltensweisen in Mittelschicht-Stichproben (van IJzendoorn et al. 1992)). Diese Kinder hatten auch überzufällig häufig Mütter mit einem unsicheren Bindungsmuster mit zusätzlicher Klassifikation von ungelöster Trauer oder traumatischen Erlebnissen.

Die als desorganisiert beschriebenen Verhaltensweisen erinnern an Verhaltensreaktionen, wie sie in klinischen Risikostichproben (z.B. bei ehemaligen Frühgeborenen (Minde 1993, Buchheim et al., im Druck) oder bei Kindern nach frühkindlicher Mißhandlung (Carlson et al. 1989a) und Deprivation (Lyons-Ruth et al. 1993, Lyons-Ruth et al. 1991)) im Säuglings-, aber auch im Kleinkindalter in der Verhaltensbeobachtung festgestellt werden können. Es besteht hier ein fließender Übergang zu psychopathologischen Verhaltensweisen.

Durch die Untersuchung der Bindungsrepräsentation bei Erwachsenen konnte erstmals eine Verbindung hergestellt werden zwischen der mentalen Ebene einer Repräsentation und dem Ausdrucksverhalten, das sich in der Pflegesituation wiederfand. Dieses wiederum hatte über die Mutter-Kind-Interaktion einen Einfluß auf die Entwicklung der Bindungsqualität der Kinder im ersten Lebensjahr. Auf diese Weise wurde es möglich, Zusammenhänge bezüglich der Weitergabe von Bindungsmustern zwischen Generationen zu untersuchen.

In einigen bahnbrechenden Studien hierzu wurden die Eltern bereits pränatal, im letzten Triminon der Schwangerschaft, mit dem Adult-Attachment-Interview untersucht, und ihre Bindungsrepräsentation wurde klassifiziert.

In einer Londoner Studie (Fonagy et al. 1991, Steele u. Steele 1994) wurde bereits mit Schwangeren und ihren Partnern im letzten Drittel der Schwangerschaft das Adult-Attachment-Interview durchgeführt. Es konnte mit hoher Zuverlässigkeit vorausgesagt werden, wie die Bindungsqualität der Kinder mit einem Jahr aussehen würden. Diese Ergebnisse der Londoner Untersuchung wurden inzwischen in verschiedenen anderen Studien sogar über drei Generationen repliziert (Benoit u. Parker 1994, Radojevic 1992). Es spricht vieles dafür, daß insgesamt ein Zusammenhang zwischen der mütterlichen beziehungsweise der väterlichen Bindungsrepräsentation (erfaßt im Adult-Attachment-Interview) und der kindlichen Bindungsqualität im ersten Lebensjahr (erfaßt in der Fremden-Situation) besteht, da sich zu 70% eine Übereinstimmung zwischen der Bindungsklassifikation (sicher, unsicher-vermeidend, unsicher-ambivalent) der Eltern und deren Kindern fand. Diese Übereinstimmung ist noch höher (75%), wenn man nur zwischen den Bindungskateogrien sicher und unsicher unterscheidet (van IJzendoorn 1995). Die Bindungsqualitäten der Kinder wurden jeweils getrennt für die Beziehung zur Mutter und zum Vater ausgewertet. Es zeigte sich, daß diese durchaus unterschiedlich sein konnten, also etwa zur Mutter mit einer sicheren und zum Vater mit einer unsicheren Bindungsqualität oder auch umgekehrt. Dies bedeutet, daß die Kinder auch zu ihren Vätern, unabhängig von der Bindung zur Mutter, eine eigenständige Bindung aufbauen, die von der Bindung zur Mutter verschieden sein kann. Die Übereinstimmung zwischen der Bindungsklassifikation der Väter und ihren Kindern war allerdings nicht so hoch wie bei den Müttern. (van IJzendoorn, De Wolff 1997).

Durch die elterliche Bindungsrepräsentation kann die kindliche Bindungsqualität wesentlich zuverlässiger vorhergesagt werden als alleine durch die elterliche Feinfühligkeit, die ja, im Gegensatz zur Repräsentation, nur auf der Verhaltensebene erfaßt wird (K. Grossmann et al. 1988).

Zusammenfassend ist von Bedeutung, daß die Ergebnisse immer in die gleiche Richtung weisen: Mütter mit einer sicheren Bindungsrepräsentation haben, statistisch gesehen, häufiger auch sicher gebundene Kinder, Mütter mit einer vermeidenden Bindungshaltung haben häufiger unsicher-vermeidend gebundene Kinder; ähnliche Zusammenhänge fanden sich auch für das bindungsverstrickte und desorganisierte Bindungsmuster.

Es besteht also ein deutlich ausgeprägter Längsschnitteffekt, indem sich die frühen Bindungsmuster auf die weitere emotionale Entwicklung auswirken, mit Möglichkeiten zur Veränderung bzw. zur Kontinuität der frühen Bindungsmuster.

Weiterhin zeigt sich ein ausgeprägter transgenerationaler Effekt, da es deutliche Hinweise für eine Weitergabe von elterlichen Bindungsrepräsentationen auf die Kindergeneration gibt und dieser Effekt über die elterlichen Repräsentationen, also einen mentalen Prozeß, vermittelt wird (van IJzendoorn, Bakermans-Kranenburg 1997).

Bindung und Psychopathologie

In einer Metaanalyse von klinischen und nicht klinischen Gruppen zeigte sich, daß eine unsichere Bindung im Adult-Attachment-Interview in einer engen Beziehung zum klinischen Status der untersuchten Probanden stand (van IJzendoorn et al. 1992).

Suizidale Handlungen und Gedanken bei Adoleszenten korrelieren hoch mit der Bindungsrepräsentation „ungelöste Trauer" (Adam et al. 1995). In zwei Studien korrelierte die Diagnose „Borderline-Störung" mit der seltenen unsicheren Unterkategorie „ängstlich besorgt" (Fonagy et al. 1996, Patrick et al. 1994). Eine unsichere Bindungsrepräsentation fand sich bei Müttern von Kindern mit Schlafstörungen (Benoit et al. 1989) und psychogener Wachstumsretardierung (Benoit, Zeanah u. Barton 1989).

Eine unsichere Bindungsrepräsentation fand sich bei allen in ehelichen Beziehungen gewalttätigen Männern (Holtzworth-Monroe et al. 1992), bei Patienten aus der Forensik, die wegen Gewaltdelikten verurteilt wurden (Fonagy et al. 1997), und auch bei deutschen Rechtsextremisten (Hopf 1993).

Ebenso fanden sich unsichere Bindungsrepräsentationen bei Opfern von sexuellem Mißbrauch, mit überwiegender Kategorie „ungelöste Trauer" (Stalker u. Davids 1985).

Kinder nach Mißhandlung und Vernachlässigung in der frühen Kindheit zeigen eher eine unsicher desorganisierte Bindung, mehr aggressives Verhalten, mehr Probleme mit Gleichaltrigen, sind eher distanzlos oder mißtrauisch in ihrer Bindungs- und Kontaktaufnahme und zeigen eine Einschränkung in ihrem Explorationsverhalten (Crittenden 1985, Crittenden u. Ainsworth 1989, Erickson et al. 1985).

Eltern, die ihre Kinder mißhandeln oder vernachlässigen, zeigten zu 90 % eine unsichere Bindungsrepräsentation. Mißhandelnde Eltern fielen durch eine eher unsicher distanzierte Bindungshaltung auf, vernachlässigende Eltern dagegen eher durch eine unsicher verstrickte Bindung. Auffällig war, daß jeweils beide Elternteile im Falle von Mißhandlung und Vernachlässigung unsichere Bindungsrepräsentationen zeigten (Carlson et al. 1989a, Carlson et al. 1989b, Crittenden et al. 1991).

Schutz- und Risikofaktoren

Angesichts der deutlichen transgenerationalen Weitergabe von Bindungserfahrungen, insbesondere auf dem Hintergrund von Vernachlässigung und Mißhandlung, wird der Frage von Schutz- und Risikofaktoren eine neue Bedeutung zugemessen.

Die bisherige Bindungsforschung weist eindeutig darauf hin, daß es keine kurze frühe sensitive, prägende Phase für die Entwicklung der Bindung unmittelbar nach der Geburt gibt, wie sie ursprünglich aufgrund von Forschungsergebnissen postuliert worden war (Klaus u. Kennell 1983). Bindung ist vielmehr ein Entwicklungsprozeß während der gesamten frühen Kindheitszeit mit einem deutlichen Schwerpunkt auf dem ersten Lebensjahr. Da Bindung aber ein lebenslanger Prozeß ist, kann sich ein Bindungsmuster oder eine Bindungsrepräsentation auch durch positive Beziehungserfahrungen von einer unsicheren zu einer sicheren, oder umgekehrt von einer sicheren zu einer unsicheren Bindungsrepräsentation durch entsprechende belastende Lebensereignisse verändern. Die innere Abbildung einer Bindungserfahrung im Sinne eines inneren Arbeitsmodelles oder einer Bindungsrepräsentation wird aber mit zunehmendem

Alter stabiler, so daß Veränderungsprozesse, zum Beispiel auch durch Psychotherapie, möglicherweise immer schwieriger zu erreichen sind.

Als Risikofaktoren für die Entwicklung einer sicheren Bindung werden in verschiedenen Studien folgende aufgeführt: Trennung, Scheidung, Krankheit der Eltern, soziale Milieubelastung, enge Wohnverhältnisse.

Als Schutzfaktor zeigt sich in vielen Studien, die sich mit der Salutogenese beschäftigen, daß *eine* wichtige stabile sichere Betreuungsperson ein eindeutiger Schutzfaktor ist, um auch mit Risikobelastungsfaktoren im Sinne einer Vulnerabilitätstheorie besser oder im Sinne der Bewältigung erfolgreicher umgehen zu können. Insofern wird heute die Entwicklung einer sicheren Bindung beziehungsweise einer emotionalen stabilen Beziehung zu einer Bindungsperson, die selbst eine sichere Bindungsrepräsentation mit in die Beziehung zum Kind hineinbringt, als ein bedeutungsvoller Schutzfaktor für die emotionale Entwicklung angesehen. Man nimmt an, daß sicher gebundene Kinder auch lebenslang psychische Ressourcen haben, um mit entsprechenden Belastungen gemäß einer Vulnerabilitäts- und Belastungstheorie erfolgreicher, d. h. „gesünder" umgehen zu können (Tress 1986, Werner 1990).

„Patchworkfamilien" nach Scheidung und Neukonstitutionierung eines Familiengefüges (Kunzke et al. 1998) sowie multiple Betreuungssysteme (Tagesmutter, Großeltern, Pflegefamilie) sind per se keine Bedingungen, die eine unsichere Bindungsentwicklung fördern (vgl. The NICHD Early Child Care Network 1994). Vielmehr hängt es davon ab, ob wiederum die Tagesmutter, die Großeltern oder auch die Pflegemutter mit dem Säugling in einer feinfühligen Weise umgehen und ob sich die Möglichkeit zur Entwicklung einer stabilen sicheren Bindungsrepräsentation beim Kind bietet. Auch die Berufstätigkeit der Mutter und eine frühe Krippenbetreuung ist allein kein Risikofaktor für die Bindungsentwicklung, wenn ein Übergang mit einer entsprechenden Eingewöhnungszeit in die Krippe vorangeschaltet wurde und dort in einer bindungsorientierten Weise dem Kind die Möglichkeit gegeben wird, eine neue (sekundäre) Bindungsbeziehung zu einer Erzieherin aufzubauen.

Abschließende Bemerkungen

Angesichts der stabilen statistisch erwiesenen Zusammenhänge zwischen der Bindungsrepräsentation der Elterngeneration und der Bindungsqualität der Kindergeneration in den Längsschnittstudien, die in verschiedenen Ländern weltweit durchgeführt wurden, kommt der präventiven Arbeit in diesem Gebiet eine hohe Bedeutung zu.

Es wird eine Aufgabe der Zukunft sein, durch bindungsorientierte, frühe präventive elternorientierte Intervention sowohl den Eltern eine Möglichkeit zu geben, ihre Bindungsrepräsentationen durch entsprechende Selbsterfahrung möglichst bereits dann zu verändern, bevor die Frau schwanger wird. Sie sollten während des Prozesses der Schwangerschaft und der ersten zwei Lebensjahre eine bindungsorientierte Begleitung erhalten. Diese sollte es ihnen ermöglichen, sowohl eigene Bindungs- und Verlusterlebnisse sowie ungelöste traumatische Erlebnisse zu verarbeiten, um sich in einer feinfühligeren Weise auf die Bindungs- sowie Explorationsbedürfnisse des Kindes einlassen zu können. Nur auf diese Weise ist es vorstellbar, daß ein transgenerationaler „Teufelskreis" durchbrochen werden kann.

Es liegen bereits verschiedene Studien hierzu vor, die zeigen, daß bei entsprechender Risikokonstellation, wie etwa bei irritablen Säuglingen, eine bindungsorientierte Intervention durch Hausbesuche das Bindungsmuster verändern kann (van den Boom 1990, van den Boom 1995, van IJzendoorn et al. 1995).

Auch eine pränatale und postnatale bindungs- und interaktionsorientierte Elternschulung mit einem Feinfühligkeitstraining zielt in die Richtung, die Bindungsqualitäten von Kindern positiv zu verändern, indem die Sensibilität der Eltern für ihr eigenes Verhalten in der Interaktion mit ihrem Kind verbessert wird

(Bakermans-Kranenburg et al. 1998, Brisch et al. 1998).

Solche Ansätze müssen in Zukunft weiterentwickelt werden, wenn wir langfristig emotionale Bindungsstörungen und ihre transgenerationale Weitergabe in Familien nicht nur therapieren, sondern auch verhüten wollen (Brisch 1999).

Literatur

Adam, K. S., Sheldon Keller, A. E., West, M. (1995): Attachment organization and vulnerability to loss, separation, and abuse in disturbed adolescents. In: Goldberg S., Muir R., Kerr J. (Hg.): Attachment theory: Social, developmental, and clinical perspectives. Hilldale, NJ (The Analytic Press, Inc.) S. 309-341.

Ainsworth, M., Salter, D., Witting, B. (1969): Attachment and the exploratory behavior of one-years-olds in a strange situation. In: Foss, B.M. (Hg.): Determinants of Infant Behavior. New York (Basic Books), S. 113-136.

Ainsworth, M. D. (1979): Attachment as related to mother-infant interaction. In: Rosenblatt, J. B. (Hg.): Advances in the study of behavior. New York, NY (Academic Press), S. 1-51.

Ainsworth, M. D. S., Blehar, M. C., Waters, E., Wall, S. (1978): Patterns of attachment: A psychological study of the strange situation. Hillsdale, NY (Lawrence Erlbaum Associates).

Bakermans-Kranenburg, M., Juffer, F., van IJzendorn, M. H. (1998): Interventions with video feedback and attachment discussions: does type of maternal insecurity make a difference? In: Infant Mental Health Journal 19(2), S. 202-219.

Benoit, D., Parker, K. H. C. (1994): Stability and transmisson of attachment across three generations. In: Child Development 65, S. 1444-1456.

Benoit, D., Zeanah, C. H., Barton, M. L. (1989): Maternal attachment disturbances in failure to thrive. In: Infant Mental Health Journal 10(3), S. 185-202.

Bowlby, J. (1958). Über das Wesen der Mutter-Kind-Bindung. In: Psyche 13, S. 415-456.

Bowlby, J. (1969): Attachment and Loss. Vol. 1: Attachment. New York (Basic Books).

Bowlby, J. (1973): Attachment and Loss. Vol. 2: Seperation. Anxiety and Anger. New York (Basic Books).

Bowlby, J. (Hg.) (1980): Attachment and loss. Vol. 3: Loss, sadness and depression. Attachment and Loss. New York (Basic Books).

Brisch, K. H. (1999) Bindungsstörungen – Von der Bindungtheorie zur Therapie. Stuttgart (Klett-Cotta).

Brisch, K. H., Buchheim, A., Kächele, H. (1998): Bindungsprozesse beim Übergang zur Elternschaft: Beeinflussung der Eltern-Kind-Beziehung durch eine pränatale und postnatale Intervention für erstgebärende Eltern. 12. Kongreß der Deutschen Gesellschaft für Medizinische Psychologie (DGMP), 04.-06. Juni, Hamburg.

Buchheim, A., Kächele, H., Brisch, K. H. (im Druck): Die klinische Bedeutung der Bindungsforschung für die Risikogruppe der Frühgeborenen: Ein Überblick zum neuesten Forschungsstand. In: Zeitschrift für Kinder- und Jugendpsychiatrie.

Carlson, V., Ciccheti, D., Barnett, D., Braunwald, K. G. (1989a): Finding order in disorganization: Lessons from research on maltreated infants' attachments to their caregivers. In: Cicchetti D., Carlson V. (Hg.): Child maltreatment. Cambridge, MA (Cambridge University Press), S. 494-528.

Carlson, V., Cicchetti, D., Barnett, D.; Braunwald, K. (1989b): Disorganized/disoriented attachment relationships in maltreated infants. In: Developmental Psychology 25, S. 525-531.

Crittenden, P. M. (1985): Maltreated infants: Vulnerability and resilience. In: Journal of Child Psychology and Psychiatry and Allied Disciplines 26, S. 85-96.

Crittenden, P. M., Ainsworth, M. D. S. (1989): Child maltreatment and attachment theory. In: Cicchetti D., Carlson V. (Hg.): Child maltreatment. Cambridge, MA (Cambridge University Press.), S. 432-463.

Crittenden, P. M., Partridte, M. F. Claussen, A. H. (1991): Family patterns of relationship in normative and dysfunctional families. In: Development and Psychopathology: Attachment and Developmental Psychopathology 3(4), S. 491-512.

De Wolff, M. S., van IJzendoorn, M. H. (1997): Sensitivity and attachment: A meta-analysis on parental antecedents of infant attachment. In: Child Development 68(4), S. 571-591.

Erickson, M. F., Sroufe, A., Egelend, B. (Hg.) (1985): The relationship between quality of attachment and behavior problems in preschool in a high-risk-sample. In: Bretherton I., Waters E. (Hg.): growing points of attachment theory and research. Monographs of the Society for Research in Child Development, Bd. 50. Chicago, Ill. (Chicago University Press), S. 147-166

Esser, G. (1993): Ablehnung und Vernachlässigung im frühen Säuglingsalter. In: Zeitschrift für Jugendschutz und Erziehung 3, S. 4-7.

Esser, G., Dinter, R., Jörg, M., Rose, F., Villalba, P., Laucht, M., Schmidt, M. H. (1993): Bedeutung und Determinanten der frühen Mutter-Kind-Beziehung. In: Zeitschrift für Psychosomatische Medizin 39, S. 246-264.

Esser, G., Laucht, M., Schmidt, M. H. (1995): Der Einfluß von Risikofaktoren und der Mutter-Kind-Interaktion im Säuglingsalter auf die seelische Gesundheit des Vorschulkindes. In: Kindheit und Entwicklung 4(11), S. 33-42.

Fonagy, P., Leigh, T., Steele, M., Steele, H., Kennedy, R., Mattoon, G., Target, M., Gerber, A. (1996): The relation of attachment status, psychiatric classification, and response to psychotherapy. In: Journal of Consulting and Clinical Psychology 64(1), S. 22-31.

Fonagy, P., Steele, H., Steele, M. (1991): Maternal representations of attachment during pregnancy predict the organization of infant-mother attachment at one year of age. In: Child Development 62, S. 891-905.

Fonagy, P., Target, M., Steele, M., Steele, H., Leigh, T., Levinson, A., Kennedy, R. (1997): Morality, disruptive behavior, borderline personality disorder, crime, and their relationship to security of attachment. In: Atkinson L., Zucker K.J. (Hg.): Attachment and Psychopathology. New York, London (The Guilford Press), S. 223-276.

Freud, A. (1960): Discussion of Dr. John Bowlby's paper. In: Psychoanalytic Study of the Child 15, S. 53-62. Dt. (1980): Diskussion von John Bowlbys Arbeit über Trennung und Trauer. In: Die Schriften der Anna Freud. Bd. VI., 1956-1965. München (Kindler), S. 1771-1778.

Freud, S. (1905): Drei Abhandlungen zur Sexualtheorie. In:. GW I. Frankfurt/M. (S. Fischer), S. 27-145.

Freud, S. (1916/1917): Vorlesungen zur Einführung in die Psychoanalyse. In: GW XI. Frankfurt/M. (S. Fischer).

George, C., Kaplan, N., Main, M. (1985): The Attachment Interview for Adults. Unveröffentlichtes Manuskript. Berkeley, University of California.

Grossmann, K., Fremmer-Bombik, E., Rudolph, J., Grossmann, K. E. (1988): Maternal attachment representations as related to child-mother attachment patterns and maternal sensitivity and acceptance of her infant. In: Hinde, R.A., Stevenson-Hinde, J. (Hg.): Relationships within families. Oxford (Oxford University Press), S. 241-260.

Grossmann, K., Grossmann, K. E., Spangler, G., Suess, G., Unzner, L. (1985): Maternal sensitivity and newborns' orientation responses as related to quality of attachment in Northern Germany. In: Bretherton, I., Waters, E. (Hg.): Growing points of attachment theory and research. Monographs of the Society for Research in Child Development, Bd. 50. Chicago, Ill, (Chicago University Press), S. 231-256.

Grossmann, K. E., Becker-Stoll, F., Grossmann, K., Kindler, H., Schieche, M., Spangler, G., Wensauer, M., Zimmermann, P. (1997): Die Bindungstheorie. Modell, entwicklungspsychologische Forschung und Ergebnisse. In: Keller, H. (Hg.): Handbuch der Kleinkindforschung. Bern (Huber), S. 51-95.

Holtzworth-Monroe, A., Hutchinson, G., Stuart, G. L. (1992): Attachment patterns of maritally violent vs. non-violent men: Data from the Adult Attachment Interview. Boston (Association for Advancement of Behaviour Therapy).

Hopf, C. (1993): Rechtsextremismus und Beziehungserfahrungen. In: Zeitschrift für Soziologie 22, S. 449-463.

Klaus, M. H.; Kennell, J. H. (1983): Bonding: The Beginnings of Parent-Infant Attachment. New York (New American Library).

Kunzke, D., Brisch, K. H., Buchheim, A. (1998): Aspekte der modernen Säuglings- und Bindungsforschung und ihre mögliche Bedeutung für die Entstehung von Beziehungen in der Familie. In: Damm, S. (Hg.): Patchworkfamilien und Stieffamilien: Besonderheiten in Alltag und Psychotherapie. Tübingen (Universitas), S. 49-79.

Lyons-Ruth, K., Alpern, L., Repacholi, B. (1993): Disorganized infant attachment classification and maternal psychosocial problems as predictors of hostile-aggressive behavior in the preschool classroom. In: Child Development 64, S. 572-585.

Lyons-Ruth, K., Repacholi, B., McLeod, S., Silva, E. (1991): Disorganized attachment behavior in infancy: Short-term stability, maternal and infant correlates, and risk-related subtypes. In: Development and Psychopathology: Attachment and Developmental Psychopathology 3(4), S. 377-396.

Main, M., Hesse, E. (1990): Parents' unresolved traumatic experiences are related to disorganized attachment status: is frightened and/or frightening parental behavior the linking mechanism? In: Greenberg, M. T., Cicchetti, D., Cummings, E. M. (Hg.): Attachment in the preschool years. Chicago (The University of Chicago Press), S. 161-182.

Main, M., Kaplan, N., Cassidy, J. (1985): Security in infancy, childhood and adulthood: a move to the level of representation. In: Bretherton, I., Waters, E. (Hg.): Growing points of attachment theory and research. In: Monographs of the Society for Research in Child Development, Bd. 50. Chicago, Ill. (Chicago University Press), S. 66-106.

Main, M., Solomon, J. (1986): Discovery of an insecure-disorganized/disoriented attachment pattern. In: Brazelton, T. B., Yogman, M. (Hg.); Affective development in infancy. Norwood, New York (Ablex), S. 95-124.

Minde, K. K. (1993): The social and emotional development of low-birthweight infants and their families up to age four. In: Friedman, S., Sigman, M. (Hg.): The psychological development of low-birthweight children. New Jersey (Ablex), S.

Patrick, M., Hobson, R. P., Castle, D., Howard, R., Maughn, B. (1994): Personality disorder and the mental representation of early social experience. In: Development and Psychopathology, S. 375-388.

Radojevic, M. (1992): Predicting quality of infant attachment to father at 15 months from prenatal paternal representations of attachment: An Australian contribution. Brussels, 25th International Congress of Psychology.

Spangler, G., Schieche, M. (1995): Psychobiologie der Bindung. In: Spangler, G., Zimmermann, P. (Hg.): Die Bindungstheorie. Grundlagen, Forschung und Anwendung. Stuttgart (Klett-Cotta), S. 297-310.

Spitz, R. A. (1960): Discussion of Dr. John Bowlby's paper. In: Psychoanalytic Study of the Child 15, S. 113-117.

Stalker, C. A., Davies, F. (1985): Attachment organization and adaptation in sexually abused women. In: Canadian Journal of Psychiatry 40, S. 48-63

Steele, H., Steele, M. (1994): Intergenerational patterns of attachment. In: Advances in Personal Relationships 5, S. 93-120.

The NICHD Early Child Care Network (1994): Child Care and Child Development: The NICHD Study of Early Child Care. In: Friedman, S. L., Haywood, H. C. (Hg.): Developmental follow-up: Concepts, domains, and methods. San Diego, CA (Academic Press), S. 37-396.

Tress, W. (1986): Das Rätsel der seelischen Gesundheit. Traumatische Kindheit und früher Schutz gegen psychogene Störungen. Göttingen (Vandenhoeck & Ruprecht).

van den Boom, D.C. (1990): Preventive intervention and the quality of mother-infant interaction and infant exploration in irritable infants. In: Koops, W., Soppe, H., van der Linden, J., Molenaar, P. C. M., Schroots, J. J. F. (Hg.): Developmental psychology behind the dikes. Delft/Netherlands (Uitgeverij Ekuron), S. 249-268.

van den Boom, D. C. (1995): Do first-year intervention effects endure? Follow-up during toddlerhood of a sample of dutch irritable infants. In: Child Development 66, S. 1798-1816.

van IJzendoorn, M., Goldberg, S., Kroonenberg, P. M., Frenkel, O. J. (1992): The relative effects of maternal and child problems on the qualitiy of attachment: A meta-analysis of attachment in clinical samples. In: Child Development 63, S. 840-858.

van IJzendoorn, M. H. (1995): Adult attachment representations, parental responsiveness and infant attachment: a meta-analysis on the predictive validity of the adult attachment interview. In: Psychological Bulletin 117 (3), S. 387-403.

van IJzendoorn, M. H.; Bakermans-Kranenburg, M. J. (1997): Intergenerational transmission of attachment: a move to the contextual level. In: Atkinson, L., Zucker K. J., (Hg.): Attachment and Psychopathology. New York, London (The Guilford Press), S. 135-170.

van IJzendoorn, M. H.; De Wolff, M. S. (1997): In search of the absent father – meta-analysis of infant-father attachment: A rejoinder to our discussants. In: Child Development 68 (4), S. 604-609.

van IJzendoorn, M. H., Juffer, F., Duyvesteyn, M. G. C. (1995): Breaking the intergenerational cycle of insecure attachment: A review of the effects of attachment-based interventions on maternal sensitivity and infant security. In: Journal of Child Psychology and Psychiatry and Allied Disciplines 36, S. 225-248.

Werner, E. (1990): Protective factors and individual resilience. In: Meisels, S., Shonkoff, J. (Hg.): Handbook of early childhood intervention. New York (Chambridge University Press), S. 97-116.

Zimmermann, P., Spangler, G., Schieche, M., Becker-Stoll, F. (1995): Bindung im Lebenslauf: Determinanten, Kontinuität, Konsequenzen und künftige Perspektiven. In: Spangler, G., Zimmermann, P. (Hg.): Die Bindungstheorie. Grundlagen, Forschung und Anwendung. Stuttgart (Klett-Cotta), S. 311-332.

Springer Psychologie

Michael Cöllen

Paartherapie und Paarsynthese

Lernmodell Liebe

1997. IX, 286 Seiten. 9 Abbildungen.
Broschiert DM 68,–, öS 476,–, sFr 62,–
ISBN 3-211-83006-5

Paarsynthese als Beziehungslehre legt Liebe als Lernmodell zugrunde. Ursprünglich als pluralistische, schulenübergreifende Psychotherapie für Paare entwickelt, ermöglicht sie umfassendes Zusammenwirken von Weiblich und Männlich in sozialen Strukturen.
Sie wird in Erwachsenenbildung und Therapieausbildung gelehrt und im Bereich von Klinik, Psychotherapie, Beratung und Betriebsführung angewandt.

„... ein grundlegendes, umfassendes und beachtenswertes Buch über die Liebe und im Speziellen über Paartherapie."   Gesprächspsychotherapie und Personenzentrierte Beratung

 Springer Wien New York

Sachsenplatz 4-6, P.O.Box 89, A-1201 Wien, Fax +43-1-330 24 26
e-mail: books@springer.at, Internet: http://www.springer.at
Heidelberger Platz 3, D-14197 Berlin Fax +49-30-827 87-301
e-mail: kundenservice@springer.de

Autonomiewünsche versus Abhängigkeitsbedürfnisse

Die Bedeutung des mütterlichen Objekts – Ergebnisse einer Langzeit-Untersuchung[1]

Anni Bergman

Einleitung

Dieser Beitrag basiert auf den gesammelten Daten einer Langzeitstudie, die 35 Jahre umfaßt. Im ersten Teil der Studie wurden Mutter-Kind-Paare beobachtet. Diese Forschung führte zur heute bekannten Loslösungs-Individuationstheorie (Mahler, Pine, Bergman 1975).[2] Die Studie, die 1959 von Margaret Mahler und ihren Mitarbeitern begonnen wurde, basierte auf Mahlers Hypothese, daß das Kind eine eigene Identität während des Loslösungs-Individuationsprozesses entwickele. In der Studie kamen Mütter und Kinder in einer Art Spielplatz-Setting zusammen, um die Entwicklung von Kindern gleichen Alters vergleichen zu können. Daneben wurde jedes einzelne Mutter-Kind-Paar intensiv beobachtet. Die Daten wurden von einem Team gesammelt. Dieses setzte sich aus teilnehmenden und nicht-teilnehmenden Beobachtern zusammen sowie aus erfahrenen Klinikern, die Interviews mit den Müttern führten und die Mutter-Kind Beziehungen beobachteten.

Eine kurze Folgestudie wurde 1973 während der Latenzzeit der Kinder durchgeführt, eine weitere ab 1988 als Erwachsenen-Folgestudie.[3] Diese beinhaltete eine Reihe unstrukturierter klinischer Interviews mit den ursprünglichen Probanden sowie psychologische Tests mit ihnen und ihren Müttern und unterschied sich damit quantitativ und qualitativ von den früheren Daten, denn diese wurden von mehreren Beobachtern täglich gesammelt und bei wöchentlichen Forschungskonferenzen besprochen. Im Gegensatz dazu wurden die späteren Daten von einzelnen Beobachtern gesammelt, und die Kontakte waren je nach den individuellen Lebensumständen unterschiedlich und begrenzt.

Eine zentrale Frage dieser Langzeitstudie war: Wie beeinflußt die einzigartige Weise, in der jeder den Loslösungs-Individuations-Prozeß durchläuft, die Art in der er spätere Phasen der Entwicklung und spätere Lebenskonflikte erlebt? In der vorliegenden Arbeit möchte ich diese Frage aufgreifen und die gegenseitigen Beeinflussungen eines Mutter-Kind-Paares während des Loslösungs-Individuations-Prozesses beschreiben. Speziell werde ich mich darauf konzentrieren, wie das Kind seine auto-

---

[1] Vortrag am 2.5.1997 am DIALOG-Zentrum für Angewandte Psychoanalyse Bremen.
[2] Diese Untersuchung wurde von NIMH, USPHS unterstützt; Margaret Mahler, Principal Investigator; John B. McDevitt, Co-Principal Investigator.
[3] Folgestudien wurden von der Rock Foundation unterstützt: John B. McDevitt, Principal Investigator; Ani Bergman, Co-Principal Investigator.

nomen Funktionen gebrauchen lernte, um den Mangel der konsistenten emotionalen Verfügbarkeit seiner Mutter zu kompensieren. Sein Vertrauen in autonomes Funktionieren zeigte sich auf verschiedene Weise, in verschiedenen Phasen seiner Entwicklung und blieb für dieses Kind bis in die frühe Erwachsenenzeit charakteristisch.

Die Begeisterung, welche die Übungssubphase mit sich bringt, mit dem narzißtischen Einsatz von beiden, dem Selbst und der Außenwelt, erreicht ihren Höhepunkt mit der unabhängigen Fortbewegung, speziell mit dem aufrechten Gehen.

Während dieser Entwicklungszeit brauchen Kleinkinder ihre Mütter, die ihnen bei ihren Entdeckungen in der Welt behilflich sind. Ebenso brauchen sie ihre Mütter, um immer wieder in regelmäßigen Abständen für einen kurzen Moment – zum emotionalen Auftanken – zurückkehren zu können. Die Autonomieentwicklung während der Übungssubphase kann das Kleinkind mit Freude und die Mutter mit Stolz erfüllen, da sie die Entfaltung der motorischen und verbalen Fähigkeiten ihres Babys beobachtet. Andererseits kann die Mutter mit Angst um die Sicherheit des Kindes reagieren oder mit Gefühlen des Im-Stich-Gelassen-Werdens, wenn sie schrittweise die zunehmende Ablösung ihres Kindes akzeptieren muß. Während der Rapprochement-Krise werden dem Kleinkind die Gefahren des autonomen Funktionierens und der Ablösung manchmal schmerzvoll bewußt. Gerade während des Rapprochement-Konflikts werden Geduld und Flexibilität der Mutter einer großen Prüfung ausgesetzt. Margaret Mahler unterstrich, wie wichtig die emotionale Verfügbarkeit der Mutter während dieser schwierigen Periode ist. Ein weiteres Stadium der Autonomie erlangt das Kind mit einer emotionalen Objekt- und Selbstkonstanz, die folgt, wenn die Rapprochement-Krise zu einem gewissen Grad durchgearbeitet ist und das Kind akzeptieren kann, daß es ein separates Wesen ist. Die innere Präsenz der fürsorgenden Bezugsperson gewährleistet beim Kind die Ablösung und hilft ihm, Gefühle der Verletzbarkeit und Unzulänglichkeit zu überwinden.

In meiner Arbeit als Analytikerin Erwachsener habe ich einige Fälle beobachtet, bei denen das Problem der emotionalen Nicht-Verfügbarkeit der Mutter während dieser frühesten Phasen alle intimen Beziehungen im späteren Leben beeinflußt hat. Es schien, als ob kein späteres Liebesobjekt ihre Gefühle von Unglücklichsein und Enttäuschung, die sie schon während dieser frühen Lebensphase empfunden hatten, kompensieren könnte. Deswegen schienen diese Patienten niemals zufrieden sein und die Unzulänglichkeiten ihrer Liebesobjekte akzeptieren zu können. Trotzdem zeigten sie nicht nur angemessene, sondern oft besonders große Fähigkeiten aufgrund ihrer Selbständigkeit. Es stellt sich die Frage, wie eine solche Überentwicklung der Autonomie hinsichtlich der inkonsistenten Nicht-Verfügbarkeit des anderen die Entwicklung von Objektbeziehungen im frühem und späterem Leben beeinflußt. Ich kann hier nicht beschreiben, wie und in welchem Ausmaß es möglich war, den Patienten in der analytischen Behandlung zu helfen, diese frühen Probleme durchzuarbeiten und eine bessere und zufriedenstellende Fähigkeit für Objektbeziehungen zu erreichen. Statt dessen möchte ich den Loslösungs-Individuations-Prozeß eines Jungen – ein Fall der Original-Studie – beschreiben, der sich zu einem extrem intelligenten und fähigen Erwachsenen entwickelte.

David wurde mit seiner Mutter im Alter von drei Monaten bis drei Jahren in einem spielplatzartigen Forschungs-Setting beobachtet. Während dieser Periode war die emotionale Verfügbarkeit der Mutter ihm gegenüber höchst inkonsistent. Trotzdem durchlief er den Loslösungs-Individuations-Prozeß mit nicht mehr als den durchschnittlichen Schwierigkeiten. Als David im Alter von drei Jahren in den Kindergarten kam, hatte er kein Problem, sich zu trennen. Seine Lehrer waren von seinen Fähigkeiten und seiner Lebendigkeit beeindruckt, sie fanden es aber schwierig, ihn in die Gruppe zu integrieren.

David wurde in einer kurzen Folgestudie während seiner Latenzzeit gesehen, dann erst wieder als junger Erwachsener in einer Erwachsenen Folgestudie, die 25 Jahre nach dem Ende der Erst-Beobachtungen begann. Dies läßt einen sehr großen Zwischenraum offen, gerade auch die wichtige Veränderungsphase der Adoleszenz, über die wir bloß aus seinen eigenen Beschreibungen etwas wissen. Während dieser Zeit fand ein wichtiges Ereignis in Davids Leben statt: Seine Eltern trennten sich, und seine Mutter zog von zu Hause aus. Dies fiel mit dem Zeitpunkt zusammen, als Davids älterer Bruder ins College kam. Deshalb lebte David während seiner Adoleszenz allein mit seinem Vater. In seinem ersten Erwachseneninterview sprach er viel über seine Entwicklung als auf sich selbst angewiesene Person und beschrieb sich, mit Hinweis auf die Untersuchung, als „über-individualisiert". In diesem Zusammenhang sprach David darüber, daß er den Weggang seiner Mutter nicht wirklich als großen Verlust empfand.

Er fand es dagegen schwierig, sie wöchentlich zu sehen, und daß es einfacher war, mit seinem Vater zu leben, der ihm viel Freiheit gab. Erwähnenswert ist hier, daß Davids Mutter schon während seiner Kindheit auf der Suche nach ihrer eigenen Autonomie war. Es scheint so, als ob Davids Mutter darauf gewartet habe, daß ihr älterer Sohn das Haus verließ, bevor sie es selber tat, und daß sie fühlte, daß ihr jüngerer Sohn gut ohne sie auskommen würde – ein Gefühl, das für ihre eigene Entscheidung, zu diesem Zeitpunkt zu gehen, wichtig gewesen sein mußte.

Als Erwachsener zeigte David ein hohes Maß an Selbständigkeit. Er beschrieb sich selbst als Jongleur vieler Aktivitäten seines bewegten Lebens. Er versuchte immer, seine persönlichen Verpflichtungen und Vergnügungen in der Balance zu halten, die Beziehungen zu vielen Freunden, ein anspruchsvolles Berufsleben und sein kreatives musikalisches Leben. Zunächst schien es, daß die Freude und der Stolz seiner jonglierenden Fähigkeit eine umfassende Kompensation für die ungewöhnlichen Anstrengungen war, mit allem fertig zu werden. Später, während der Erwachsenen-Folge-Interviews, denen wöchentliche Therapiestunden folgten, wurden David die Konflikte, die er mit seinem Jonglieren zu meistern versuchte, eher bewußt. Und schließlich wurden ihm seine Bedürfnisse nach einer fürsorgenden Bezugsperson klarer.

David und seine Mutter: Die ersten drei Jahre

3 bis 6 Monate

David war ein gesundes, gut entwickeltes Kind, das zweite in seiner Familie, drei Jahre jünger als sein Bruder. Unsere Beobachtungen Davids und seiner Mutter begannen, als er drei Monate alt war. Zu dieser Zeit bemerkte man, daß Frau D. mit Freude stillte. In einem ihrer ersten Interviews sprach sie darüber, daß David, als er einen Monat alt war, eine Woche im Krankenhaus verbringen mußte. Frau D., die die Tage mit ihm im Spital verbrachte, war sehr aufgebracht und verärgert über den Arzt, der vorschlug, David während der Spitalzeit abzustillen. Beobachter waren deshalb um so überraschter, als Frau D. ihren dreieinhalb Monate alten Sohn in bloß zwei Tagen abstillte. Nach dem Abstillen fanden Beobachter, daß sie müde und traurig aussah und sich über Davids schlechten Appetit beschwerte. Man beobachtete auch, daß Frau D. abwesend wirkte, wenn sie ihm die Flasche gab, und sich nicht besonders um sein Wohlbefinden bemühte. Sie sagte, daß sie ihn abgestillt habe, weil sie bald Kurse beginnen wolle und Davids älterem Bruder Jay behilflich sein müsse, sich an den Kindergarten zu gewöhnen. Die nächsten zwei Wochen aß David wenig und weinte viel. Zwei Wochen darauf jedoch, als David 4 Monate alt war, erschienen Mutter und Kind wieder viel glücklicher. Beobachter fanden, daß David auf die Stimmen anderer reagierte und speziell auf die Stimme seiner Mutter, die oft beruhigend auf ihn einwirkte.

Er lächelte und plapperte, wenn er mit einem der anderen Babys in die Gehschule kam. Damals fuhr Frau D. mit ihrem Mann und dem älterem Kind über das Wochenende weg, und sie ließ David mit ihrer Mutter zu Hause. Als sie zurückkam, berichtete sie, daß David sie nicht speziell begrüßt habe, und sie meinte auch, daß David jeden ohne Unterschied anlächele und sie nicht als etwas Besonderes erkannt habe. Frau D. berichtete auch, daß David nicht negativ auf das Verlassensein während des Wochenendes reagiert habe. Im Zentrum fanden die Beobachter, daß sie sich weder viel mit David befasse, noch während des Interviews viel über ihn spreche. Hier kamen bereits die Ambiguitäten ihrer Beziehung zum Vorschein. Hatte David seine Mutter in der Tat nicht glücklich begrüßt? War er vielleicht wütend über sein Verlassenwerden während des Wochenendes? Hat sich vielleicht Frau D. von ihrem Sohn zurückgewiesen gefühlt und daraus geschlossen, daß er sie wirklich nicht brauchte? Oder hat sie Davids Reaktion ihr gegenüber als etwas Spezielles bestritten, weil das Gebrauchtwerden zu schmerzvoll war? Was auch immer die dynamischen Grundlagen waren, Frau D. reagierte, indem sie beide, sich und ihren Sohn, vernachlässigte. In den nächsten Wochen berichtete man über unbefriedigende Interaktionen zwischen David und seiner Mutter. Beobachter stellten fest, daß Frau D. nachlässiger gekleidet war als üblich und David, obwohl er einen Schneeanzug anhatte, mit nackten Füßen umherlief. Die Mutter schien sogar unbesorgt, als David unter einer sehr starken Erkältung und hohem Fieber litt.

Wir sehen während dieser frühesten Periode ein Muster in Erscheinung treten: Phasen der freudigen Beziehung werden von Frau D. unterbrochen – zuerst durch abruptes Abstillen und dann durch Zurücklassen Davids über das Wochenende. Weiterhin ist wichtig, daß die Mutter ihr Bedürfnis danach verleugnete, daß David ihr seine Liebe zeigte. Sie bestand darauf, daß David sie nicht vermisse, und sie vernachlässigte ihn und sich selbst, sogar als er erkrankte.

6 bis 8 Monate

Als David ungefähr sechs Monate alt war und sich der Außenwelt zuzuwenden begann, wurde bemerkt, daß Mutter und Kind einiges von dem Vergnügen wiedergefunden zu haben schienen, das sie vor dem Abstillen hatten. Diese Entwicklung fiel mit Davids Fähigkeit, sich selbst umdrehen zu können, aktiv Erwachsene einzubeziehen und nach Objekten zu greifen, zusammen. Er war ein aktives Kind und begann im Alter von sieben Monaten zu krabbeln.

Als David einen kleineren Sturz hatte, regte sich Frau D. auf und meinte, daß dies das erste negative Erlebnis in Davids Leben gewesen sei und daß er niemals mehr derselbe sein würde. Zur gleichen Zeit aber unternahm sie keinerlei Anstrengungen, David von einer eher gefährlichen Klettersituation abzuhalten. Beobachter stellten fest, daß sie nicht sehr gut auf ihn eingestimmt war: Sie hielt ihn, obwohl er strampelte, und gab ihm die Flasche, die er wegstieß.

Als David fast 8 Monate alt war, wurden die ersten Trennungsreaktionen beobachtet. Frau D. berichtete, daß David, wenn sie zusammen waren, sie nicht nur anlächelte, sondern ihr auch seinen ganzen Körper zuwandte. Sie war hocherfreut, als sie erzählte, daß David versucht habe, sie mit dem zu füttern, was er aß, und kommentierte, daß dies sehr frühreif sei. David berührte und liebkoste seine Mutter. Sie berichtete auch, daß er begonnen habe, sie zu imitieren, indem er sie tätschelte und dabei Laute von sich gab. Tags darauf war Frau D. schweigsam und zurückgezogen. Sie beschwerte sich während eines Interviews, daß David zu anspruchsvoll sei und nur in ihrer Anwesenheit spielen wolle. Hier sehen wir, daß Davids Mutter zwar in der Lage war, die Fähigkeit ihres Sohnes, sich mit ihr zu verbinden, zu genießen, aber auch, daß seine Ansprüche zu viel für sie waren. Im Zentrum gurgelte David, sang und berührte sein Spiegelbild. Möglicherweise reagierte er auf den Rückzug seiner Mutter, indem er sich auf sich selbst zurückzog. An einem Tag, als David in guter Stimmung war und in Anwesenheit der Mutter gut gespielt hatte, war Frau D. fähig, ihn sicher zu halten und gut zu betreuen. Nachdem sie das Zimmer verlassen hatte, schrie er wegen eines geringen Schmerzes, übergab sich mehrmals und brach dann plötzlich vor Erschöpfung zusammen. Er akzeptierte die Flasche von einem Beobachter und schien einzuschlafen. Als seine Mutter jedoch zurückkam, begann er heftig zu weinen, als ob ihr Zurückkommen ihn daran erinnerte, wie sehr er sie vermißt hatte. Eines Tages wurde David von einer anderen Mutter zum Zentrum gebracht. Er war auffällig ruhig und weniger lebendig als normalerweise. Als seine Mutter kam, hielt er nicht besonders Ausschau nach ihr. In diesem Moment interessiert er sich mehr für die Brillen und den Schmuck einer Beobachterin.

Als Frau D. den goldenen Anhänger, mit dem er spielte, ausborgen wollte, nahm Davids Interesse merkbar ab. Später war Davids Mutter über einen kleinen Sturz sehr besorgt und folgte ihm überall hin, um sicher zu gehen, daß er nicht wieder hinfallen würde. War Frau D. besorgt, seine Liebe zu verlieren, weil er sich während ihrer Abwesenheit einer Beobachterin zuwandte? Oder war sie böse auf ihn, weil er sie zurückwies, und deshalb plötzlich ängstlich, daß ihm etwas zustoßen könnte?

Während dieser Phase sehen wir Davids Entwicklungsfortschritte: Er zeigt eine gute motorische Entwicklung, gutes autonomes Verhalten und die zu erwartenden Trennungsreaktionen. Jedoch bleibt Frau D. David gegenüber inkonsistent. In Abständen ist sie in der Lage, ihn und seine Anhänglichkeit zu genießen, aber dann dämpft sie wiederum bei beiden die Freude. Einerseits will die Mutter, daß David unabhängig ist, andererseits ist sie jedoch über seine Autonomie und die Anhänglichkeit anderen gegenüber verängstigt. Ihre Ambivalenz zeigt sich abwechselnd, einerseits ist sie überbehütend und um sein Überleben besorgt, andererseits nachlässig und unaufmerksam gegenüber seinen Grundbedürfnissen und den möglichen Gefahren.

9 bis 11 Monate

Mit 9 Monaten, in der Übungssubphase, genoß David, die Umgebung zu erkunden, und lächelte, wenn er Leute erkannte. Während dieser Erforschungen hielt er oft inne und orientierte sich an seiner Mutter und anderen Erwachsenen im Raum. Frau D. berichtete euphorisch, daß David jetzt die Babynahrung zurückwies und ganze Nahrung aß. Während eines Interviews hörte sie ein Kind im Zentrum schreien. Sie sah nach, ob es sich dabei um David handele, und er war es wirklich. Er war während eines Guck-Spiels, das ihn offensichtlich an seine Mutter erinnerte, in Tränen ausgebrochen. Während seines 10. Lebensmonats entwickelte sich David weiter gut. Frau D. war auch besonders gut auf ihn eingestellt und in der Lage, ihn zu verstehen und das Zusammensein zu genießen. Jedoch zeigte sich eine Unsicherheit in dieser besseren Gewöhnung. Es war sehr wichtig für sie, daß er sich gut entwickele und daß er seine Anhänglichkeit ihr gegenüber deutlich zeige.

Mit 11 Monaten beschrieb ein Beobachter David und seine Mutter als „eine Studie in Kontrasten": David war lebendig, energisch, und neugierig, seine Mutter schweigsam und deprimiert. Es scheint bemerkenswert, daß auf eine kurze Phase der Freude wieder eine depressive Periode folgte. Als David 11 Monate und 3 Wochen alt war, berichtete Frau D., daß er einen Sinn für Humor entwickele, und daß sie sehr komplizierte Guck-Spiele spielten. Sie beschrieb David auch als sehr freundlich und neugierig Fremden gegenüber.

Während sich David gut entfaltete, Erkundigungen und Spiel genoß, entwickelte er gleichzeitig einen intensiven Bezug zu seiner Flasche, in einem solchen Ausmaß, daß er seine Flasche mit der einen Hand hielt, während er mit der anderen geschäftig spielte. Frau D. berichtete, daß er zu Hause die Flasche überall mitnehme, genauso wie im Zentrum.

Davids Bedürfnis nach seiner Mutter drückte sich offensichtlich in seinem Bedürfnis nach der Flasche aus und begann seine Autonomiefunktionen zu beeinträchtigen. Sein Bedürfnis, immer im Zentrum der Aufmerksamkeit seiner Mutter zu stehen, wurde von einem Beobachter bemerkt. Es schien, als ob David bemerkte, wenn sich das Gespräch nicht um ihn drehte, und er unternahm dann Annäherungsversuche. Zu diesem Zeitpunkt schien David sehr sensibel und wollte im Zentrum der Aufmerksamkeit seiner Mutter und anderer Erwachsener stehen. Könnte es sein, daß David mehr als andere Kinder die Aufmerksamkeit seiner Mutter brauchte, weil er herausgefunden hatte, daß er sich nicht ganz auf sie verlassen konnte?

1 Jahr

David machte seine ersten Schritte im Alter von einem Jahr. Freies aufrechtes Gehen wird als etwas gesehen, das großen Einfluß und eine symbolische Bedeutung für die Mutter-Kind-Beziehung hat (Mahler, Pine u. Bergman 1975, S. 74). Zu diesem Zeitpunkt, da das Vertrauen auf die Mutter für das Sicherheitsgefühl des Kindes so wichtig ist, bemerkte ein Beobachter, daß David mehr körperlichen Kontakt haben wollte, als seine Mutter ihm anbot.

Vielleicht war Davids starke Bindung an die Flasche seine Art, dem Bedürfnis, sich bei der Mutter festhalten zu dürfen, Ausdruck zu verleihen.

Um Davids ersten Geburtstag herum sprach Frau D. darüber, wie sehr Jay auf David eifersüchtig sei und daß sie ihn nicht quälen wolle, indem sie eine Geburtstagsparty für David gebe. Als ein Beobachter meinte, daß David ein Jahr alt sein werde, ob Jay dies nun wolle oder nicht, antwortete Frau D. schnell, daß sie eine Party haben und dieses wichtige Ereignis nicht ignorieren wolle. Sie fragte die Beobachterin dann, ob es in Ordnung sein würde, Jay auch ein Geschenk zu geben. Eines Tages, als beide Jungen im Zentrum waren, konnte man beobachten, daß David große Freude am Gehen und Stiegen steigen hatte und seinen Bruder dabei nachahmte. Als David auf einen Turm, den Jay baute, zukrabbelte, zog ihn die Mutter schnell weg. Ein Beobachter bemerkte, daß die Mutter überschnell reagierte und David wegzog und daß die Jungen eigentlich ziemlich gut miteinander spielen konnten. Was hier zum Ausdruck kommt, ist Frau D.s Schwierigkeit, für beide Kinder fürsorgende Gefühle zu bewahren.

14 bis 16 Monate

Mit 14 1/2 Monaten schien David sich zu bemühen, erwachsen zu werden. Er aß normale Nahrung und lehnte es ab, in seinem Hochstuhl zu sitzen. Er sagte auch seine ersten Worte.

Beobachter bemerkten seine Fähigkeiten, sein Spielzeug zu gebrauchen und kleine Spiele für sich selbst zu erfinden. David zeigte weitere Anzeichen seiner Ablösung, indem er sich seiner Darmaktivitäten bewußt wurde. Im Zentrum interessierte er sich sehr für ein Baby, streichelte seinen Kopf und sagte „lieb, lieb". Mit knapp 16 Monaten zeigte David Verhaltensweisen, die für die frühe Rapprochement-Phase typisch sind. Er brachte seiner Mutter und den Beobachtern nämlich Spielzeug. Wenn seine Mutter außerhalb des Raumes war, bewegte sich David weniger, lächelte weniger und spielte für lange Zeit nicht mit irgendeinem Spielzeug. Wenn sie zurückkam, stürzte er lächelnd auf sie zu. Während dieser für David glücklichen Periode bemerkten die Beobachter, daß Frau D. ängstlich und deprimiert wirkte.

17 bis 19 Monate

Als David 17 Monate alt war, sagte Frau D., daß er mit jedem Tag wunderbarer werde und sie nicht gewußt habe, daß sie ein Baby so genießen könne. Sie wollte mehr Zeit mit David zu Hause verbringen, um die Zeit, die ihr Mann alleine mit Jay war, auszugleichen. Frau D. berichtete auch, daß David mit seinem Vater alleine ganz euphorisch sei, daß er herumlaufe und „Papi, Papi, Papi" rufe. Im Zentrum beobachtete man, daß einige von Davids Tätigkeiten Nachahmungen des Vaters zu sein schienen – wie etwa Schubkarren beladen oder ein Haus bauen. Beobachter fanden, daß Frau D. sehr schweigsam wäre, traurig und deprimiert aussähe.

Wieder einmal schien diese Stimmung mit der Erzählung über ihre besondere Freude an David zusammenzuhängen. Sie nahm ihn zu einem Interview mit, umarmte ihn und sagte: „Ich kann es wirklich nicht ertragen, mich von ihm zu trennen". Zu diesem Zeitpunkt, als Frau D. ihren Sohn nur ungern loslassen wollte, wurde David klarer, wenn seine Mutter ihn verließ, und er klammerte sich nach ihrer Rückkehr an sie. Sie erzählte, daß er während der Nacht nach ihr rufen würde und schließlich mit einer Flasche ins Bett ginge.

Interessant ist hier, daß die starken Gefühle der Ablösung von beiden ausgedrückt werden. Zu diesem Zeitpunkt begann sich David, der immer noch seinen Stuhlgang zurückhielt, sehr für die Reinlichkeitsaktivitäten anderer zu interessieren, und er beeilte sich, ihnen Toilettenpapier zu bringen. Er wurde sich auch der Funktion von Gegenstandspaaren bewußt, und übernahm die Rolle, die jeweils gebrauchte andere Hälfte zur Verfügung zu stellen. Zum Beispiel beschrieb Frau D., wie David immer die Schaufel brachte, wenn sie kehrte, und einmal, als sie schon die Schaufel und den Besen hatte, David sie ihr weg nahm und wieder zurückbrachte. Für Kleinkinder während der Rapprochement-Phase ist es typisch, daß sie von der Mutter verlangen, etwas zusammenzufügen, was getrennt war. Wir sehen hier, daß David diese Rolle selbst übernahm: anstelle von seiner Mutter zu verlangen, die Dinge ganzzumachen, will er diese Rolle selbst spielen. Die Mutter beschrieb auch, wie David auf seinen Vater an der Tür wartete, immer zu der Zeit, wenn dieser nach Hause kommen würde.

David sammelte Objekte, die mit einer Tätigkeit verbunden waren, sobald sie diese erwähnte. Einmal, als er während der Nacht krank aufwachte, wechselte sie ihm die Windel, kümmerte sich jedoch nicht darum, die Gummihose über seine Windel zu ziehen, wie sie es gewöhnlich tat. Er nahm die Gummihose und sagte „anziehn". Ein Beobachter im Zentrum meinte, daß David als „glücklich zwanghaft ..." beschrieben werden könne; „er beeilt sich nicht, etwas aus Frustration oder Verzweiflung heraus zu tun, sondern scheint es eher zu genießen, die Dinge zu ihrem logischen Abschluß zu bringen". David half seiner Mutter gerne und sagte „helfen", wenn er sie nachahmte. Zu Hause beeilte er sich und holte den Staubsauger hervor, wenn die Putzfrau kam. Er rief nach seinem Wagen, wenn sie dabei waren, das Haus zu verlassen. Interessant ist, daß David während dieser Phase eine Faszination für laufende Wasserhähne entwickelte. Wir könnten uns fragen, ob David seine Trennungs- und Kastrationsängste mit Hilfe dieses Objekts, das Kontinuität versprach, meisterte?

21 bis 23 Monate

Mit 21 Monaten rannte David zu seiner Mutter, wenn sie von einem Interview zurückkam, seine Arme ausgestreckt, um aufgenommen zu werden. Sie hielt ihn und setzte ihn dann ab. Kurz darauf ging er zu einem Baby auf die Matte, umarmte es mehrmals zärtlich und lächelte sehr süß. Während seine Mutter nicht im Raum war, ging er öfters zu dem Baby hinüber, umarmte es aber nicht so, wie er es in Anwesenheit seiner Mutter tat. Frau D. lächelte freudig, während sie ihm zusah.

Während David in der Lage war, einige seiner Ängste durch spielerische Tätigkeiten zu meistern, blieb er der Sauberkeitserziehung gegenüber negativ eingestellt. Er blieb lange auf der Toilette sitzen und machte nichts, außer „nein, nein" zu sagen, wobei er ängstlich dreinschaute. Ein Beobachter bemerkte, daß David die Kontrolle über Situationen behalten müsse. Er kontrollierte gerne das Kommen und Gehen seiner Eltern, indem er derjenige war, der die Tür öffnete, und er war traurig, wenn sie zu schnell weggingen. Er bestand darauf, daß eine Gabel neben seinem Teller lag, sogar dann, wenn er mit seinen Fingern aß. Während dieser Zeit begann man einige aggressive Verhaltensweisen zu beobachten.

Mit 22 Monaten fing David an, weitere Anzeichen der Rapprochement-Konflikte zu zeigen. Er wurde besitzergreifend, wollte die Zeichenstifte nicht mit einem anderen kleinen Jungen teilen und nahm den Platz des Jungen am Tisch ein, als dieser aufstand. Später nahm er Spielzeug von dem gleichen kleinen Jungen und sagte „mein". Ein Beobachter bemerkte, daß er nicht damit spielen, sondern es bloß besitzen wollte. Im Spielzimmer wollte David alles Spielzeug für sich alleine. Als die Mutter von einem Interview zurückkam, wollte er nicht ihren Schoß verlassen. Er schlug die Hand eines Beobachters weg, als er die Seite eines Buches, das er ihm zeigte, umblättern wollte.

Frau D. meinte: „Er will sehr unabhängig sein und die Dinge ganz alleine machen, solange er nur auf meinem Schoß sitzen kann". Davids gleichzeitiges Bedürfnis, sich an sie zu klammern und unabhängig zu sein, wurde auf diese Weise von Frau D. erklärt. Davids Spiel wurde im Alter von etwa 23 Monaten zielstrebig, er ging dann zu seiner Mutter und bat um Hilfe, wenn er etwas nicht zustande bringen konnte. Frau D. war gut auf ihn eingestellt und half ihm in einer altersgerechten Art. David begann das Wort „Ich" zu verwenden. Ein Beobachter bemerkte, daß David zu verstehen schien, daß er seine Mutter unterhalten konnte, daß sie sehr von ihm eingenommen war, ihn witzig fand und seine Tricks sie begeisterten. Davids Mutter war gesprächiger, mit ihm mehr verbunden als üblich und richtete mit einem neuen Haarschnitt und neuer Kleidung mehr Augenmerk auf ihre eigene äußere Erscheinung. Zu dieser Zeit, als er viel Aufmerksamkeit genoß, war David umgänglicher und weniger gezwungen, sich durchzusetzen. Ein Beobachter beschrieb, wie David ein jüngeres Kind, das versuchte, sein Spielzeug zu nehmen, wegzustoßen begann, aber er stoppte sich selbst, umarmte und tätschelte es. Frau D. meinte, daß es sehr einfach sei, mit David umzugehen. Er war in der Lage, das Kommen und Gehen seiner Mutter und der Ersatzpersonen zu akzeptieren. Er war auch der Sauberkeitserziehung gegenüber aufgeschlossener geworden.

Einen Monat später begann David in vollen Sätzen zu sprechen und das Wort „du" richtig zu verwenden. Er imitierte Jay und sagte „ich gewinne", wenn er ein Spiel zu Ende geführt hatte. Wenn er mit Puppen spielte, gebrauchte er eine quietschende Stimme. Frau D. berichtete, daß er zu Hause viel mit seinem Vater zusammen sein wolle. Er ahmte ihn nach, indem er im Haus arbeitete, und genoß es sehr, wenn er neben ihm arbeiten konnte. Er imitierte auch die Mutter bei der Hausarbeit, bevorzugte jedoch den Vater. David rannte nun nach dem Urinieren zur Toilette und fühlte sich sehr unwohl, wenn seine Windel naß war. Obwohl er seine Mutter wegstieß, wenn sie mit einer Windel näherkam, wollte er trotzdem nicht die Toilette benützen.

Um seinen zweiten Geburtstag herum schien David eine gute Lösung seiner Rapprochement-Konflikte erreicht zu haben. Er akzeptierte kurze Trennungen von seiner Mutter und war in der Lage, seine liebenden Gefühle ihr gegenüber zu zeigen, während er sich gleichzeitig stark mit seinem Vater und seinem Bruder identifizierte. Manchmal erschien Frau D. glücklicher und ruhiger als gewöhnlich, aber ihre Stimmung blieb instabil. Manchmal beschrieb man sie als abwesend. Ein anderes wichtiges Familienereignis fand zu diesem Zeitpunkt statt: Der Vater übernahm eine neue Arbeit und hatte viel weniger Zeit für seine Familie, aber er nahm sich nach wie vor die Zeit, um mit Jay an den Abenden alleine zu sein. Frau D. erzählte, daß David über seinen Vater nicht länger sprach, daß er nicht mehr nach ihm rief und sich seiner nicht sehr bewußt zu sein schien.

Aufgrund dieser Berichte gewann man den Eindruck, daß David auf die plötzliche Nicht-

Verfügbarkeit seines Vaters nicht mit offenem Protest, sondern mit Rückzug reagierte. Bei seiner zweiten Geburtstagsfeier bemerkten Beobachter, daß auch seine Mutter zurückgezogen wirkte. David spielte alleine und lehnte es ab, an irgendwelchen Party-Ritualen, wie zum Beispiel sich mit den anderen Kindern an den Tisch zu setzen, teilzunehmen. Er aß sein Eis noch vor allen anderen. Er schien auf die Nicht-Verfügbarkeit seiner Eltern mit Rückzug zu reagieren und weniger mit ihnen verbunden zu sein.

Das dritte Jahr

Nach den Sommerferien und wieder zurück im Zentrum (2 Jahre, 3 Monate) wirkte David sehr vergnügt. Beobachter stellten fest, daß seine Sprachentwicklung bemerkenswert war und daß er sich an alles im Zentrum im Detail erinnerte, inklusive an ein Buch über Feuerwehren, das er einen Beobachter veranlaßte, für ihn zu finden. David benützte die Toilette, um aufrecht zu urinieren, weigerte sich jedoch, seinen Stuhlgang dort zu verrichten, wenn seine Mutter dachte, daß er dies tun müsse. Als David einmal im Alter von 2 Jahren und 4 Monaten von seiner Mutter im Zentrum zurückgelassen wurde, verweigerte er die von ihr hinterlassene Flasche und trank seine Milch aus einem Glas. Er war quengelig und beteiligte sich nicht an Phantasiespielen. Er spielte mit einem anderen Jungen, manchmal freundschaftlich, manchmal um Spielzeug kämpfend, und wollte kein Ersatzspielzeug für das eine, das er dem Jungen wegnehmen wollte, akzeptieren. Als Frau D. ins Zentrum zurückkehrte und dann das Zimmer für ein Interview verließ, bemerkte David zwar ihr Kommen und Gehen, aber er reagierte nicht besonders darauf. Als die Mutter mit dem Interview fertig war, schenkte er ihr ein breites Lächeln und zeigte ihr, was er gemacht hatte. Frau D. berichtete auch, daß David nicht weinte, wenn sein Vater mit Jay allein ausging, sondern daß er dann dicht bei ihr blieb. David entwickelte die Fähigkeit, Zurückgelassensein zu akzeptieren, indem er sich an die eben vorhandene sorgende Person wendete.[4] Interessanterweise bemerkte ein Beobachter während dieser Zeit Davids Zurückhalten von Urin und verband dieses Zurückhalten mit der Abwesenheit seiner Mutter. David konnte Ersatzpersonen zwar gut einsetzen, sah sich jedoch auch veranlaßt, sich auf sich selbst zurückzuziehen. Er dürfte auch versucht haben, Kontrolle über seine Urinierfunktionen zu einem Zeitpunkt zu erlangen, als er feststellen mußte, daß er das Kommen und Gehen seiner Eltern nicht kontrollieren konnte. Er wollte nicht, daß man die Toilettenspülung betätigte, und ängstigte sich besonders vor dem lauten Spüllärm.

David kämpfte weiterhin mit seinen aggressiven Impulsen, speziell im Zusammenhang mit seinem Vater und Bruder. Er verhielt sich seinem älteren Bruder gegenüber sehr beschützend: Als ein sechsjähriges Mädchen auf dem Spielplatz Jay gegenüber drohende Gesten machte, sagte er zu ihr: „Du läßt meinen Bruder in Ruhe". An einem anderen Tag, als sein Vater ihn und seinen Bruder ins Naturgeschichtemuseum mitnahm, fürchtete er sich so vor einem Tiger, daß er unbedingt weggehen wollte. In der Folge entwickelte er Schlafstörungen und bestand darauf, daß seine Mutter bei ihm blieb, bis er eingeschlafen war. Weitere Beweise für diese Kämpfe wurden im Zentrum gesammelt. Eines Tages hielt David seinen Hocker zurück und war aggressiver als üblich, attackierte andere Jungen ohne merklichen Grund. Am selben Tag wiegte er Tiere zärtlich in seinem Arm und gab ihnen Verbände, weil sie krank waren. Davids Besorgnis wegen körperlicher Verletzungen nahm zu: Eines Tages, als seine Mutter einen Verband am Finger hatte, war er so verzweifelt, daß er von ihr verlangte, diesen abzunehmen. Er fürchtete sich vor dem Fotoapparat und erlaubte nicht, daß man ein Bild von ihm machte. Zu dieser

---

[4] Wir werden hier an „Finnian'a Rainbow" und die Worte „Schau, schau, schau nach dem Regenbogen. Wenn ich nicht mit dem Mädchen sein kann, das ich liebe, dann liebe ich das Mädchen, das nahe ist," erinnert.

Zeit, in der David so ängstlich war, meinte er auch sehr aufgeregt, daß er einen Hubschrauber fliegen werde, wenn er erwachsen sei. Frau D. erklärte, daß er dies immer schon gesagt habe, seit er die Autos auf der Straße beobachtete, die, wie er meinte, „zu langsam fahren". Vielleicht ist dieser Wunsch ein frühes Zeichen dafür, daß er manische Abwehr und Omnipotenz im Zusammenhang mit Hilflosigkeit und Angst zu gebrauchen versucht.

Während der zweiten Hälfte seines dritten Lebensjahres wurde Davids Spiel wilder und konkurrierender, und er wurde auch aggressiver den kleineren Kindern gegenüber.

Seine Mutter, die sich um eine Arbeit bewarb, schien beschäftigt und setzte ihn im Zentrum rasch ab. Wenn ihn seine Mutter zurückließ, schrie er häufig und hatte Wutausbrüche. Wieder einmal konnte Frau D. die negativen Auswirkungen, wenn sie ihn verließ, nicht sehen. Statt dessen berichtete sie, daß David die Zeit, die er mit seinem Vater verbringen konnte, weiterhin aufregend fände, daß er so gut alleine spielen könne und daß sie ihm nicht die Möglichkeit bieten müsse, mit anderen Kindern zu spielen. Es schien so, als ob sie seine starken Reaktionen auf ihr Weggehen nicht tolerieren könne. Tatsache war, daß sie traurig aussah, als sie ihn verließ. Er war aggressiv und nicht in der Lage, den Aktivitäten im Zentrum so zu folgen, wie er dies üblicherweise tat. Er hielt seinen Urin zurück und schrie „Ich will meine Mami". Zu diesem Zeitpunkt nahm Frau D. eine Arbeit an und veranlaßte ihre Mutter, David ins Zentrum zu bringen. David wurde sauber; als jedoch Frau D.s Zeit, die sie mit ihrer Arbeit verbrachte, zunahm, wurde David zunehmend aktiver, schwierig zu kontrollieren und gleichzeitig scheu. Frau D. berichtete, daß David eher ein „Schlingel" werde und nun auf Jay bei der kleinsten Provokation einschlage. Trotzdem sah sie keinen Zusammenhang zwischen seinem Verhalten und ihrer Abwesenheit und meinte, daß er sie überhaupt nicht vermisse. David hing an der Flasche. An seinem dritten Geburtstag tauschte Frau D. ihren Arbeitstag, um bei seiner Feier sein zu können, und Beobachter meinten, daß er mit seiner anwesenden Mutter wieder ganz der Alte war. Frau D. erzählte, daß sie in ihrer Arbeit nicht richtig glücklich sei.

Weitere Entwicklung und Latenzzeit

David wurde an seinem ersten Kindergartentag von einem Babysitter begleitet, den der Lehrer als „steif, kalt und abgewandt" beschrieb. Sein Lehrer erzählte, daß er sich überwiegend in der Ecke mit Bausteinen aufhielt, sich damit selbst beschäftigte und vor allem Straßen baute. In seinem reichhaltigen Phantasiespiel nahm er meistens die Rolle von Transportarbeitern an. Sein Lehrer meinte auch, daß David große Angst hätte, etwas abzuschließen, und daß ihn dies vom überlegteren Gebrauch der Materialien abhielte. Er weigerte sich, mit dem Aufräumen fertig zu werden, und tendierte zu kreativen Ausreden und dazu, sich wegzuschleichen. David war anderen Kindern gegenüber nicht aggressiv, schlug bloß zur Selbstverteidigung oder wenn er als selbsternannter Richter in einen Streit anderer Kinder eingriff. David war intellektuell frühreif und verhielt sich Erwachsenen gegenüber als „intellektuell gleich". In bezug auf andere Kinder tendierte er dazu, selbstbezogen zu sein und eher neben ihnen zu spielen als mit ihnen. Sämtliche seiner Kindergartenlehrer redeten über seine Liebe für die Schule und das Lernen, seine überlegenen intellektuellen Fähigkeiten, seinen Enthusiasmus und seine Energie. Davids Übergang in den Kindergarten war leicht und positiv.

Im Alter von 10 1/2 Jahren kam David für eine kurze Folge-Studie zu uns, welche einen psychologischen Test, Interviews und Schulbesuche mit einschloß.

Er kam zur Test-Sitzung mit seiner Mutter, und als sie ihm anbot, auf ihn zu warten, sagte er „Es macht mir nichts, wenn du es tust; es macht mir nichts, wenn du es nicht tust". Sie entschloß sich wegzugehen, und kehrte 15 Minuten zu spät zurück, um ihn abzuholen.

Während dieser Zeit wurde David merkbar ängstlicher und war jedem Laut gegenüber aufmerksam. Als sie jedoch zurückkam, war er nicht gesprächig und sicher. David und seine Mutter schienen in einer kühlen und unbeteiligten Weise aufeinander zu reagieren, trotzdem kam auch eine Sorge füreinander zum Ausdruck. Die innere Repräsentanz des Vaters wurde als vage und bruchstückhaft beschrieben, und David hatte die Erfahrung gemacht, ausgegrenzt und nicht unterstützt zu sein. Seine gewisse zwanghafte Art dürfte damit in Verbindung gestanden haben, daß er nichts von sich preisgeben wollte. Er hatte auch die Erfahrung gemacht, daß seine Zeichen von seiner Mutter mißverstanden wurden und daß er ihre nicht vorhersagen konnte.

Auf der Karte 3 des Rorschach-Tests beschrieb David „zwei Kinder in größtem Konkurrenzverhalten, die sich auf diese Art niedersetzen, weil sie nichts haben, um sich zurückzulehnen". Der Grund für die tiefen Zweifel während der Testsituation könnte Davids Erfahrung des nicht Erkanntwerdens und Nichterkennens seiner schlecht vorhersehbaren Mutter gewesen sein.

Deshalb überrascht es nicht, was an Berichten über den Kindergarten und die Grundschule folgt: daß er für seine Lehrer ziemlich rätselhaft war und sie es schwierig fanden, ihn zu führen und zu kontrollieren. Sie konnten ihn nicht wirklich „lesen", was im Hinblick auf die Art, wie seine Mutter seine Zeichen mißdeutete, besonders interessant ist. Der Beobachter fand, daß seine Lehrer ihn oft mißverstanden und negative Erwartungen hatten. Er wurde von seinen Lehrern, für die er ein Rätsel war und denen er das Gefühl gab, daß sie nicht gebraucht würden und keinen Einfluß auf ihn haben könnten, wie auch in der Klassengemeinschaft nicht voll akzeptiert. An beiden Orten, in seiner Familie und in seiner Schule, wurde David als narzißtisch und egozentrisch eingeschätzt.

Von früh an schien David internalisiert zu haben, daß man ihm nicht gerecht werde und seine Bedürfnisse nicht erfüllt werden könnten. Sich selbst überlassen, wurde er frühzeitig unabhängig, leugnete sein Bedürfnis nach unterstützenden Fürsorgepersonen und war höchst zufrieden, wenn er anderen bei der Lösung von Problemen half. Als er zu einem Interview alleine kam, war er sehr freundlich und zuvorkommend. Offensichtlich wollte er seine Interessen und Leistungen mitteilen. Dem Befrager war klar, daß David für sein Alter ein ungewöhnlich selbständiger Junge in New York war. David berichtete z. B. stolz, daß er mit der Untergrund-Bahn und dem Bus in einen anderen Stadtteil zu seinem Musikunterricht fahre.

Erwachsenen-Folge-Studie

In den Folge-Interviews als Erwachsener beschrieb David seine Mittelschuljahre an einer sehr angesehenen High School in New York als eine Zeit, während der er mehr oder weniger unbeaufsichtigt war. Er war ein ausgezeichneter Schüler und auch ein begabter Musiker, und in der Avantgarde-Subkultur New Yorks wie zu Hause. David lebte mit seinem Vater alleine in der Wohnung, in der er aufgewachsen war, nachdem seine Mutter die Familie verlassen hatte und Jay ins College gekommen war. Er beschrieb auch, daß seine Familie nie engen Kontakt pflegte und wie er erfuhr, daß seine Mutter die Familie verlassen hatte, gerade zu dem Zeitpunkt, als er im Alter von 14 Jahren von einem Sommer-Camp zurückgekommen war. Damals dachte er, daß es nicht wichtig wäre, denn er fand es einfacher, bei seinem Vater zu leben, der ihm keinerlei Einschränkungen auferlegte. Er beschrieb, wie er für sich selbst „Familien" schuf. Zum Beispiel fühlte er sich mit dem Besitzer eines Schallplattenladens sehr verbunden und verbrachte dort viele Stunden. Er beschrieb auch, daß er keine Anleitung erhalten habe, Bewerbungen für das College zu schreiben, daß er an mehreren ausgezeichneten Schulen an beiden Küsten akzeptiert worden war und daß er eine angesene Universität an der Westküste wählte. In einer Mischung von Stolz und Amüsiertheit beschrieb er seine Ankunft im College als Erstsemestriger: Im Gegensatz zu den anderen Studienanfängern, die von ihren Eltern begleitet wurden, kam er alleine mit seinem Rucksack und Fahrrad dort an. Akademisch gesehen, war seine College-Zeit sehr erfolgreich; zusätzlich wurde er im zweiten Jahr Studentenberater in seinem Studentenheim – eine Position, die generell von Höhersemestrigen eingenommen wurde. Nach dem Abschluß ließ sich David an der Westküste nieder, wohnte mit einem Freund zusammen und sorgte für sich selbst. Schließlich entschloß er sich, nach New York zurückzukehren, und übernahm die schwierige Aufgabe der Fürsorge für seinen alternden Vater. David lebte alleine, regelte aber all die finanziellen und gesundheitlichen Angelegenheiten seines Vaters, die er in großer Unordnung vorfand. Trotz der Arbeitsbelastung erlebte er auch Genugtuung und die Freude seines Vaters darüber, daß er bei ihm war. Er war sehr glücklich, wieder in New York zu sein, das er als sein richtiges Zuhause erlebte. Er beschrieb, daß er während der Zeit an der Westküste starke Bindungen dort abgelehnt habe, weil er immer daran dachte, nach New York zurückzukehren.

Zur Zeit der Folge-Interviews lebte David mit einer Frau zusammen, die eine permanente Beziehung mit ihm eingehen wollte und von der er sich deswegen später trennte. Er fand, daß er unfähig war sich festzulegen, teilweise geschah die Trennung aber auch deswegen, weil sie eine der wichtigen Voraussetzungen für eine Ehe nicht erfüllte: sie war nicht jüdisch. David war nicht religiös, sah aber seine ethnischen Wurzeln in der jüdischen Gemeinschaft New Yorks, und er war mit diesen Wurzeln stark verbunden. David war im Alter von 30 Jahren immer noch sehr mit seinem Zuhause und seinem Vater verbunden. Er befand sich auf der Suche nach einer Frau, die einer Vielzahl von Bedürfnissen und Voraussetzungen gerecht werden mußte. Sie mußte schön, intelligent, erfahren, sexuell und intellektuell anregend sein. Und sie mußte mit dem intellektuellen und künstlerischen Leben New Yorks verbunden sein. David hatte viele Freunde aus allen seiner Lebensabschnitte, tatsächlich so viele, daß es fast unmöglich war, alle während des Gesprächs mit ihm zu behalten. Er war Frauen gegenüber sehr loyal und attraktiv für sie. Viele von ihnen waren bereit, Beziehungen mit ihm einzugehen. Die Frau, zu der David sich jedoch am meisten hingezogen fühlte, war eine, die er seit seiner Kindheit kannte, eine Frau, die er immer bewundert hatte. Sie war nicht abgeneigt, jedoch für eine feste Beziehung noch nicht bereit. Sie war sehr ambivalent, und obwohl David merkte, daß sie nicht wirklich zu ihm paßte, blieb er von ihr fasziniert. Dies erinnerte uns an Davids Beziehung zu seiner Mutter, die er sehr liebte und über die er keinerlei Wut äußerte, obwohl sie keine Anstrengungen unternahm, mit ihm zusammen zu sein. Er verstand es, daß sein Vater kein angemessener Partner für sie gewesen war und daß sie ein eigenes Leben brauchte. David war nicht nur mit seiner Mutter verbunden, sondern auch mit ihrer Familie und bedauerte es, daß niemand von ihnen in der Stadt New York lebte. David versuchte, eine engere Beziehung mit seiner Mutter aufzubauen, direkt und über Verbindungen mit ihrer Großfamilie und Verwandtschaft. Er erkannte, daß er manchmal distanziert erschienen war und daß er ihr zeigen mußte, wie sehr er sie schätzte. Ihre Verfügbarkeit war trotzdem immer noch inkonsistent. Sie war nicht unliebevoll, aber sie war auch nicht zuverlässig. Ihre Loyalität war zwischen dem jetzigen Ehemann und ihren Kindern geteilt. Es schien eine klare Verbindung zwischen Davids Bedürfnis nach der verfügbaren Mutter und seiner Suche nach dem passenden Partner, mit dem man das Leben teilen konnte, zu bestehen. Die Suche nach Kontinuität war zu diesem Zeitpunkt ein hervorstechendes Merkmal in Davids Leben.

Man kann sich fragen, ob es einen Zusammenhang zwischen dieser Suche und der fehlenden konsistenten Verfügbarkeit in seiner Beziehung zu seiner Mutter gibt.

Die Gespräche mit David setzten sich weiter fort, und er fragte schließlich nach einer Therapiemöglichkeit. Der Hauptgrund war, daß er seine Schwierigkeiten erkannte, eine intime Beziehung aufrechtzuerhalten. Er fühlte sich durch seine anspruchsvolle Arbeit und die Verantwortung für seinen Vater sehr belastet. Er begann auch das Bedürfnis, umsorgt zu werden, zu spüren und stellte fest, daß er sich manchmal sehr einsam vorkam, trotz seiner vielen engen Freundschaften, denn er mußte sich immer um sich selbst und andere kümmern und fand es sehr schwierig, etwas für sich zu fordern.

Diskussion

Wir beobachteten in David ein Kleinkind, das sich sehr gut während der Loslösungs-Individuations-Phase zu entwickeln schien, obwohl die Verfügbarkeit seiner Mutter beeinträchtigt war, weil sie seine Bedürfnisse ihr gegenüber zu leugnen pflegte. Davids Mutter schien die besondere Verbindung und die gegenseitige Freude in ihrer Beziehung nicht ausreichend zu erkennen. In unseren Beobachtungen des Loslösungs-Individuations-Prozesses bei David stand das Gefühl der Mutter im Vordergrund, keinen starken Einfluß auf ihren Sohn zu haben. Sie war relativ unbesorgt, wenn sie für ihn nicht verfügbar war, und reagierte zugleich übersensibel, wenn David ihr keine Aufmerksamkeit schenkte. Sie verband seinen gelegentlichen Mangel an Aufmerksamkeit nicht mit ihrer inkonsistenten Verfügbarkeit. Schließlich begann sie, David als unnahbar zu empfinden, und er entwickelte daraufhin bereits im Kindergarten ein frühes autonomes Verhalten. Wie hat sich dieses Muster einer unbeständigen emotionalen Verfügbarkeit auf David, auf sein Durchlaufen des Loslösungs-Individuations-Prozesses und schließlich auf seine Kindheit und Adoleszenz ausgewirkt? Wie hat sich dies auf seine Persönlichkeitsstruktur und die Sicht seiner selbst und anderer wichtiger Bezugspersonen ausgewirkt?

Wie hat David das Gefühl seiner Mutter, daß er sie nicht wirklich brauche, internalisiert?

Wir haben beschrieben, wie David während seiner Rapprochement-Konflikte mit den Gefühlen von Hilflosigkeit und Wut umging, die oft in der Periode beobachtet werden, wenn Kinder sich mit der fürsorgenden Bezugsperson identifizieren und diese Rolle dann selbst übernehmen. Wir sahen auch, daß sich die Autonomie als Abwehr gegen die Hilflosigkeit entwickelte, eine Tatsache, die für David unerträglich gewesen sein mußte, da er nicht auf die unterstützende Anwesenheit seiner Eltern zählen konnte. Die Identifizierung, die eine Möglichkeit für eine gesunde Lösung von Rapprochement-Konflikten ist, kann auch dazu verwendet werden, Konflikte zu vermeiden. Und sie kann auch zu einer abwehrenden Autonomie führen, die man mit der Entwicklung eines falschen Selbst im Sinne Winnicotts vergleichen kann. Tatsächlich scheint David in seinem autonomen Verhalten gefangen gewesen zu sein: Im ersten Erwachseneninterview sprach er vor allem über sein Selbstvertrauen und davon, wie schnell er sich entwickelt habe.

Als David beschrieb, wie seine Eltern in wichtigen Phasen der Veränderung für ihn nicht da gewesen waren, beispielsweise bei der Wahl des College, zeigte er keinen Ärger, sondern er fühlte eher Stolz, wie gut er alles selbst organisiert hatte und welch ein ausgefülltes Leben er führen konnte. Dieses uneingeschränkte Selbstvertrauen wurde von anderen, besonders von seiner Mutter, oft als emotional unnahbar und narzißtisch unverletzbar empfunden. Er selbst sah seine Entwicklung als frühreif an und beschrieb sich als Teenager, der „sehr, sehr selbstbewußt, sehr auffällig, sehr frech, sehr bestimmt von vielen eigenen Ideen" war. Dieses uneingeschränkte Selbstvertrauen war auch eine Art, mit seiner Wut über sein Nicht-versorgt-Werden umzugehen, und er zeigte seinen Bezugspersonen, daß sie nicht gebraucht würden.

Davids Bedürfnisse wurden zwar von seinen Eltern manchmal nicht erfüllt, sie waren jedoch zu anderen Zeiten auch liebevoll, bewundernd und anhänglich, was sicherlich ein wichtiger Faktor für seine gute Entwicklung war.

Die Meinung seiner Mutter, daß David ein unverletzbares, frühreifes und begabtes Kind war, wirkte einerseits einschränkend, andererseits auch stärkend. David konnte sicherlich seine Intelligenz und Kompetenz so einzusetzen, daß es ihm möglich war, ein freudvolles und produktives Leben zu führen. Wie sich in seiner Therapie herausstellte, hatten Davids Selbstvertrauen, das Jonglieren und die übertriebene abwehrende Autonomie ihn jedoch davon abgehalten, sein Bedürfnis nach einer Beziehung mit gegenseitigem Umsorgen und gegenseitiger Verfügbarkeit zu erkennen. Vor kurzem ist David bewußt geworden, daß Versorgtwerden und eine intime Bezugsperson die Aspekte waren, die in seinem Leben bisher gefehlt hatten. Er begann auch seine depressiven Gefühle, die daher rührten, daß er keine wirklich enge Familie hatte, zu erkennen. Ihm wurde bewußt, daß er selbst ein Hindernis für den Aufbau einer intimen Beziehung war, nach der er sich sehnt, da er ständig in die eine oder andere Liebesbeziehung involviert, aber nicht völlig gebunden war. Er sprach über sein exzessives Bedürfnis nach Anerkennung und Akzeptanz, das seiner Meinung nach die Erfahrung und den Ausdruck eines authentischen Selbst einschränkte.

Wichtig ist, daß David um therapeutische Hilfe ersuchen konnte, und zwar auch im Zusammenhang damit, daß er ein Fall in einer Langzeitstudie war. In einer Situation, in der er sich auch als Helfer sehen konnte, war es ihm möglich, die Hilfe anzunehmen.

In diesem Sinne konnte er in seiner Therapie den Austausch, den er vermißt hatte, für sich selbst organisieren. Die Gefahr dabei war natürlich, daß die Abwehr in das Setting, das er gewählt hatte, eingebaut wurde und daß er dadurch dem Risiko auswich, sich einer unbekannten Bezugsperson auszuliefern.

Eine wichtige Frage, die wir in dieser Studie noch nicht behandelt haben, hat mit der Anwendung der Erkenntnisse über die frühe kindliche Entwicklung auf die erwachsene Persönlichkeit zu tun, mit relativ geringer direkter Beobachtung der dazwischenliegenden Perioden der Latenzzeit und speziell der Adoleszenz. Von dem her, was wir wissen, scheint es so, daß David die Haltung von angepaßter und abwehrender Autonomie, die er während seiner Loslösungs-Individuations-Phase eingenommen hatte, ohne wesentliche Veränderung beibehielt. Gibt es einige Charakterzüge, die sich während der Loslosungs-Individuations-Periode entwickeln, die während des gesamten Lebens relativ unverändert bleiben? In seinem letzten Buch beschreibt Alan Shore den Loslösungs-Individuations-Prozeß – und speziell die Übungssubphase – als eine Zeit, die „vom Auftreten ... einer Struktur gekennzeichnet ist, die zum autonomen emotionellen Funktionieren beiträgt, das heißt, zur Selbstregulierung von Affekten" (Shore 1994, S. 92). Er meint:

> „Diese dramatischen gefühlsmäßigen Veränderungen sind für anhaltende Charakteristika der entstehenden Persönlichkeit entscheidend. Vielleicht mehr als zu irgendeiner anderen Zeit im Leben ist der innere Zustand eines Individuums von außen beobachtbar und für Einflüsse des sozialen Milieus empfänglich." (S. 93)

Shores Thesen, die durch unsere Beobachtungen bestätigt wurden, stimmen auch mit den Forschungsergebnissen heutiger Beziehungstheoretiker überein, die die überdauernde Wirkung früher Beziehungsmuster nachgewiesen haben. Daß bestimmte Charakterzüge, die zuerst in der Loslösungs-Individuations-Phase auftreten, möglicherweise während des gesamten Lebens beibehalten werden, verlangt nach weiterer Forschung. Die Folge-Untersuchung mit der wir derzeit beschäftigt sind, wird uns Gelegenheit geben, diese Frage detaillierter zu behandeln und auf weitere Fälle einzugehen.

In Davids Fall haben wir sowohl Einsicht in den Ursprung als auch in die überdauernde Art früher Beziehungsmuster bekommen. Schwierigkeiten in seinen frühen Beziehungen konnte er mit der Entwicklung seines autonomen Funktionierens kompensieren, die ihm und seiner Mutter Freude und Befriedigung bereiteten. Wir konnten auch sehen, wie ihn dieses Autonomie-Verhalten abhielt, sich der Art bewußt zu werden, wie die versorgenden Bezugspersonen seinen emotionalen Bedürfnissen nicht nachkamen.

Die Kontinuität unserer Studie sowie die therapeutische Hilfe, um die David gebeten hatte, scheint eine Veränderung bewirkt zu haben. Diese wird es David ermöglichen, einen neuen Weg zu finden, um seinen Austausch von Gefühlen zu regulieren.

Literatur

Bergman, A., Wilson, A. (1984): Margaret S. Mahler: Symbiosis and Seperation-individuation. In: Reppen, L. (Hg.): Beyond Freud: A study of Modern Psychoanalytic Theorists. New York.

Mahler, M., Pine, F., Bergman, A. (1975): The Psychological Birth of the Human Infant. New York. Dtsch.: Die psychische Geburt des Menschen. Symbiose und Individuation. Frankfurt/M.

Shore, Allan (1994): Affect Regulation and the Origin of the Self: The Neurobiology of Emotional Development. New Jersey.

Fehlerberichtigung!

Leider wurde in der Ausgabe Nr. 75, auf Seite 41, im Beitrag von Reimut Reiche die falsche Unterüberschrift gedruckt.

An Stelle von:

Historische Hinweise aus der Perspektive der Kritischen Theorie des Subjekts

muß es hier heißen:

Aufgaben der Psychoanalyse in der Theorie des kommunikativen Handelns

Wir bitten diesen Fehler zu entschuldigen! Ihr Psychosozial-Verlag

---

ANZEIGE

Buchtips

Michaela Nijs
Trauern hat seine Zeit
Abschiedsrituale beim frühen Tod eines Kindes (Psychosoziale Medizin)
1999, 189 Seiten, DM 44,80 / sFr. 40,30
öS 327,– • ISBN 3-8017-1239-7

Wenn ein Kind kurz vor oder nach der Geburt stirbt, können die Betroffenen nicht auf traditionelle Abschieds- und Trauerrituale zurückgreifen, sie müssen selbst neue Rituale gestalten. Auf der Grundlage von Gesprächen mit betroffenen Müttern erläutert die Autorin den Trauerprozeß nach dem frühen Tod eines Kindes und zeigt die heilsame Wirkung von Abschiedsritualen auf. Betroffene Eltern sowie professionelle Helfer finden in diesem Buch zahlreiche Anregungen für den Umgang mit der Verlustsituation.

Paul Gilbert
Depressionen verstehen und bewältigen
1999, 304 Seiten, DM 49,80 / sFr. 44,80
öS 364,– • ISBN 3-8017-1074-2

Dieses Buch wendet sich an Personen, die mehr über Depressionen und ihre Verursachung sowie Möglichkeiten der Selbsthilfe wissen möchten. Es beschreibt mit Hilfe von Fallbeispielen und praxisorientierten Hinweisen, wie man Kontrolle über seine Depressionen oder Stimmungstiefs gewinnen kann. Das Selbsthilfeprogramm basiert auf Techniken der Kognitiven Verhaltenstherapie und beschreibt in verständlicher Form, wie negative Denkmuster von den Betroffenen selbst verändert werden können.

Verlag für Angewandte Psychologie
Rohnsweg 25 • 37085 Göttingen • http://www.hogrefe.de

Fernanda Pedrina, Vera Saller
Regula Weiss, Mirna Würgler (Hg.)
Kultur - Migration - Psychoanalyse
Therapeutische Konsequenzen theoretischer Konzepte

1999. 288 Seiten - Broschur - DM / sFr 48,- / öS 350,- ISBN 3-89295-657-X

In der therapeutischen Arbeit mit MigrantInnen stellen sich Fragen zu psychoanalytischen Konzepten und Methoden. Im Zentrum des Interesses stehen einerseits der Migrationsprozeß und seine psychische Dynamik, andererseits die Frage, wie sich dieser Prozeß in der therapeutischen Situation spiegelt. Dabei kommt dem Begriff der Kultur eine besondere Bedeutung zu. Er wird - aus ethnologischer Perspektive - in seinem Verhältnis zur Psychoanalyse untersucht. Der vorliegende Sammelband macht Beiträge aus verschiedenen Sprachregionen zugänglich, insbesondere auch aus dem französischen Raum.
Beiträge von:
Sudhir Kakar, Irmhild Kohte-Meyer, Luc Michel, Marie Rose Moro, Tobie Nathan, Fernanda Pedrina, Vera Saller, Regula Weiss, Ulrich Wienand, Mirna Würgler.

Vivian Heitmann
Unverbindliche Welten?
Die Wiedervereinigung aus der Sicht von
psychisch Kranken und ihrem sozialen Umfeld

1999. 176 Seiten - Broschur - DM / sFr 28,- / öS 204,- ISBN 3-89295-665-0

Mit dem Einigungsvertrag wurde 1990 ein psychiatrisches Versorgungssystem in den neuen Bundesländern implementiert, zu dem es scheinbar keine Alternative gab. Gleichzeitig fiel das soziale Fürsorge- und Kontrollsystem der DDR, das die strukturelle Basis für den Umgang mit psychischer Krankheit bildete. So brachte die Wiedervereinigung auch hier einen tiefreichenden Bruch sowohl mit der eigenen, als auch mit der Geschichte der im Westen gewordenen Strukturen.
Empirische Grundlage der Studie sind qualitative Interviews mit psychisch Kranken, deren Angehörigen und Mitarbeitern der Ostberliner Psychiatrie, erhoben in den Jahren 1990-1994. Ausgehend von deren erzählter Lebensgeschichte, bzw. deren gemeinsamer Geschichte zeichnet die Autorin ein lebendiges, alltagsnahes Bild darüber, wie verschieden ihre Ostberliner Interviewpartner die Wiedervereinigung erlebten.
Vivian Heitmann, 1964 in Ostberlin geboren, Dr. phil., Dipl.-Psych., arbeitete als wissenschaftliche Mitarbeiterin am Psychologischen Institut der FU Berlin. Zur Zeit ist sie in psychoanalytischer Weiterbildung und als Psychotherapeutin und freie Forschungsmitarbeiterin am Universitätsklinikum Benjamin Franklin tätig.

---

edition diskord - Schwärzlocher Str. 104 / b - 72070 Tübingen
Fax 07071 / 44710 - e-mail: ed.diskord@t-online.de

Das Paar –
Liebespaar und Elternpaar

Psychoanalytische Paardynamik und Paartherapie

Peter Möhring

1. Einleitung:
Das Paar im kulturellen Kontext

Mein Thema ist das Paar, und ich meine damit jenes Paar, welches Mann und Frau miteinander bilden. Vom biologischen Akt der Paarung zum kulturellen Akt der Paarbildung war es sicherlich ein weiter Weg. Das Paar bildet eine der Grundeinheiten menschlicher Beziehungen. Im Kulturbereich des Christentums markiert ein Paar den Beginn der Menschheitsgeschichte. Man könnte, wenn man über den christlichen Kulturraum hinausgeht, sicher auch schon vor Adam und Eva beginnen. Die Auseinandersetzungen dieses Paares und deren Folgen sind hinreichend bekannt. Die Neugier und der Drang nach Erkenntnis ließ sie in die Zeit fallen. Sie lernten die Geschlechtlichkeit und die Scham kennen. Adam erkannte sein Weib, damit bekommt die geschlechtliche Liebesbeziehung einen Namen. Sie erkannten, daß sie nackt waren, Scham und Intimität gehören zusammen. Der Fall in die Zeit erzwang den Gedanken der Endlichkeit. Mit dem Inzesttabu wurden die Generationen eingeführt. Der Erkenntnis der Geschlechter folgte die der Generationen, und man fand Ordnungen, in die Mann und Frau, Ahnen, Großeltern, Eltern und Kinder gestellt wurden. Dadurch, daß es Generationen und Geschlechter gibt, sind für jeden Kulturmenschen Eckpfeiler für sein gesamtes Leben gesetzt. Die Kultur gibt typische Lebensformen vor, in denen die Menschen das jeweils Einmalige ihrer Existenz gestalten. Zu diesem jeweils einmaligen gehören auch jeweils einmalige Partnerschaften.

Der Beginn der menschlichen Kulturentwicklung wird oft mit solchen Erkenntnissen und daraus entwickelten gesellschaftlichen Strukturen in Verbindung gebracht. Einige der grundlegenden Gedanken Freuds, der ja den Menschen und seine Kultur stets zusammengedacht hat, setzen hier an. Der Kastrationskomplex markiert die Eingeschlechtlichkeit, der Ödipuskomplex verweist uns in die Schranken der eigenen Generation. Das Paar ist in der Regel eine Verbindung von zwei Menschen beiderlei Geschlechts, die einer Generation zugehören, also eine Generation bilden und eine neue Generation hervorbringen, indem sie Nachkommen erzeugen. Bei aller kulturellen Varianz von Familienstrukturen bilden überall die beiden Menschen, die sich zur Reproduktion, zur Zeugung und Empfängnis zusammenschließen, eine Achse. Deren Bedeutung innerhalb von Familie und Kultur ist allerdings sehr verschieden. Das Paar ist nur eine der familiären Formationen. Sowohl können die vertikalen Beziehungen zu Eltern und Kindern als auch die horizontalen zu Geschwistern in höherem Ansehen stehen und größeren Einfluß haben. Aber an deren psychologischen Weiterungen im Sinne von Einschreibungen von Kastrationskomplex und Ödipuskomplex in das Unbewußte kommt doch keiner vorbei, auch wenn deren qualitative und quantitative Ausformungen sehr verschieden sein können. Vorweggenommen sei, wie machtvoll sich die verdrängten Relikte der Elternbeziehungen im ganzen Leben auswirken können. Die Beziehungserfahrungen mit Mutter, Vater, Großeltern und Geschwistern und deren unbewußte Niederschläge müssen zwangsläufig in den Partnerbeziehungen wirksam werden. Welche Lösungen in den genannten Konfliktbereichen gefunden wurden, wird oft gerade in der Paarbeziehung offenkundig.

Eine tiefergehende Erörterung der kulturellen Varianten von Paarbildungen wäre interessant, würde aber den Rahmen dieser Arbeit sprengen. Die von mir genannten Grundbedingungen sind eher Invariante zu nennen. In der Folge geht es um die Bedingungen, die wir hier bei uns vorfinden. Eine Besonderheit unserer Zeit und unserer Lebensform ist, daß an die Achse, die von dem Paar gebildet wird, große, ja sogar die größten gesellschaftlichen Anforderungen gestellt werden. Das Paar bildet die Grundeinheit des Zusammenlebens und den Kern der Familie. Das Paar schafft die ökonomische Grundlage für die Familie, stellt den Lebensraum für die Kinder bereit, bildet einen Puffer in Krisenzeiten. Das Paar bleibt auch wieder zurück, wenn die Kinder ökonomisch selbständig sind (empty-nest-phase). Andere familiäre und persönliche Bindungen gelten gegenüber dem Paar als nachrangig. Die Paarbildung markiert einen besonderen Punkt im Leben eines Menschen: Er trifft eine bedeutsame und folgenreiche persönliche Wahl, im wesentlichen er alleine (wenngleich gegenseitig), und zwar aufgrund von Neigung, Liebe und Leidenschaft. Die Liebesbindung stellt nach der Auffassung der letzten Generationen das entscheidende Kriterium für die Partnerwahl dar, alle anderen sind moralisch minderwertig oder zumindest fragwürdig und müssen dahinter zurückstehen. Offenbar sind wir auch der Meinung, daß dieses Kriterium für eine Bindung am ehesten Stabilität ver-

spricht. (Mahatma Gandhi, der von seinen Eltern mit 13 Jahren verheiratet worden war, antwortete auf die Frage nach der Liebe zwischen ihm und seiner Frau ganz selbstverständlich, diese habe sich mit der Zeit entwickelt.) Heute muß man das Paar auch im Kontext der gegenwärtigen sozialen und demographischen Veränderungen sehen: Noch nie gab es in Europa nicht nur so viele Einzelhaushalte und Ein-Kind-Familien, sondern auch so viele Paare ohne Kinder. Das sich mit Absicht nicht fortpflanzende Paar ist im wesentlichen eine neue Lebensform (Mitterauer 1997). Bei anderen Paarbeziehungsformen sind die gesellschaftliche Diskussion, die um sie geführt wird, und die Versuche, ihnen jenseits von moralischer Empörung einen Platz in der Gesellschaft zuzuweisen, neuartig, wie bei den gleichgeschlechtlichen Paaren.

Wenn jede dritte Ehe, die ja doch in der Regel immer noch als „Bund fürs Leben" gemeint ist, geschieden wird, wie bei uns, müssen wir uns fragen, ob die Institution „Paar" nicht überfordert ist mit der gesellschaftlichen Rolle und mit den individuellen Erwartungen von Prosperität, Glück, Sicherheit, Verständnis, Liebe und Lebenszufriedenheit, die auf ihr liegen. Haben wir Alternativen? Die Lebensdauer der alternativen Lebensformen, wie sie seit Ende der 60er Jahre ausprobiert wurden und werden, also Kommunen, gleich- und gemischtgeschlechtliche Wohn- und Lebensgemeinschaften, ist nur in Einzelfällen lange. Aber muß Langlebigkeit sein? Die Wohngemeinschaft hat sich vielerorts zu einer jugendspezifischen Übergangsform entwickelt, wie es auch viele Paarhaushalte von jungen Menschen sind. Vertritt man etwa offensiv den Gedanken der Lebensabschnitt-Partnerschaft, landet man zwar wieder beim Paar, aber die Zusammensetzung wird nun auf Lebensabschnitte begrenzt. Das Paar scheint noch Zukunft zu haben, aber welches Paar und welche Zukunft? Was hält der Mensch besser aus, und worin findet er eher zu sich; in mehreren im Verlauf des Lebens aufeinander folgenden intensiveren Beziehungen oder in der Beschränkung auf eine, deren Intensität und Qualität sich auch wandeln kann? Die Frage ist nicht sonderlich klug gestellt, der Relativist – die Relativistin – wird sagen, es komme jeweils darauf an. Vielleicht kommen wir zu anderen Fragen, wenn wir uns erst einmal damit befassen, was psychologisch – aus meiner Sicht psychoanalytisch – ein Paar ist.

2. Psychoanalytische Anmerkungen zur Tiefendimension der Paarbeziehung

Jetzt will ich mich der Frage nähern, mit welchen Strukturen und Kräften wir es beim Paar zu tun haben. Was für Theorien haben Psychoanalytiker über die Paarbeziehungen? Haben sie überhaupt welche? Glücklicherweise schon, wenngleich man in den traditionellen psychoanalytischen Zeitschriften kaum einschlägige Literatur findet und das Feld der Ehe- und Familientherapie in den letzten Jahren, obwohl von Analytikern begründet, vorwiegend von Verfechtern anderer, behavioraler, humanistischer, systemischer Theorien besetzt wurde. Die Psychoanalyse enthält verschiedene Theoreme, die für das Verständnis der Paardynamik verwendet werden können. Sie stellt verschiedene Perspektiven zur Verfügung: die intrapsychische Ein-Personen-Perspektive, die interpsychische Objektbeziehungspsychologie, welche die wichtige Unterscheidung der Zwei- und Drei- (und Mehr-)Personen-Psychologie enthält, bis hin zu Gruppentheorie. Die intrapsychische Perspektive gibt uns etwa Aufschluß darüber, welche intrapsychischen Bedingungen die Wahl von bestimmten Partnern begünstigen, von welchen Triebwünschen, Konflikten, Defiziten und Ängsten der Einzelne geleitet wird und wie sich jeweils Bedingungen im Subjekt, also psychische Repräsentanzen, in der Objektbeziehung verändern. Bei der interpsychischen Perspektive betrachten wir bewußte und unbewußte Interaktionsvorgänge, wir unterscheiden dabei zwischen dem, was Menschen miteinander tatsächlich machen und was es jeweils für sie bewußt und unbewußt bedeutet. Wir berücksichtigen dabei den für die Psychoanalyse zentralen Gesichtspunkt, ob jemand strukturell schwerpunktmäßig auf der Ebene einer den Dritten ausschließenden und diverse Absolutheitsforderungen enthaltenden Zwei-Personen-Beziehung steht oder ob er, wie wir es nennen, eine Triangulierung erreicht hat, ein psychisches Strukturmerkmal, das eine Sicht- und Lebensweise ermöglicht, die Beschränkungen und Endlichkeit, Unterschiede und Trennungen anerkennt. Mit der psychoanalytischen Gruppentheorie schließlich werden unbewußte Phänomene erfaßt, die sich in Menschen abspielen, wenn sie Gruppen bilden. Gruppen fördern die Entwicklung von Regression, psychischer Entdifferenzierung und Verschmelzung sowie Rivalität um Gruppenpositionen. So gesehen, sind zwei Menschen auch schon eine Gruppe, etwas anderes, als es jeder für sich alleine ist. Die Zweier-Gruppe, die das Paar bildet, ist eine Liebesverbindung von Erwachsenen, aber auch eine Gruppierung, die zwangsläufig solche Anteile psychischer Struktur und Dynamik aktiviert, die der Primärbeziehung entstammen. Die Paarbeziehung aktiviert also im Seelenleben Ödipales und Präödipales, und dies nach Regeln, die sich dem Bewußtsein entziehen. Das Paar handelt nach seinen bewußten Absichten und hat die Vorstellung, daß dies der Inhalt seines gemeinsamen Lebens ist. Es treibt jedoch in Richtungen, die ihm zuvor nicht bekannt sind, und entwickelt sich gemäß einer Dynamik, die von unbewußten Kräften gesteuert wird. Regressionsprozesse spielen sich ab, Intimität entsteht, aus Identifizierung, Komplementarität und Kontradiktion entsteht ein Geflecht, eine Art Myzel zwischen zwei Menschen, die auf jeweils einmalige Weise miteinander verbunden sind. Philemon und Baukis sind das antike Paar, das am Ende seines Lebens in zwei nebeneinanderstehende Bäume (Eiche und Linde) verwandelt wird. Man stelle sich die Wurzeln von zwei alten Bäumen vor, die unter der Erde miteinander verschlungen und verflochten sind, kaum mehr ohne Schaden auseinanderzubekommen. Der vielleicht etwas irritierende Begriff des

Myzels führt noch etwas weiter, nämlich zu dem Begriff des gemeinsamen Paar-Körpers, wie Eiguer und Ruffiot ihn verstehen, als einen gemeinsam geschaffenen psychischen Körper, einmalig in seiner Form, jedem der beiden eigen.

3. Psychoanalytische Paardynamik. Ein kurzer Überblick

Betrachten wir die Entwicklung psychoanalytischer Paartheorien, stoßen wir zunächst auf den Engländer Dicks (z. B. 1967), der in den 50er bis 70er Jahren publizierte. Dieser Autor, der ca. 2000 Paartherapien überblickte und der seine Neuerungen in der Absicht einführte, etwas am Unglück vieler Ehen zu ändern, blieb zwar auf dem Boden der Psychoanalyse, brach jedoch mit Freuds Vorstellung, niemals einen Partner mitzubehandeln. Er arbeitete mit Paaren, zunächst in Co-Therapie, später alleine. Seine bedeutendste theoretische Innovation war, die Interaktion der Paar-Dyade als eine theoretische und therapeutische Einheit zu konzeptualisieren, indem er das Paar als Dyade mit gemeinsamen Ich-Grenzen verstand. Bei ihm finden wir bereits Gedanken wie den der kollusiven Regressionen, in denen die Paare auf Unverträglichkeiten unbewußter Strebungen stoßen, der später den Kern von Willis Arbeiten darstellt, und der Wiederbelebung der primären paranoiden Objektwelt in der Paarbeziehung, welche in der Arbeit von Eiguer und Ruffiot (1991) zentrale Bedeutung erhält. Dicks hat in der Tat vieles vorweggenommen, was Jahrzehnte später in Deutschland aufgrund der Publikationen anderer Autoren rezipiert wurde. Seine therapeutischen Mittel bestanden in dem Paar gemeinsam gegebenen Interpretationen, die Störungen der dyadischen Beziehung aufheben sollten.

Hieran wird beispielhaft deutlich, wie die Objektbeziehungstheorie den Weg zur Mehr-Personen-Perspektive eröffnete, die ihren Niederschlag in mehreren Erweiterungen der Anwendung von Psychoanalyse fand, nämlich in Paar-, Familien-, Gruppen- und Sozialtherapie. Im deutschsprachigen Raum gab es ab den 70er Jahren einige familientherapeutische Arbeitsgruppen, so in Wien, Göttingen, Zürich, Heidelberg, München und Gießen. Jene in Wien, für die der Name Reiter stehen mag, in Heidelberg um Stierlin und in Zürich um Willi, verlagerten ihr Interesse bald in Richtung des systemischen Therapieansatzes. Andere, wie E. Sperling, H.-E. Richter und Th. Bauriedl, blieben näher an der Psychoanalyse, die beiden letzteren befaßten sich auch intensiv mit nichttherapeutischen Gruppen, Institutionen, Politik. Insgesamt kann man sagen, daß diese Gründerphase der Deutschen Familientherapie recht ergiebig war und dazu geführt hat, daß es in unserem Land Familien- und Sozialtherapie überhaupt in nennenswertem Umfang gibt. Die Schulen bildeten jeweils eigene, zum Teil recht nah verwandte Ansätze heraus. Ich gehe kurz auf einige Begriffe ein, die sich für mich mit Blick auf die Paardynamik als relevant erwiesen haben. Ich denke zum Beispiel an Stierlin et al. (1977): In Polaritäten wie von Augenblick und Dauer, Verschiedenheit und Gleichheit, Befriedigung und Versagung, Stimulierung und Stabilisierung, Nähe und Distanz ergeben sich Spannungsgefälle, die in der Paarbeziehung nach Ausgleich drängen. Interessant ist auch seine Unterscheidung familiärer Bindungsformen: Stierlin spricht von Ich-Bindungen, Es- und Überich-Bindungen. Mitglieder einer Familie, Kinder und Partner können in einer Beziehung über diese verschiedenen Strukturelemente der Psyche gebunden und so in gegenseitiger Abhängigkeit gehalten werden. Es werden innerfamiliär nur bestimmte Befriedigungsformen, Kognitionen und Regeln zugelassen und vermittelt, andere fehlen oder gelten als verpönt. So entstehen Bindungen an ein familiäres System, weil derjenige, der in diesem speziellen Klima sozialisiert ist, nur dort Vertrautheit und Einklang findet. Willi (1975) ist mit seinem Kollusionskonzept bekannt geworden, der Beschreibung einer Art von unbewußter Idiosynkrasie aufgrund eines gemeinsamen Grundkonflikts, dem eine Fixierung beider Partner auf der gleichen psychosexuellen Ebene zugrundeliegt. Verschiedene Aspekte dieser Fixierung, beispielsweise Trieb-Abwehr-Konstellationen oder Überhöhungs- und Entwertungstendenzen, werden von dem Paar sozusagen in unterschiedlichen Rollen inszeniert. Er unterscheidet narzißtische, psychosomatische, orale, analsadistische, phallisch-genitale Kollusionen. Richter beschrieb bereits 1963 elterliche Projektionen und Übertragungen, die nicht nur Kindern, sondern auch Partnern galten: positives versus negatives Selbst, gute versus böse Eltern-Übertragungen. Sein Begriff der Rolle meint das Gesamt der unbewußten Erwartungen, das die Partner aus ihren unbewußten Projektions- und Übertragungshaltungen heraus an den Partner und die Kinder richten. Bauriedl (1980) ist mit ihrem Konzept der Beziehungsanalyse bekannt geworden, das Symptome als Kompromisse einer Beziehungsdynamik und Therapie als Beziehungsprozeß versteht. Sowohl intrapsychisch als auch interpsychisch gehe es darum, psychische Elemente in einem dialektischen Spannungsverhältnis zueinander zu halten, andernfalls komme es zu Rigidität und projektiver Abwehr, zu einem Prozeß der Ent-Dialektisierung. Psychische Störungen engen den Menschen in der Fähigkeit ein, Beziehungen geschehen lassen zu können.

Die einzelnen Gruppen haben ihre Aktivität erhalten, was in einschlägigen Publikationen zur Geltung kommt (z. B. Buchholz 1990, 1993, Herberth & Meurer 1997, Möhring & Neraal 1997). Besonders möchte ich zwei französischsprachige Publikationen erwähnen, eine von Eiguer und Ruffiot (1991), eine weitere von Hurni und Stoll (1995). In diesen beiden Büchern finden sich sowohl Akzente als auch Dimensionen der Paarbeziehung, die zwar anderen nicht entgangen sein mögen, deren Kräfte aber erst von ihnen ihren angemessenen Platz erhalten: Eiguer und Ruffiot zeigen, wie die frühesten Selbst- und Objektbeziehungserfahrungen in Paarbeziehungen regelhaft wiederbelebt werden und ihre Wirkung entfalten. Was dieses Buch für mich so wertvoll machte, ist der Umstand, daß diese Autoren für das Verständnis des Paares eine Psychoanalyse der Liebe entwickeln, die keine Beziehungsmechanik (oder -systemik) ist, in die andere Autoren leicht verfallen, wenn sie sich Gedanken um die Paardynamik machen, sondern der Versuch, dem Wesen der Liebe und des Paares als Analytiker nahe zu kommen. Eine weitere wichtige Idee dieser Autoren war es, eine Begrifflichkeit für das zu entwerfen, was Paare miteinander als Gemeinsames bilden: den „Paarkörper", ein Gebilde, das die beiden in ihrem gemeinsamen Zusammenwirken auf einmalige Weise schaffen, etwas, was in der gefundenen Form nur zwischen diesen beiden Menschen werden konnte. Jeder Mensch, der in einer Paarbeziehung lebt, kennt dieses „Wir sind ein Paar"-Gefühl, welches der bewußte Anteil dieses Paarkörpers ist. Hurni und Stoll haben perverse Paarbeziehungen untersucht und erweitern die bisherigen Perspektiven um eine konsequent angelegte Psychodynamik des Hasses bei diesen Paaren. Ich komme bei meinen Erörterungen zur Pathologie der Paarbeziehungen auf sie zurück. Sie arbeiten heraus, daß bei diesen Paaren eine Notwendigkeit besteht, die inneren Bilanzen der Feindseligkeit und der Ablehnung in der Paarbeziehung im Gleichgewicht zu halten, durch die sie vor allem zusammengehalten werden. Sie zeigen, daß die Dynamik des Hasses zu der stärksten in einer Paarbeziehung wirksamen Kraft werden kann.

Jede Partnerschaft muß, um bestehen zu können, auf mehreren Ebenen zu Lösungen kommen, die potentielle Konfliktfelder sind und integrativer Leistungen beider Partner bedürfen, um sie zu bewältigen, so zum Beispiel das Auspendeln von Abhängigkeit und Freiheit, von Nähe und Distanz, die Vereinbarung von Liebe und Haß, Partnerliebe und Eigenliebe, die Verbindung von Zärtlichkeit und genitaler Sexualität. Wenn die Partner sich zur Elternschaft entschließen, kommen weitere Beziehungsebenen hinzu. Der Übergang zur Elternschaft muß bewältigt werden, die Verbindung und gleichzeitige Trennung der Erwachsenen-Beziehung von der Beziehung zum Kind stellt Anforderungen an die Reifungsmöglichkeiten des Paares.

Ich denke, daß die Rezeption der deutschsprachigen Paar-Theoretiker so weit vorangeschritten ist, daß ich sie nicht weiter darstellen muß, und werde nun auf Ruffiots Konzeption der Liebesbeziehung eingehen. Was ich daran so bestechend finde, ist, daß das Gemeinsame, was Paare miteinander bilden, per se nicht pathologisiert, sondern im Gegenteil als Schöpfung konzipiert wird: Das Phänomen der Liebe führe zum „Zusammenfügen" zweier Ichs, zur Illusion eines gemeinsamen Es, einem gemeinsamen Idealich. Geliebt werde der Andere und das Paar als Objekt. Das Paar verteidige seine Grenzen, erlebe konflikthaft seine Komplementarität. Eine neue Libido-Ökonomie entstehe, die orale, anale und phallischgenitale narzißtische wie objektale Libido erweitere und sich durch die gegenseitige Besetzung verstärke.

Die Liebe, die verdrängte oder abgespaltene Erfahrungen neu einprägt, ist nicht nur Neueinschreibung im Sinne von Wiederholung (wie bei Freud), sondern ein noch niemals in die Psyche eingeschriebenes Erleben. Wie diese „Einschreibung" sich vollzieht, beschreibt der Autor anhand eines Begriffs der französischen Analytikerin Castoriadis-Aulagnier, des Originärbereichs, und er entwickelt seine Hypothese, daß das Suchen und Finden der Liebe ein der frühen Integration von Psyche und Soma vergleichbarer Vorgang sei. Frau Castoriadis-Alaugnier (1975) postuliert drei Bereiche des seelischen Apparates, in denen psychische Niederschriften aufgezeichnet werden und die unterschiedliche Prozesse generieren: Der Originärbereich erzeuge ein Piktogramm, der Primärbereich, die Quelle des Phantasmas, erzeuge eine Inszenierung und der Sekundärbereich eine gedankliche Vorstellung, eine Sinnstiftung. Der originäre Bereich ist das Besondere an Aulangiers Vorstellungen, mit dem sie in ihrer Theorie der Einschreibung von Erlebnissen in die Psyche vor den Primärbereich zurückgeht: Sie versucht damit die Entstehungsmöglichkeit der Psychose zu erklären: Unerträgliche Körperempfindungen des Säuglings werden nicht psychisch registriert, sondern hinterlassen in der Psyche eine Leerstelle, einen Ort, der ursprünglichen Haß und ursprüngliche Gewalt anziehe, der sich auch gegen das Selbst richten könne. Ruffiot greift auf diesen Begriff des Originären zurück, um die Tiefe und Intensität des Erlebens und auch die Heftigkeit der emotionalen Reaktionen auf das Zerbrechen der Liebe zu erklären. Das noch nie Erlebte in der Liebesbeziehung stößt sozusagen an das Originäre an, das Paar verwirkliche eine neue Synthese, archaische Spuren dieses Erlebens schreiben sich piktographisch als Neugeburt in die Psyche ein. Die Liebe ist für Ruffiot ein Traum in Aktion, eine synkretistische Vorstellung zweier Wesen, die bemüht sind, sich als eine einzige Psyche darzustellen, ein Versuch, zwei Körper in eine einzige Psyche einzuschreiben, die Illusion zweier Körper, in denen nur eine Seele wohnt. Ein einprägsamer Begriff des Autors ist der „Paarkörper", der dieses einmalige und neue psychische Gebilde bezeichnet, welches diese beiden Menschen gemeinsam schaffen. Dieser ist eine phantasmatische Bildung, allerdings ist die Bildung dieses Phantasmas so allgemein, daß es schon in Platons Gleichnis des Paares als einer Kugel, die von den Göttern in zwei Hälften getrennt wurden, die fortan ewig zusammenstreben, enthalten ist.

Die Liebe muß sich im Originären regenerieren, will sie nicht zerbröckeln. Das Originäre verweist aber gleichzeitig auf die Gruppe, weil es noch kein individueller Raum ist. Die Liebe ist auch die Liebe zur Gattung, sie enthält ein Phantasma der Gruppe, der Familie, und die Neugeburt der Liebesbeziehung dient der Erschaffung eines neuen Wesens, eines Kindes. So wird der Bogen zur Gruppe, zur Familie und zur nachfolgenden Generation geschlagen. Ruffiot hat auch eine daran angepaßte Vorstellung von Trennungen: Er beschreibt den Trennungsprozeß von Paaren als „entlieben", wobei die Liebe als „Normalvorbild der Psychose" (Freud) mit ihren Mechanismen der Spaltung, Projektion und Idealisierung rückgängig gemacht werde. Das Entlieben sei eine Leidenschaft, jetzt mit umgekehrten Vorzeichen, und am Ende verbleiben eine narzißtische Verletzung und eine „Objektverletzung".

Eiguer, der zweite Autor dieser Publikation, beruft sich für seine Gruppentheorie der Ehe, die er als Allianzverbildung bezeichnet, auf Bion, Meltzer, Winnicott und andere Autoren, die die psychoanalytische Objektbeziehungstheorie weiterentwickelt haben, und findet zu zwei grundlegend unterschiedlichen Objektbindungen: erstens die narzißtische Bindung, die der narzißtischen Besetzung untersteht, die allen menschlichen Banden gemeinsam ist und zu der Mann und Frau ihren Beitrag leisten. Der zweite Typ ist eine libidinöse Bindung, die der libidinösen Objektbesetzung untersteht und zwischen den Partnern mittels projektiver Identifizierung oder Interaktion einen gegliederten Zusammenhang zwischen getrennten, aber einander zugeordneten Wesen stiftet. Eine Quelle von Beziehungsstörungen besteht in einem Ungleichgewicht zwischen narzißtischen und objektlibidinösen Bindungen. Er bietet auch eine Typologie der Paare an, die er in ödipale (normale und neurotische, eine Gruppe), anaklitische sowie narzißtisch/psychotische Beziehungsmuster unterteilt. Die Partnerwahl, das gemeinsame Selbst der Gatten und die gemeinsame Phantasietätigkeit bezeichnet er als „Organisatoren" der Paarbeziehung, die jeden der Paartypen strukturieren. Diese Taxonomie ist originell, sie zielt vor allem darauf ab, ein begriffliches Instrumentarium für den gemeinsamen Raum des Paares zu liefern, das die Qualität der unbewußten und bewußten Beziehung einzuschätzen erlaubt. Wenn man, wie diese Autoren, die Liebe liebt, kann man offenbar mehr zu ihrem Verständnis beitragen, als wenn man sie ausschließlich auf psychopathologische Kategorien zurückführt, und solcherart gebundenen Menschen Unreife attestiert.

Wir haben nun Kategorien für einige dem Paar gemeinsame Grundkonstellationen und Grundkonflikte gebildet, die aus Übertragungen und Projektionen herrühren, die Fixierungen entsprechen, die beide Partner aufweisen. Es wurden grundlegende Dimensionen des Narzißmus und der Objektalität herausgearbeitet, und es gibt verschiedene Klassifikationssysteme, die sich entweder an die Phasen der psychosexuellen Entwicklung anlehnen, wie bei Willi, oder an die Objektbeziehungspsychologie mit drei Grundmodalitäten der psychischen Funktionsweise (normal/neurotisch, anaklitisch, narzißtisch/psychotisch). Wir haben erfahren, daß alle Menschen, die sich intensiv in einer Paarbeziehung binden, eine tiefe gemeinsame Regression erfahren, die etwas Zwangsläufiges an sich hat, etwas Unvermeidliches, was zunächst einmal davon unabhängig ist, ob und wie gestört, krank oder wie auch eine Beziehung, ein Paar oder die Einzelpersonen sein mögen. Das ist ein sehr wichtiger Gedanke, denn dies gibt uns die Möglichkeit, die Paarbildung, diese Verbindung zweier Psychen zu einem Paarkörper, der zum Anteil jeder Einzelpsyche wird, wenngleich mit unterschiedlichen Akzenten, als einen psychischen Vorgang zu definieren, der per se nicht pathologisch ist, obwohl er Kriterien erfüllt, die wir auch in der Psychopathologie finden, zum Beispiel Regression, Durchlässigkeit und Verschwimmen von Ich-Grenzen. Wir machen uns zu leicht die Vorstellung zueigen, daß nur der absolut unabhängige, innerlich freie, jederzeit trennungsfähige Mensch im wahrsten Ausmaß psychisch gesund ist, und übersehen oder sehen nur mit Vorbehalten die tiefe Gebundenheit aller, die eine längere intensive Paarbeziehung eingegangen sind. Dabei sind uns allen die Zustände, in denen die Menschen sich psychisch mit anderen verbunden fühlen, als Verliebtheit, Liebesgefühle oder auch in der partiellen Regression, die bei der Einstellung auf einen Säugling nötig ist, vertraut. G. von Minden (1988) hat den Begriff der „reifen Abhängigkeit" geprägt, um damit auszudrücken, daß auch der psychisch gut entwickelte Mensch sich lebenslang in Abhängigkeitszuständen befindet, die er allerdings, wenn er reif in diesem Sinne ist, mit eigener Kraft, wenngleich mit erheblichem Aufwand an Trauerarbeit, auflösen kann. Der Gedanke, daß wir in unseren Paarbeziehungen so tief abhängig sind, kann Angst machen. Diese, dann in der Regel verdrängte, Angst mag eine der Ursachen sein, daß Menschen sich nur oberflächlich binden können. Die Gegenseite davon ist, daß die Tiefendimensionen der Paarbeziehung phantasmatische „Lösungen" infantiler Phantasien bereithalten: Es kommt durch die unbewußte Vorstellung, ein Teil des anderen zu sein, beziehungsweise, daß der andere ein Teil von einem selbst ist, zu etwas, was ich das hermaphroditische Phantasma nennen möchte, das durch diese wechselseitige Identifikation („Wir sind eins") jedem der Partner eine Form der Aneignung des Gegengeschlechts ermöglicht und damit eine scheinbare Entschädigung und Auflösung des kindlichen Dilemmas des Kastrationskomplexes bietet. Wir erinnern uns: Eine der wichtigsten infantilen Sexualphantasien ist die, daß die Eltern jeweils mit beiden Geschlechtern ausgestattet sind. Diese Phantasie richtet sich gegen Kastrationsangst, gegen die Gefühle, die durch die Vorstellung der Urszene ausgelöst werden. Die phantasmatische Erfüllung dieser unbewußten Phantasie durch den Gewinn eines Partners resp. einer Partnerin reduziert die pathogene Kraft entsprechender Fixierungen. Partnerschaftliche Besitzansprüche beruhen also nicht nur auf Verlustangst, sondern auch auf dem Wunsch, das hermaphroditische Phantasma aufrechtzuerhalten.

4. Zur Pathologie von Paarbeziehungen

Die Paarbeziehungsstörung, die Pathologie im engeren Sinne, also die Sexualstörung, die chronische Untreue, die Streitehe, die Beziehungsleere, die Suchterkrankung eines oder beider Partner, was es alles an Gründen gibt, warum Paare Therapie aufsuchen, sitzt dem von mir zuvor skizzierten gemeinsamen Grund der Beziehung sozusagen auf. Es ist, wie ich glaube, weder Gesetz noch Regel, daß es immer Menschen mit dem gleichen strukturellen Schwerpunkt von psychosexuellen Fixierungen sind, die sich binden, wohl aber bilden sie häufig Beziehungsschwerpunkte aus, die sich um Fixierungen herum lagern, die bei beiden bestehen, aber dabei auch in unterschiedlichem Ausmaß und in unterschiedlichem Kontext anderer durchaus nicht unwesentlicher Persönlichkeitszüge. Das Eigenleben des Paares, die von ihnen gestaltete gemeinsame Welt wird zum Feld, auf dem Idiosynkrasien manifest werden. Man könnte sagen, die Störung liegt in dem, was die Paare als gemeinsamen Paarkörper gebildet haben, und damit auch darin, was sie nicht ausgebildet haben. Dann werden kollusive Konstellationen auf oralem, narzißtischem, phallischem oder anderem Niveau virulent. Andere Persönlichkeitsanteile beider Partner bleiben oft unausgelebt, wenn die Fixierung zum beherrschenden Beziehungsbereich wird. Das Ausmaß, in welchem das Paar-Leben von diesem Bereich absorbiert wird, ist ein zentraler Gesichtspunkt für die Bewertung einer Paar-Pathologie – und von Fall zu Fall unterschiedlich. Die Beziehungsschwerpunkte müssen auch nicht notwendigerweise in eine Pathologie ausarten, die Interventionen von außen nach sich zieht. Es gibt sehr wohl gelungene oral, anal, phallisch-narzißtisch usw., selbst pervers geprägte Partnerschaften, die ausgewogen und zufriedenstellend sein können. Wann tritt behandlungsrelevantes Leiden auf? Dafür gibt es viele Ursachen; grundsätzlich aber dann, wenn die inneren Ressourcen des Paares zur Konfliktbewältigung nicht mehr ausreichen, wenn die destruktiven Seiten der Bindung ein Übergewicht erhalten; aber vermutlich öfter, als Therapeuten in Anspruch genommen werden. Die innere Nähe der Klienten zu unserem Beruf ist sehr unterschiedlich.

Aber welche weiteren Kriterien zur Einschätzung einer Pathologie von Paaren können wir heranziehen, wenn sie zu uns kommen? Vielleicht hilft es ein wenig, sich klar zu machen, daß wir immer nur einen Teil von dem verstehen, was wir erleben, gehe es um eine einzelne Person oder um ein Paar oder um was auch immer. Daher brauchen wir Kategorien, um etwas auf das Ziel hin Wesentliches zu erfassen. Wir müssen also eine Auswahl treffen. Ich nenne in aller Kürze die Kategorien, die ich für mich, sozusagen als Essenz, aus den Konzepten der erwähnten Autoren als Hintergrund verwende, auf dem sich dann im Laufe einer Behandlung ein Verständnis des Paares abbildet. Es sind die zur Einschätzung einer Familie erkenntnisleitenden Gesichtspunkte, die ich in dem erwähnten Buch über das Gießener Konzept (Möhring u. Neraal 1997) zusammengestellt habe. Da ging es mir um den vorgängigen Generationskonflikt, die gegenseitigen Rollenzuweisungen, die Bindungsmodi, den Grad der Differenzierung und die Fähigkeit zur Adaptation, und ich hatte vorgeschlagen, diese Kategorien, die auch für das Verständnis von Paarbeziehungen brauchbar sind, zur Diagnostik in der umgekehrten Reihenfolge einzusetzen. Zunächst komme ich zur Adaptation. Wie kommt das Paar mit seinem Leben zurecht; kann es mit meiner therapeutischen Hilfe die nächste Zeit überstehen, oder besteht die Gefahr massiven selbst- oder fremdschädigenden Verhaltens, das dringender Maßnahmen bedarf, die das Angebot einer Paartherapie übersteigen? Wenn das der Fall ist, was gar nicht so selten ist, ist der Behandler leicht schachmatt, wenn er nicht solche Maßnahmen (z. B. eine stationäre Therapie eines Partners) einleitet. Bei dem nächsten Gesichtspunkt, der Differenzierung, geht es um das psychische Strukturniveau des Paares. Die Kategorien von Eigeur: normal/neurotische, anaklitisch/symbiotische und narzißtisch/psychotische Paarbildungen sind hierzu hilfreich, mit einer geringfügigen Erweiterung: Ich setze zwischen die anaklitischen und die narzißtischen noch die Paare mit perverser Paarbeziehung, da deren erotisierter Haß sie von den anderen doch wesentlich unterscheidet.

Wenn ödipal strukturierte Paare Therapie oder Beratung aufsuchen, haben sie zumeist klare Problemstellungen, gute Einsichtsfähigkeit und leiden unter offenen Konflikten, die sich um Sexualität, Eifersucht, Rivalität und Macht drehen, mit ihnen ist relativ leicht zu arbeiten, sie verstehen die Sprache der Therapeuten.

Bei anaklitisch-symbiotischen Konstellationen hindern unbewußte Angst vor Verlust und Verlorenheit die auch im Rahmen einer intensiven Paarbeziehung mögliche persönliche Reifung. Ein starkes Anlehnungsbedürfnis wird in der Ideologie der Gemeinsamkeit aufgehoben, Trennungsimpulse werden auf den anderen (den Therapeuten) projiziert. Ruffiot spricht von der Nostalgie als bei diesen Paaren vorherrschendem Affekt. Schwierig wird es, wenn der Part des einen wird, bewußte Trennungsabsichten zu entwickeln.

Hauptmerkmal der perversen Beziehung ist der erotisierte Haß, von dem ja ebenfalls starke Bindungskräfte ausgehen, teilweise als Abwehr von Selbsthaß. Hurni und Stoll prägten für eine Gruppe von Paaren die Bezeichnung „Paare mit perverser Beziehung" oder „perverses Paar". Hier machten sie jenen erotisierten Haß aus und fanden alle wesentlichen Faktoren, die in Stollers (1979) Definition der Perversion enthalten waren. Es geht um das sexuelle Symptom als ein Ergebnis des Hasses, Rachewünsche, Abwehrmechanismen wie die Verkehrung ins Gegenteil, die Neigung zu Übertretungen, die Schwierigkeiten der Anerkennung von Geschlechts- und Generationsunterschieden, die ungeschehen gemacht werden sollen. Als Ursache für perverse Beziehungsentwicklungen sehen sie Traumata: sexuellen oder narzißtischen Mißbrauch.

Die narzißtisch-psychotische Paarbeziehung wird beherrscht von einer tyrannischen narzißtischen Logik, die dem anderen keinen Raum läßt für ein selbständiges Eigenleben. Der andere ist so, wie er im eigenen Kopf existiert, oder es darf ihn nicht geben. Als vorherrschenden Affekt nennt Eiguer das Ressentiment. In ihrer Neigung zu Kontrolle und Verachtung des anderen, der Betonung seiner Unzulänglichkeiten, sind sie den perversen Paaren nicht unähnlich, es fehlt aber die Erotisierung; die Not des drohenden Verlustes der Selbstkohärenz als Hintergrund ist leichter zu sehen, der Lustgewinn am Leiden fehlt. Jedes Selbst ist eine Bedrohung des anderen. Daher darf es kein Selbst geben. Auf die übrigen genannten Gesichtspunkte, die Formen der Bindung, die Übertragungen und Projektionen, die vorgängigen Generationenkonflikte, kann ich hier nicht eingehen. Es ist jedoch so, daß es mehr Zeit braucht, um hierüber Klarheit zu gewinnen, im Grunde bis zum Ende der Behandlung, denn die Einsicht schreitet für Patienten wie Therapeuten im Verlauf des therapeutischen Prozesses bis zur letzten Stunde fort.

Die Gegenübertragungsgefühle bei den unterschiedlichen Paaren sind verschieden. Registriert man bei ersteren beruhigt eine Grenzen und Endlichkeit respektierende Haltung, die ein gutes Arbeitsbündnis verspricht, wird dies bei den anderen zunehmend unklarer und verwirrender. Die anaklitischen Paare wehren jeden Angriff auf das sie verbindende symbiotische Band ab, die perversen Paare bringen einen zur Verzweiflung, denn sie erleben Therapie als Triumph des Therapeuten und produzieren negative therapeutische Reaktionen, und im Kontakt mit den narzißtisch-psychotischen Paaren wird man selbst verrückt, wenn man nicht aufpaßt, weil von ihnen das Diktat ausgeht, daß man nicht anders denken darf als sie selbst.

5. Zur Therapie von Paarbeziehungen

Wann kommen die Paare in Behandlung? Hier eine Auswahl möglicher Antworten: wenn die Partner erkennen, daß sie Hilfe brauchen; wenn der- oder diejenige, der/die meint, es nicht mehr aushalten zu können, stark genug ist, eine Konsultation durchzusetzen; wenn der Einfluß eines Dritten ausreicht, um eine Inanspruchnahme von Therapeuten auszulösen; wenn ein Kind aufgrund von unbewußten Elternkonflikten auffällig wird und dem Erkennen eines Paarkonflikts eine Paartherapie folgen kann; wenn Paartherapie verordnet wird und das Paar keinen aktiven Widerstand leistet. Je nach den Ausgangsvoraussetzungen entfaltet sich das Arrangement mit dem Paar verschieden. Wichtig ist, eine diagnostische Vorphase auch für die Entscheidung zu nutzen, ob der Therapeut oder die Therapeutin mit dem Paar arbeiten kann und will. Eine (vorläufige) Vereinbarung einer begrenzten Zahl von Sitzungen kann Angst reduzieren.

Die Ziele einer Paartherapie können ebenfalls sehr verschieden sein: von der Lösung eines fokalen Konflikts, die nur wenige Sitzungen beansprucht, der Hilfe bei der Bewältigung eines belastenden Lebensereignisses, der Klärung, ob die Beziehung fortgesetzt oder beendet wird, der Bearbeitung einer sexuellen Störung, bis zur gründlichen und intensiven Aufarbeitung möglichst vieler Aspekte einer von den Partnern als gestört erlebten Beziehung, und das auf einem Spektrum, an dessen einem Ende ein Bangen um das Überleben und am anderen Ende das Erreichen optimaler Lebensqualität steht. Dennoch gibt es allgemeine Parameter aufzufinden, etwa den Anteil des Narzißmus und der Manipulation, die bei beiden Partnern im Dienste des Sadismus stehen, zu vermindern, das Leiden an den Konflikten zu mindern, die Bewußtwerdung der unbewußten Organisatoren der Paarbeziehung zu fördern, Familienmythologien und Ehelegenden aufzudecken.

Eine detaillierte Erörterung der Technik des therapeutischen Umganges mit den Paaren übersteigt den Rahmen dieser Arbeit, zumal auch hier in Abhängigkeit von der Struktur des Paares Unterschiede zu setzen sind. Geht man davon aus, daß Partnerwahl, gemeinsames Selbst und die unbewußte Phantasietätigkeit die Organisatoren der Paarbeziehung sind, liegt es nahe, die Therapie um diese Bereiche zu zentrieren. Eine Erfindung der Paartherapeuten, von Dicks angefangen, war es, das Paar als eine Einheit zu behandeln, Eiguer würde sagen, als Gruppe. Nicht der einzelne, sondern das, was die einzelnen miteinander verbindet und tun, ihr Beziehungsraum, ist Gegenstand der Therapie. Das schließt für mich nicht aus, daß ein für den einen wichtiger Bereich im Beisein des anderen betrachtet wird, zumal wenn sich ein Partner in der Therapie versteckt. Eiguer stellt eine Behandlungstechnik vor, die streng den psychoanalytischen Grundregeln folgt, mit freier Assoziation arbeitet und die Entwicklung und Durcharbeitung von Übertragung und Widerstand als Kern des Prozesses sieht. Seine Therapien erstrecken sich über mehrere Jahre. Meine Erfahrung ist, daß die Paare – noch mehr als in der Einzeltherapie – mit zunehmender Schwere der Störung strukturierender, klarifizierender, den Rahmen und das Setting schützender, regulierender Interventionen bedürfen, daß mit zunehmenden Konkretismen in den Interaktionen und fehlender Symbolisierungsfähigkeit der Paare die potentielle Kraft der symbolischen Form der interpretativen Intervention verpufft. Auch wird es mit zunehmenden Störungen im Denken der Patienten schwerer, den Winnicottschen (1974) Rat an die Therapeuten „lebendig bleiben, gesund bleiben, wach bleiben" zu befolgen. Dabei kann dies als Aufforderung, ein Auge auf die Gegenübertragung zu haben, durchaus zur Richtschnur für uns in der Therapie werden. Wenn es den Paaren gelingt, uns davon zu entfernen, stimmt etwas nicht.

Zum Abschluß noch ein Wort zu der Dauer und den Möglichkeiten von Paartherapie. Ich habe einige Jahre lange intensive Therapien mit Paaren durchgeführt, glaube auch nicht, daß wir psychoanalytische Paartherapie an phantasierten optimalen Entwicklungen messen sollten, eher zusammen mit den Paaren entlang einer gemeinsam zu erarbeitenden, dann meist auch begrenzten Zielorientierung. Die meisten Paare wollen keine jahrelange Therapie, und was die Entwicklungsmöglichkeiten betrifft, weiß beispielsweise jeder, der mit psychotischen Paaren oder mit Paaren mit einem psychotischen Partner arbeitet, daß eine auch nur vorübergehende Stabilität durchaus als Erfolg zu werten ist. Wer das harte und trockene Brot der Arbeit mit Paaren mit einer psychosomatischen Störung kennt, wird sich im Falle einer Besserung gerne damit abfinden, daß das Erreichte am Ende Züge eines Kompromisses tragen wird.

Warum macht man Paartherapie? Für mich ist es eine Form der Anwendung von Psychoanalyse als Psychotherapie, und für diese Anwendung der Psychoanalyse über das klassische Setting hinaus, als Therapie wie als Kulturtheorie, verwende ich mich. Was weitere, wichtige unbewußte individuelle Motivationen betrifft, sei auf die Notwendigkeit der Selbsterfahrung auch für Paartherapeuten verwiesen. Ich gebe ein paar Stichworte: der Wunsch, Macht über die Eltern zu haben, sie zu versöhnen, sie auseinanderbringen zu wollen, Urszenen-Voyeurismus.

Literatur

Bauriedl, Th. (1980): Beziehunganalyse. Frankfurt/M. (Suhrkamp).
Buchholz, M. B.(1990): Die unbewußte Familie. Berlin/Heidelberg (Springer).
Buchholz, M. B. (l993): Dreiecksgeschichten. Göttingen (Vandenhoeck & Ruprecht).
Castoriadis-Alaugnier (1975): La violence de l' interpretation. Paris (Presses Univ. France).
Dicks, H. V. (1967): Marital Tensions. Clinical Studies towards a Psychological Theory of Interaction. London.
Eiguer, A., Ruffiot, A. (1991): Das Paar und die Liebe: Psychoanalytische Paartherapie. Stuttgart (Klett).
Herberth, F., Maurer, J. (1997) (Hg.): Die Veränderung beginnt im Therapeuten. Frankfurt/M. (Brandes u. Apsel)
Hurni, M., Stoll, G. (1995): La haine de l'amour. Deutsche Ausgabe in Vorbereitung: Der Haß auf die Liebe. Gießen 1999 (Psychosozial-Verlag).
v. Minden, G. (1988): Der Bruchstück-Mensch. München, Basel (Ernst Reinhard).
Möhring, P., Neraal, T. (1997) (Hg.): Psychoanalytisch orientierte Familien- und Sozialtherapie. Gießen (Psychosozial-Verlag).
Richter, H.-E. (1963): Eltern, Kind und Neurose. Stuttgart (Klett).
Stierlin, H., Rücker-Emden, I., Wetzet, N., Wirsching, M. (1977): Das erste Familiengespräch. Stuttgart (Klett).
Stoller, R. (1979): Perversion. Die erotische Form von Haß. Neuausgabe Gießen 1998 (Psychosozial-Verlag).
Willi, J. (1975): Die Zweierbeziehung. Reinbek (Rowohlt).
Winnicott, R. D. (1974): Reifungsprozesse und fördernde Umwelt. München (Kindler).

ANZEIGE

Psychologie & Gesellschaftskritik

Körper Grenzen
TAMARA MUSFELD: Gender swapping im Cyberspace. Postmoderne Auflösung von Raum und Identität oder Inszenierung der Geschlechterverhältnisse mit anderen Mitteln?
VERA KATTERMANN: Stierkampf in Spanien: Männlichkeit zwischen Inszenierung und Alltag, Psychologischer Verständnisversuch eines Rituals
SAMUEL SIEBER: Disziplinierungstechnologien und moderner Körperkult
ANNIKA WAGNER: Material Kids oder: (V)erwachsene Kinder
RAINER HIRSCHBERG: Die Zeit gibt es nicht! Zeit als Symbol bei Elias
WERNER RÖHR: Selbstbehauptung unter Normalisierungsdruck, Die Kritische Psychologie in Berlin – Rückblick auf ein Vierteljahrhundert
MORUS MARKARD: Auf den Schultern von »etc.« oder critical psychology light, Antwort auf Thomas Teos »Die vier Jahreszeiten kritischer Psychologie«
GERT HELLERICH: Selbstsorge – die Lebensader des Selbsthilfeprojekts »Die Nachtschwärmer«

Doppelheft 89/90, 1999, 29,– DM

Ortswechsel
Psychologie und Gesellschaftskritik,
Einzelheft 91, 1999, (erscheint im Juli 1999)

Bezug:
Jahresabonnement
(2 Einzelhefte und 1 Doppelheft): 65,– DM
(inklusive Versandkosten)
Einzelheft: 18,– DM
(zuzüglich 3,– DM Versandkosten)
Doppelheft: 29,– DM
(zuzüglich 3,– DM Versandkosten)

Fachhochschulverlag
Der Verlag für Angewandte Wissenschaften
Kleiststraße 31
60318 Frankfurt am Main
Tel.: (069 -) 1533 - 2820
Fax: (069 -) 1533 - 2840
e-mail: fhverlag@verlag.fh-frankfurt.de

ANZEIGE

Michael B. Buchholz
Cornelia von Kleist
Szenarien des Kontakts
Eine metaphernanalytische Untersuchung stationärer Psychotherapie

Psychosozial-Verlag

308 Seiten
DM 48,– · öS 350,– · SFr 44,50
ISBN 3-932133-26-9

Ob die von Patienten und Therapeuten verwendeten Metaphern des Kontakts zueinander passen oder nicht, hat Einfluß auf das Behandlungsergebnis. Die Methode der Metaphernanalyse erweist erneut ihren Wert in der qualitativen Erforschung des psychotherapeutischen Prozesses.

P V
Psychosozial-Verlag

Die Rolle der Metapher in der familientherapeutischen Behandlung eines psychotischen Jugendlichen[1]

Michael B. Buchholz

„Jeder Mensch erfindet sich früher oder später eine Geschichte, die er, oft unter gewalttätigen Opfern, für sein Leben hält..." (Max Frisch, zit. nach H. R. Fischer 1987, S. 157)
„Es hat allen Anschein, als ob im Bereich der Metaphern jene theoretische ‚Vermittlung' von Subjektivem und Objektivem, Welt und Individuum, Natur und Kultur, Instinkt und Trieb, Gesellschaft und Subjekt stattfindet, nach der so oft wie nach dem Stein der Weisen gefahndet und welche im Versuch der *Fundierung* des einem im anderen stets verfehlt wird."
(Der Züricher Psychoanalytiker Peter Schneider 1996, S. 112)

Die Metapher der Krankheit ist die Synapse im Netz der Behandlung

Die familientherapeutische „Werkstatt" in Tiefenbrunn versucht, stationäre Psychotherapie und Familientherapie miteinander zu integrieren. Das ist für das Verständnis des Kontextes wichtig, denn ohne den Kontext abstrahiert sich der Sinn ins Unüberprüfbare (Buchholz u. Seide 1995); über die Arbeit der „Werkstatt" habe ich an anderer Stelle ausführlich berichtet (Buchholz 1993). Hier werden auch Familien mit psychotischen Mitgliedern behandelt. Am Beispiel eines Transkripts aus einer solchen Familiensitzung möchte ich metaphernanalytisch einige Thesen zur Konstruktion psychotischer Biographien entwickeln. Ich versuche im folgenden zu sondieren, inwieweit die Analyse einiger verwendeter Metaphern der biographischen Konstruktion auch das therapeutische Zusammenspiel mitbestimmt. Meine These lautet –

selbst wiederum metaphorisch formuliert: *Die Metapher der Krankheit ist die Synapse im Netz der Behandlung,* sie organisiert leitmotivisch – wie der Magnet die Eisenspäne – die Kooperationsformen zwischen stationärer Psychotherapie und Familientherapie.

Einige Unterscheidungen

Um diese These zu erläutern, beginne ich mit der raschen Klärung einiger wichtiger Unterschiede, um dann zur Analyse des Transkripts aus einer familientherapeutischen Sitzung zu kommen.

Biographie und Lebenslauf

Die Bedeutung der in der sozialwissenschaftlichen Forschung gemachten Unterscheidung zwischen Biographie und Lebenslauf (Hahn 1987, Straub u. Sichler 1989, Brose et al. 1993) möchte ich für die klinische Arbeit herausstellen. Wer in therapeutischer Praxis häufig Anamnesen erhebt, erfaßt ja nie den ge-

---
[1] Vortrag 19.6.1998 am DIALOG-Zentrum für Angewandte Psychoanalyse in Bremen.

samten Lebenslauf, sondern eine irgendwie gefärbte, von den Umständen provozierte und von bestimmten, bewußten wie unbewußten, Absichten ausgewählte Darstellung, die nicht zuletzt von seiner eigenen Beteiligung abhängig ist; schließlich kommt es ja auch darauf an, was man den Patienten wissen läßt, worauf es ankommt. Diese *Darstellung* eines Lebenslaufs heißt, im Unterschied zum Lebenslauf, „Biographie". Sie ist *eine* Version von vielen möglichen anderen Versionen und *immer* Produkt der Kon-Versation mit einem Therapeuten.

Eine „Biographie" ist nicht einmalig da. Sie verändert die Vergangenheit in Abhängigkeit von aktuellen Umständen – und eben dies ermöglicht Wandel. Biographie meint nicht das Gesamt des gelebten wirklichen Lebens, ist nicht etwas, das man ein für alle Mal hat, sondern für jeden ein chronisches Problem; immer provisorisch (Schimank 1985, 1988), kann sie nie zu Ende geschrieben werden.

Die Verwechslung von Biographie und Lebenslauf wirft m.E. ein Licht auf das Problem der Erklärung. Wir finden häufig, daß Symptome mit irgendwelchen Begebenheiten aus der Anamnese des Patienten erklärt werden; dabei wird systematisch übersehen, daß die Schilderung dieser Begebenheiten vom Dialog erzeugt wird.

Erzählung und Erzählen

Die sozialwissenschaftliche Betrachtung kann hier zu manchen Klärungen klinischer Probleme beitragen.[2] Der Unterscheidung zwischen Biographie und Lebenslauf müssen nun aber noch weitere Differenzierungen folgen. Bei der Untersuchung von biographischen Daten müßte man den Unterschied zwischen Erzählung – als einer inhaltlichen Narration – und Erzählen – als einer kooperativen Produktion – sehr viel stärker gewichten. Über etwas zu berichten folgt gewissen Zwängen, die mit dem Inhalt des Berichts selbst wenig zu tun haben. Kallmeyer und Schütze (1977) haben diese „Zugzwänge des Stegreiferzählens" exemplarisch beschrieben. Damit erzählt werden kann, muß die Aufmerksamkeit des Gegenübers gesichert werden: Diese *interaktive* Aufgabe kann durch *inhaltliche* Detaillierungen gelöst werden, deren Grad von den situativen Erfordernissen bestimmt wird; andererseits darf man nicht zu ausschweifend werden, muß also kondensieren, und schließlich muß eine Geschichte „auf den Punkt gebracht", ihre Gestalt geschlossen werden.[3] Wendet man solche Überlegungen beispielsweise auf die Diskussion um die Wirkungen von Traumata an, könnte das Trauma-Konzept als interaktive Koproduktion analysiert werden.[4] Vergleichbare Überlegungen haben wir (Buchholz u. Streeck 1999) für das Empathiekonzept vorgeschlagen.

Biographie – als kooperativ produzierte Narration – hat immer einen aktualgenetischen Bezug. Sie ist ein konstruktives Konzept in der Nähe von kreativen Prozessen der aktuellen Selbst-Schöpfung in einer konkreten Dialog-Situation.

Das metaphorische Exempel und die Geschichte

Weil eine Biographie nie zu Ende geschrieben werden kann, sondern aktuell konstruiert wer-

---

[2] Das wird ausführlich beschrieben bei Buchholz und Streeck (1999)

[3] Neuerdings haben Neumann-Braun und Deppermann (1998) darauf hingewiesen, daß damit auch Konsequenzen für die sozialwissenschaftliche Forschungsmethodologie zu ziehen sind: Man kann Jugendliche nicht einfach über ihre Lebenswelten oder Kulturen per Interview befragen – ohne daß sich damit das Generationenproblem zwischen einem meist älteren Sozialforscher und dem Jugendlichen im Gespräch selbst reproduziert. Dann aber braucht man theoretische und methodische Mittel für die Analyse des konversationellen Geschehens, die diesem Problem – das über Inhaltsanalysen hinausgeht – gewachsen sind.

[4] Was ein „Trauma"ist, ist bislang nicht befriedigend geklärt; aber das Thema neigt zu gewaltigen Auswüchsen. Es gibt Fallbeispiele in der Literatur, wonach ein ehelicher Seitensprung als Trauma definiert und therapeutisch behandelt wird – insgesamt wird so nur das Konzept entwertet.

den muß, bedient sie sich der Darstellung durch *Exempel*. Man kann seine Geschichte nie vollständig, sondern stets nur exemplarisch erzählen. Einzelne Exempel organisieren rückwirkend die Zeit.

Wer sich bislang *nur* als Opfer einer frühen Mißbrauchserfahrung sah, läßt die Zeit über die Jahre stillstehen; sie kommt wieder in Gang, wenn die Opferrolle ergänzt werden kann (Levold 1994). Wer sich immer *nur* als Versager sieht, muß auch an und in der Therapie scheitern, es sei denn, die Therapie entdeckt andere Exempel in der Biographie.

Solche Exempel sind Metaphern. Erzählte Geschichten illustrieren solche Metaphern, und zum Zwecke der Illustration werden sie erzählt. Wir alle kennen solche Geschichten, die z. B. die Formel illustrieren „Mein Leben ist nur Arbeit gewesen". Wenn wir einmal annehmen, es stünde *nur eine* solche Metapher (z. B. ICH BIN EIN OPFER, EIN VERSAGER, DER GRÖSSTE usw.) für die Identitätskonstruktion zur Verfügung, dann würde die eigene Identität zum geschlossenen System, das wieder zu öffnen therapeutische Aufgabe ist. Die exemplarische Biographiemetapher stellt eine konstruktive Lösung für eine schwierige Aufgabe zur Verfügung: In der Zeit kann die Biographie nicht zu Ende berichtet werden, weil das Berichten selbst berichtet werden müßte. Das wirft erhebliche Kohärenz- und Darstellungsprobleme auf, die gelöst werden können, wenn man seine Biographie durch eine exemplarische Metapher strukturieren kann. Das Problem ist somit nicht die Metapher, sondern die Fixierung der Darstellung (und damit des Denkens) an eine und nur eine Metapher. Wer behauptet, sein Leben sei *nur* Arbeit gewesen, verdunkelt, daß es auch andere Aspekte gegeben haben muß. Die exemplarische Biographiemetapher dient aktuellen Darstellungszwecken, verdunkelt aber andere. Die Aufgabe der Metaphernanalyse (Buchholz 1993, 1996) ist hier ganz praktisch: die verdunkelnden Aspekte solcher Bildgebungen zu relativieren. In therapeutischen Prozessen versuchen wir, Änderungen der biographischen Selbstkonstruktion an solchen zentralen Exempeln in Gang zu setzen. Der Umbau der exemplarischen Biographie-Metapher ermöglicht therapeutischen Wandel.

Folgerungen für die Praxis

Die Unterscheidungen zwischen Biographie und Lebenslauf, zwischen Erzählung und Erzählen und zwischen Exempel und Geschichte erweisen sich für die therapeutische Praxis als ungemein hilfreich. Menschen haben nicht nur *eine* Biographie, sondern mehrere (Goffman 1977). Was jeweils davon als „Biographie" mitgeteilt wird, unterliegt aktuellen Zwängen.

Wenn wir uns irgendwo bewerben, erzählen wir eine andere Biographie als im Erstinterview um einen Analyseplatz. Als Therapeuten sind wir Kon-Versationspartner und damit immer an der erzählten Version der Geschichte beteiligt. Erzählen ist Ko-Produktion.

Wir können zwar Lebensläufe nicht verändern, denn was geschehen ist, ist geschehen; aber, wie der Psychoanalytiker Ernst Kris (1956/1977) schon beschrieben hat, wenn eine Therapie erfolgreich verläuft, entwirft ein Patient sich in metaphorischer Selbstkonstruktion anders. Er ist dann nicht nur der Satan, sondern auch der Lichtbringer Luzifer, nicht nur ein Opfer, sondern auch Zuschauer, nicht nur Retter, sondern auch Objekt des Begehrens anderer – kurz: Therapie öffnet die Chance, mit einer Vielzahl von solchen Metaphern zu spielen zu beginnen. Aus dem ganz Bösen, aus Satan, wird am Ende Mephisto, der stets das Böse will und doch das Gute schafft – ein Unterschied ums Ganze, auch wenn sich „in der Sache" gar nichts zu ändern scheint, denn der Teufel bleibt immer der Teufel.

Erinnern wir uns daran, daß Robert Musil irgendwo im „Mann ohne Eigenschaften" scharfsinnig gesagt hat, der Geisteskranke leide daran, daß ihm nur *eine* Form der Verrücktheit zur Verfügung stehe, während der Gesunde alle (oder fast alle) Versionen durchspiele könne. Dieser Gedanke ist auch bei Freud (1912, S. 364) formuliert. Er nennt es ein „Klischee", „welches im Laufe des Lebens regelmäßig wiederholt, neu abgedruckt wird, insoweit die äußeren Umstände und die Natur der zugänglichen Liebesobjekte es gestatten..."

Identitäts-Umbau:
„Ich – ist ein Psychotiker"

Was, so nun meine Frage, ist geschehen, wenn ein Patient mit der Metapher für seine Identität zu uns kommt, die lautet: ICH BIN EIN PSYCHOTIKER? Hier muß in der familiären und professionellen Interaktion ein Umarbeitungs- und Umdeutungsprozeß der Biographie stattgefunden haben, den zu rekonstruieren von nicht zu unterschätzender Bedeutung ist. Aus unserer Erfahrung in der familientherapeutischen Werkstatt in Tiefenbrunn kann man sagen: Nachträglich erscheinen der Familie bestimmte Vorkommnisse oder erinnerte Episoden als zu spät oder falsch gedeutete Hinweise auf das Kommende. *Früher* dachte man in der Familie, der Fritz sei bloß ungezogen, als der mit unverständlichem lautem Gebrüll und Türen schlagend damals rausgerannt war, *heute* weiß man, daß das der Beginn der Psychose war – wobei ja nicht ganz klar ist, was das Wort „wissen" in einem solchen Zusammenhang bedeutet.[5]

Ein solcher Umarbeitungsprozeß hat verschiedene Phasen, die ich hier vorwegnehmend nennen will. Er beginnt mit einer
– Krise, wird gefolgt vom
– Zusammenschluß der Deutungsmuster. Es kommt zu einer
– Ambivalenz der Entlastung mit der Folge eines
– Identitätsumbaus und einer
– rekonstruktiven Sinnbesetzung
– sowie einer pathologischen Stabilisierung.
Dies Schema möchte ich nun am Beispiel der Familie von Jens C. zeigen.

Jens C. und seine Familie: Die Krise

Jens C., 21 Jahre alt, ist psychotisch dekompensiert mit der Idee, er sei Jesus Christus. Nach einem mehrmonatigen psychiatrischen Aufenthalt wird er nach Tiefenbrunn überwiesen. In einer ersten familientherapeutischen Sitzung meint er, die Mutter könne am ehesten erzählen,[6]

> J.: „wann sie zum ersten Mal Anzeichen bei mir bemerkt hat, daß ich in einer psychotischen Verfassung war."
> M.: Also die ersten Anzeichen (..) habe ich damals ma gemerkt, als er (.) mal nach Hause kam (.) von einem Fußballspiel (..) Damals war es aber so gewesen, daß er zu der Zeit, ich glaube er hat mit Ihnen auch schon mal darüber gesprochen, mal Hasch geraucht hatte (1) und damals habe ich angenommen, daß es vom Hasch rauchen war (1) Kam er ma nach Hause und hat gesagt, äh (.) äh (.) die verfolgen mich und äh (.) ich äh werde bald sterben, dann hat er sich ins Bett gelegt und hat so apathisch nach oben geguckt (.) dann habe ich gesagt was ist denn los und (..) dann (.) nun erzähl mal (.) na dann hat er gesagt, wahrscheinlich kommt es da davon, weil ich zuviel geraucht hab (.) naja, dann hat er mir erzählt, daß sie im Auto vorher geraucht hätten und daß er denn (.) Fußballspiel hat denn stattgefunden und daß er da so kaum noch was abgerafft hat (..) mhm da hab ich eigentlich das erste Mal gemerkt, daß irgenwas nich stimmt (1) und dann haben wir auch darüber geredet

---

[5] Freud hob diese „Nachträglichkeit" konzeptuell hervor (zus. mit Josef Breuer in den „Studien über Hysterie" von 1895). Viele Jahre später kommt er „konstruktivistisch" in einer langen Fußnote darauf zurück: „Auf die richtige Spur der Deutung wird man durch die Erkenntnis geführt, daß von solchen (frühkindlichen) Szenen mehr als eine Version, oft sehr verschiedenartige, in der unbewußten Phantasie des Patienten aufzuspüren sind. Wenn man in der Beurteilung der Realität nicht irregehen will, muß man sich vor allem daran erinnern, daß die ‚Kindheitserinnerungen' der Menschen erst in einem späteren Alter (meist zur Zeit der Pubertät) festgestellt und dabei einem komplizierten Umarbeitungsprozeß unterzogen werden, welcher der Sagenbildung eines Volkes über seine Urgeschichte durchaus analog ist." (GW VII, S. 427; vgl. aber auch Gekle 1989 sowie Smith 1991).

[6] Punkte in Klammern stellen die Pausenlänge zwischen gesprochenen Worten dar, Zahlen solche Pausen in Sekunden. Punkte ohne Klammern bedeuten Auslassungen.

und hab ich auch gefragt wie oft er schon geraucht hat (..) und da hab ich gesagt, wenn Du das allein nich in n Griff bekommst, also damit aufzuhören (.) dann müssen wir eben halt irgenwas unternehmen (1) zu ner Beratung gehen oder so (2) und dann also er war sowieso schon ziemlich down (.) hab ich dann noch gesagt das muß jetzt raus egal, wenn Du jetzt heulst, Du brauchst Dich nicht zu schämen (.) heul Dich jetz ruhig aus. Zu der Zeit hat er auch Probleme gehabt mit seiner Freundin (2) naja und da hab ich aber noch nich (..) äh daran gedacht, daß das irgendwie so Psychose oder so sein könnte (3). Und (.) äh aber, wenn wir uns jetzt so unterhalten dann meint Jens, daß das also da schon Psychose gewesen (.) ist, wohl, aber ich habs damals eigentlich immer (.) auf die Raucherei geschoben (,) und auch so hinterher hat er manchmal komische Ideen gehabt. Wir haben immer gedacht, das kam vom Rauchen und auch als er den Zusammenbruch hatte...

Ein weiterer Unterschied: Problem und Problemlösungsstrategie

Ich möchte an dieser Stelle einen weiteren Unterschied einführen, den zwischen Problem und Lösungsstrategien.

Man sieht in diesem anfänglichen Abschnitt nämlich deutlich, wie die professionelle Hilfe erst in Erwägung gezogen wurde, als die *Selbstbehandlung* innerhalb der Familie zu versagen drohte. Erst wurde etwas bemerkt, dann wurde miteinander geredet; es wird nach Erklärungen gesucht, und erst als dies alles nicht so recht greift, wird eine Krise bemerkt. Dann taucht der Vorschlag auf, professionelle Hilfe in Anspruch zu nehmen. Jens präsentiert sich als jemand, der in einer psychotischen Verfassung war, die Mutter hat die „Anzeichen" dafür bemerkt.

Die beschriebene Umarbeitung des biographischen Konzepts läßt sich gut erkennen. Die Mutter gibt mehrfach zur Unterstreichung der Authentizität des Vorgefallenen in wörtlicher Rede und Gegenrede das Gespräch mit Jens wieder, sie beschreibt ihre Behandlungsversuche an ihm. Sie benutzt als Form das Zitat.

Das Zitatformat stellt eine besondere Form der Dialogorganisation dar. Konversationsanalytisch orientierte Autoren (z. B. Bergmann 1987) haben beschrieben, daß das Zitatformat bevorzugt etwa dann verwendet wird, wenn der Sprecher einen erhöhten Anspruch auf Glaubwürdigkeit geltend machen will; er gibt dann wieder, was „wirklich" geschehen ist. In anderen Kontexten kann das Zitatformat zur Tabuverletzung verwendet werden; dann darf man „unanständige" Worte sagen, denn man zitiert ja einen anderen Sprecher.

Durch diese Form wird den Therapeuten mitgeteilt, daß man beabsichtigt, die Dinge zu schildern, wie sie „wirklich" waren, ohne etwas hinzu zu tun. Als *metaphorisches Exempel* der Biographie wird der „Zusammenbruch" präsentiert, und er ist der Wendepunkt; mehrfach spricht die Mutter davon, daß sie „damals" gedacht habe, es käme vom Hasch-Rauchen, und diese Annahme mußte revidiert werden. Damit wird die Krise bemerkt.

Unter dem Druck der Umstände, sich nicht erklären zu können, was „los" ist, werden bestimmte Ereignisse *nachträglich* als „Anzeichen" von Krankheiten gelesen. Die Metapher KRANKHEIT IST ZUSAMMENBRUCH wandelt das, was die Mutter berichtet, um: Sie *erzählt* nicht eine Geschichte, sie *liest* Zeichen; und diese Umarbeitung kann man gar nicht hoch genug veranschlagen.

„Zeichen" lesen ist eine professionelle Technik, sie wird verwendet von Detektiven, von Ärzten, die an ihnen das Vorhandensein von Krankheiten ablesen, von Archäologen, aber auch von den eingeborenen Profis der Spurenlesekunst.

Neben den bereits entwickelten Unterscheidungen zwischen Biographie und Lebenslauf, zwischen Problem und Lösungsstrategie erhalten wir eine weitere. Die Unterscheidung zwischen Geschichten-Erzählen und Zeichen-Lesen[7] wird schon durch die ein-

---

[7] Der Unterschied zwischen Geschichten erzählen und Zeichen lesen wird nicht nur von Kiceluk (1993) in einem außerordentlich materialreichen psychiatriegeschichtlichen Beitrag verwendet, um die Freudsche Leistung des neuen Zuhörens (Lorenzer 1984) zu dokumentieren; Kafka (1992, S. 622) erwähnt das „Zeichen" im autobiographischen Bericht seines Patienten als etwas, das ihm „sofort als psychotisch auffällt".

leitende Bemerkung von Jens deutlich markiert. Diese Unterscheidung hat auch für das Selbstverständnis von Jens einen ganz wesentlichen Effekt: Die Metapher erscheint nicht mehr als ein Versuch, sich etwas zu erklären, was auch anders erklärt werden könnte. Sie ist nicht mehr Lösung eines biographischen und/oder aktuellen Problems, sondern sie wird konkretistisch zur Tatsache umgewandelt.

Kleiner Exkurs zur Metapher

Um das zu verdeutlichen, will ich sehr kurz einige allgemeine Bemerkungen über die Metapher einflechten, die unser Alltagsleben und unser „conceptual system" (Lakoff u. Johnson 1998) mehr durchzieht, als wir meist bemerken. Die wesentliche Leistung der Metapher besteht darin, daß sie uns einen unzugänglichen Bereich[8] im Licht eines anderen darstellt, wobei ganz verschiedene Bereiche gleichsam wie durch ein Scharnier überbrückt und zugleich getrennt werden. Wir können z. B. ohne Metaphern nicht so recht definieren, was Liebe ist, aber wir sagen, jemand sei „verrückt vor Liebe" oder „wahnsinnig verknallt", und dann haben wir die konzeptuelle Metapher LIEBE IST WAHNSINN. Liebe ist dabei der bildempfangende, der Zielbereich, den wir uns erklären, indem wir das Ziel durch einen anderen Ursprung aus einem bildgebenden Bereich beschreiben. Wenn wir hingegen davon sprechen, ein Mann habe eine Frau erobert, haben wir die konzeptuelle Metapher LIEBE IST KRIEG. Derselbe Zielbereich der Metapher kann mit ganz unterschiedlichen bildgebenden Bereichen verbunden sein; mit Folgen für Verstehen und Selbstverständigung. Mit solchen konzeptuellen Metaphern erklären wir uns oft das sonst Unerklärliche, wobei wir implizieren, daß die Liebe *kein* Wahnsinn und

kein Krieg *ist,* sondern daß es sich nur um Annäherungen handelt – die Metapher hat diese seltsame Eigenschaft, uns an das Träumen der Worte zu erinnern, wie Paul Ricoeur (1986) formulierte, indem sie zwei Bereiche verbindet und zugleich getrennt hält (vgl. dazu Lakoff u. Johnson 1998).

Hier im Text aber stellt es sich anders dar. Die Metapher DIE KRANKHEIT IST EIN ZUSAMMENBRUCH erscheint als ein festes Ergebnis; von Krankheit ist nicht mehr *als* Metapher im Sinne eines Erklärungsversuchs die Rede; die Krankheit wird vielmehr „wirklich", denn es gibt ja „Zeichen", die ihre Wirklichkeit bestätigen, und deshalb werden sie zitiert. Die Unterkomplexität der *einen* Metapher wird nicht mehr durch eine Vielfalt von anderen Metaphern *kompensiert,* und so wird aus der Metapher eine Tatsache in der familiären Verständigung. Die Differenz zwischen dem metaphorischen und konkreten Denken (Searles 1965, 1987) wird verwischt, das Scharnier versteift. Würde man sich als Kontrast dazu vorstellen, daß die Metapher hier weiter heißen könnte: KRANKHEIT IST STRAFE oder SÜNDE oder UNGELÖSTER KONFLIKT oder SCHICKSAL oder KÖRPERGESCHEHEN usw., kann man deutlich sehen, wie sehr der sinnliche Ursprungsbereich der Metapher die Vorstellung bestimmt, die jeder der Beteiligten sich von der Krankheit und dann auch von der notwendigen Behandlung macht. Deshalb lautete meine These, daß die *Metapher* der Krankheit die Synapse im Netz der Behandlung darstellt. Es ist der *Ursprungsbereich* der Metapher, der deskriptiv unbewußt bleibt, er muß erschlossen, bzw. wie es bei Freud so oft heißt, „erraten" und kann dann anschaulich gemacht werden. Der Ursprungsbereich und seine Vergegenwärtigung weisen auf ein Szenario (Lakoff 1987) hin; die Sprache enthält bedeutungshaltige Szenen, an denen die Personen beteiligt sind. Die Szenarien mit ihren deskriptiv unbewußten Ursprüngen wiederum steuern in eigentümlicher Weise das Erleben und Verhalten mit. Um den bildgebenden Ursprungsbereichen der Meta-

---

[8] Wir haben dafür systematisch den Begriff des „leeren Konzepts" eingeführt (Buchholz und von Kleist 1997), der von linguistischer Seite mittlerweile aufgegriffen und als nützlich betrachtet wurde.

pher auf die Spur zu kommen, frage ich Leserinnen und Leser ungeniert: Was eigentlich stellen Sie sich vor, wenn von einem ZUSAMMENBRUCH die Rede ist? Hier können verschiedene Ursprungsbereiche erschlossen werden, die aber alle konvergieren. Es gibt – gerade durch den illustrierenden Hinweis auf die „Lasten" und die Belastungen von Jens – die eine Möglichkeit, diesen sinnlichen Ursprung im Technischen zu suchen; eine Brücke oder ein Haus kann unter Belastung zusammenbrechen. Man erhält die Metapher (Lakoff u. Johnson 1998) DIE PERSON IST EIN HAUS. Sucht man den Ursprungsbereich weniger im Statischen und mehr im bewegten Bereich, dann kann man z. B. Lasttiere imaginieren, die zusammenbrechen können. Die Metapher lautet DIE PERSON IST EIN TIER. Beide Metaphern werden in Redensarten („altes Haus", „gelehrtes Haus", „hohes Tier") nicht selten für die Beschreibung von Personen verwendet. Bei beiden Metaphern stellt man sich ein Szenario (Lakoff 1987) vor: ein Haus, ein Tier, eine Brücke, ein Computersystem, die Ichfunktionen usw. können durch „falsche Behandlung" (= Belastung) „zusammenbrechen". Solche Metaphern und ihre Szenarien haben bestimmte *Implikationen;* ein Haus kann z. B. keinen Fort-Schritt machen (v. Kleist 1984, 1987), es kann sich nicht entwickeln, aber man bekommt Einblick durch Fenster und Zugang durch Türen, die man auch verschließen kann. Diese Metapher DIE PERSON IST EIN HAUS bestimmt hintergründig unsere klinische Rede, wenn wir einen Patienten als „offen" oder „verschlossen" beschreiben, wenn wir meinen, (k)einen „Zugang" zu jemandem gefunden zu haben, wenn das Gespräch in die „Tiefe führt" oder wenn wir die Augen als „Fenster der Seele" ansprechen. Im Fall der Familie von Jens gab es eine besondere Krise; der Vater, langjähriger Alkoholiker, kehrte – in unmittelbarer zeitlicher Nähe zu Jens' Dekompensation – von einer erfolgreichen Alkoholentziehungskur zurück. Er sagt, unmittelbar im Anschluß den vorangegangenen Abschnitt:

V.: Ja also da muß ich noch dazu sagen, damals war ich ja auch nich (..) äh (..) immer das beste Vorbild (.) weil ich damals noch (.) viel Alkohol getrunken hab, ne (.) bis vor zwei Jahren ... Ich hab damals (.) äh (..) Entziehungskur mitgemacht äh (..) in G. Das (.) äh (..) November 19** (.) kann sein, daß das (.) äh (.) auch noch was gewesen ist womit er nich mit so (..) äh (1) ihm noch mit zu schaffen gemacht hat n bißchen (1) Denn es sinn ja mehrere Sachen glaub ich zusammen gekommen. Erstma mit seiner Freundin, dann mit (.) äh (..) mit der Arbeitsstelle hat er auch Schwierigkeiten gehabt (.) dann äh daß mit (..) ich ihm nich das beste Vorbild war, daß mehrere Sachen zusammen gekommen sin (.) und (..) äh (.) das ist dann (..) irgendwann ist das dann ma (.) zusammengebrochen

Deutlich läßt sich sehen: Die Metapher vom „Zusammenbruch" besetzt (Carveth 1993) das Denken der Familienmitglieder mit der Folge, daß andere mögliche Bedeutungen (wie z. B. die Verselbständigung von Jens) ausgeschlossen werden. Es ist nicht nur so, daß *wir* die Metapher als Instrument bildhafter Rede oder des komplexitätsreduzierenden Denkens verwenden; umgekehrt steuert hier die Metapher das Denken und Reden auch des Vaters. Entscheidend für einen therapeutischen Prozeß dürfte deshalb zweierlei sein:

a) ob solche Metaphern – hier speziell für die Krankheit – durch einen (familien)-therapeutischen Prozeß umgewandelt werden. Diese Frage soll später en detail sondiert werden. Was ist die Krankheit noch, wenn sie nicht nur „Zusammenbruch" ist?
b) *wie* die Metaphern professioneller Hilfe sich hier anschließen.

Der Zusammenschluß der Deutungsmuster

Beim Aufsuchen professioneller Hilfe entscheidet sich diese letztere Frage. Die Familie sucht nach einer Verstehensmöglichkeit, sie sucht direkt nach einer Deutung. Wir sehen das wieder am Text:

M.: ...und dann wurde das eigentlich immer (.) extremer auch. Und dann hatten wir gesagt, der Arzt wollte Ihn ja nich überweisen, also Du gehst jetzt im

neuen Quartal dann zum Neurologen und läßt das ma abchecken und dann kam (..)ja (..)
Th.: mhm
M.: dieser Zusammenbruch eigentlich (..) dem zuvor
Th.: un der Zusammenbruch war wann?
M.: Am (Datum) mhm. Da war ich allerdings nich mit dabei, da war mein Mann nur zuhause
Th.: mhm
(1,5)
Th.: Un wodran haben Sie das gemerkt, daß es ein Zusammenbruch war?
V.: Ja (.) äh (..) Bekannte haben ihn nach Hause gebracht. Er war (.) äh (.) in einer Kirche (.) Wo warst du da noch?
M.: Jugendheim
J.: Jugendtreff, offener Jugendtreff (..) hat aber nichts mit Kirche irgendwie zu tun. Is nich irgendwie so (..) daß da gebetet wird oder was weiß ich (..) also (.) da ham wir uns halt nur aufgehalten (.) immer Dienstags und Donnerstags (.)
V.: Ja (.) er hat dann also vollkommen wirres Zeug geredet. War so hinten so nach vorne so, kam er dann so an, als wenn er dann total verrückt gewesen ist. Wie so n Irrer (.) ne (2) ja (.) dann hab ich gleich nen Rettungswagen angerufen (.) Sanitäter und zum Notarzt und der hat ihn dann gleich überwiesen nach N. Hat gleich erkannt, daß das ne Psychose is.

Die Familie extendiert ihre eigene metaphorische Deutung, daß es sich bei Jens' Verhalten um einen „Zusammenbruch" handelt, und daran schließt sich nun die professionelle Deutung an. Sie wandelt den „Zusammenbruch" zu einer „Psychose" um. Wie ist dieser bruchlose Anschluß eines professionellen Sprachspiels an das der Familie möglich? Die Metapherntheorie kann hier klar antworten. Der Zusammenschluß erfolgt nicht auf der Ebene der Zielbereiche, sondern auf der der Ursprungsbereiche. Auch im professionellen Jargon ist „Psychose" ein Terminus dafür, daß ein als „normal" unterstelltes Funktionieren nicht mehr geht, daß es „zusammengebrochen" ist. Die *Implikation* ist in beiden Fällen, daß ein Zusammenbruch nicht als irgendwie sinnvoll, sondern nur als „Störung" interpretiert werden kann. Daraus folgt dann mit zwangsläufiger Logik, daß eine Störung beseitigt werden muß, um den Normalfall wieder herzustellen. Das genau markiert deutlich den Unterschied zwischen dem psychoanalytischen und anderen professionellen Sprachspielen (Lorenzer 1984); die Psychoanalyse will nicht Störungen beseitigen, sondern sie erlaubt – in der Sprache der Metapherntheorie – eine andere Denkmöglichkeit: STÖRUNGEN SIND BOTSCHAFTEN. Sie müssen dann nicht „beseitigt", sondern können „vernommen" werden – und „Vernunft" kommt jedenfalls etymologisch vom Vernehmen.

Allerdings hat auch der Übergang in ein anderes, hier: das psychiatrische Sprachspiel Folgen, die nicht gering veranschlagt werden dürfen. Eine davon ist zunächst eine ambivalente Entlastung für Jens und seine Familie

Ambivalenz der Entlastung

Zweifellos wurde für Jens und seine Familie durch die psychiatrische Aufnahme eine Entlastung erreicht. Die Entlastung durch die Zuschreibung einer Krankenrolle wird jedoch nach einer gewissen Zeit konterkariert durch die unabweisbare Selbstinterpretation, daß die eigene Psyche irgendwie „zusammengebrochen" ist – der „Zusammenbruch" kann, wenn die entsprechende Umdeutung erst einmal etabliert und professionell bestätigt ist, nicht mehr als „Botschaft" vernommen werden. Ganz andere Folgen drängen sich auf: Wie kann ein solcher Zusammenbruch (des Hauses, der Person) behoben werden? Es bedarf umfangreicher Reparaturarbeiten. Ein Dilemma tut sich freilich auf: Indem die Hilfe den Schaden bestätigt, findet eine *Labilisierung und Stabilisierung* zugleich statt (Baecker 1994). Die professionelle Erklärung wird in die biographische Selbstverständigung gleichsam eingebaut, introjiziert. Das hat weitere Folgen.

> Ich erfahre jetzt nämlich von ändern, was mit mir los ist. Wo früher ein „Ich" erzählte, spricht jetzt ein „Du". Es *sagt* zwar noch „Ich", aber es beschreibt sich mehr und mehr aus der Zeichen lesenden Perspektive anderer.

Wir haben das bei Jens schon gesehen, als er von den „Anzeichen" sprach. Die eigene Biographie wird fremd (Riemann 1987) – und das *labilisiert*. Das Scheitern der familiären Selbstbehandlung aber wird zugleich durch das professionelle Erklärungsangebot einer „Psychose" plausibel – und das *stabilisiert* ungemein. Wie sehr Jens diese Deutung übernommen hat, will ich am folgenden Abschnitt verdeutlichen. Jens spricht von seiner Erfahrung während eines Fußballspiels:

> J.: ... und während des Spiels hab ich eigentlich nur noch völlig deplaziert dagestanden (1)
> Th.: Auf dem Spielfeld?
> J.: Auf dem Spielfeld (..) alle ham mich angeschnauzt (.) äh (..) weil ich sowieso nichts
> Th.: mhm mhm
> J.: auf die Reihe gekriegt hab (..) es ging nich
> Th.: mhm (.) Und wenn wir ma annehmen würden (.) nur ma zur Annahme (..) es gäbe auf der ganzen Welt keine (.) keinen Psychiater (..) der Ihnen sagen würde (1) Das is ne Psychose (2) Was würden Sie dann selber denken? Was is mit Ihnen los?
> J.: ch (10) jaaa (.) was würde ich dann selber denken (5) Also dann hätte ich also (..) dann hätte ich auch keine Medikamente gekriegt (..) richtig?
> Th.: mhm
> J.: (2) jaa (.) dann würde ich bis heute noch denken (.) äh ich bin der Christus (2) für den ich mich gehalten habe
> Th.: Auch damals schon auf dem Spielfeld?
> J.: Nee (.) da nich (lacht)

Daß er hier lachen kann, verweist allerdings darauf, daß er auch noch eine andere Möglichkeit sieht, seinen „Zusammenbruch" zu verstehen.

Identitätsumbau

Noch aber bietet er seine Biographie metaphorisch als die eines Psychotikers an – er liest Zeichen aus einer fremden Perspektive. Seine biographische Identität ist gleichsam durch das Angebot einer Krankenrolle umgebaut. Ist „Rolle" jedoch nur die Verkleidung, die gegen andere Verkleidungen getauscht werden könnte, so geschieht hier jedoch etwas Tiefergreifendes: Die Verkleidung kann nicht mehr gewechselt werden, da „Psychose" nicht als eine Rolle verstanden wird. Dies hat erhebliche Auswirkungen auf die biographische Identitätsbildung des Patienten und seiner Familie; sehr deutlich läßt sich ja sehen, wie sehr Jens von sich glaubt, ohne Medikamente sei er „der Christus". Die medikamentöse Behandlung ist in seiner Sicht notwendig, solange er sich – und so sehen es die anderen Familienmitglieder auch – als Träger von Eigenschaften sieht, die nun als *Zeichen der Krankheit* interpretiert werden. An die Stelle einer erzählten Biographie tritt eine Zeichen lesende Deutung von Eigenschaften. Der Patient ist damit nicht länger in die Dialektik von Schöpfer und Geschöpf, nicht länger in die Geschichten der eigenen Geschichte verstrickt (Schapp 1907), was ihm den Status einer „Person" verleihen würde.[9] Seine Handlungen und Eigenschaften, sein Verhalten und sein Wollen, sein Unterlassen und sein Begehren *werden* zu Zeichen einer Krankheit.

Rekonstruktive Sinnbesetzung

Das alles ist für ihn selbst wie für seine Angehörigen unverständlich; wie sollte es auch anders sein, wenn einer von sich sagt, er sei der Christus? Die Diagnose erklärt hier nicht nur, es geschieht vielmehr.

Wir haben gesehen, daß die Familie von einem „Zusammenbruch" spricht, und die richtige professionelle Erklärung lautete, es handle sich um eine Psychose. Der Zusammenbruch ist eine Krankheit (meint die Familie) – und die heißt Psychose (sagen die Profis).

Die Familie kann nun das unverständliche Geschehen mit Hilfe der Metapher DER ZUSAMMENBRUCH WAR EINE PSYCHOSE plötzlich „verstehen". Rückwirkend wird die Biographie – also die aktuelle Selbstkonstruktion, nicht die Ereignisse des Lebenslaufes – umgeschrieben. Alles Geschehen erhält im Licht der zentralen Metapher des professionellen Deutungsangebots *nachträglich* einen neuen Sinn.

---

[9] Hardy (1975) spricht von der narrativen Imagination.

Ich zitiere den folgenden Abschnitt, in welchem sich sehen läßt, wie dieses Verständnis sich während des ersten Familiengesprächs allmählich wandelt, Jens berichtet nicht mehr ein „Zeichen", sondern erzählt eine Geschichte und nähert sich in der familientherapeutischen Sitzung mehr dem *Erzählen* eigener Erfahrung statt dem Berichten von *Zeichen* an. Er spricht davon, er habe auf dem Fußballplatz „Verfolgungsängste" bekommen.

> Th.: Das is aber auch son Begriff (.) den würden die Psychiater verwenden
> J.: Verfolgungsangste?
> Th.: Jaa (..) was würden (.) wie würden Sies denn selber nennen?
> J.: (9) naja (..) auch Angst (..) würde ich sie nennen (.)
> Th: Angst
> J.: Angst
> Th.: Sie hatten irgendwie Angst
> J.: ja
> Th.: ja mhm das kann einem ja irgendwie passieren ne (..) Und gibt es irgendwie eine Idee? Weil manchma hat man Angst vor etwas, manchma kann man es nich so genau (..) sagen? (..) Und wie war es da bei Ihnen?
> J.: Also (.) ich hatte (..) Angst daß ich (.) eine reinkriege daß ich eine reingehauen kriege (..) davor (..) ja
> Th.: Aha ja (..)
> J.: vor den Türken hatte ich Angst
> M.: Allerdings war das ja n Mißverständnis gewesen
> J.: jaa das war n Mißverständnis gewesen. Das war äh (.) da stand ne Tasche (.) ne Adidastasche und ich dachte das wäre meine (.) und die hab ich genommen und dann sin die hinter mir her (.) gelaufen und haben gesagt (.) das is unsere Tasche (1) naja und dann hab ich die denen wiedergegeben und ich dachte aber erst (.) es wäre meine (..) und dann bin ich mit meinen Freunden nach Hause gefahren ohne Tasche und ohne alles (..) also so mit den Stollenschuhen (1)wie ich war bin ich dann auch nach Hause gekommen und (..)
> Th.: mhm
> J.: später hatte mir dann ein Freund diese Tasche mitgebracht
> Th.: Ja
> J.: Ja (.) meine
> Th.: Aja
> J.: und die lag in seinem Auto (..) die ganze Zeit
> Th.: So daß Sie Angst hatten die (.) äh Türken würden Sie als einen Dieb oder so verdächtigen?
> J.: ja
> Th.:ja
> J.: So wars
> Th.: Jaa (..) und ist das so abwegig (.) gewesen?
> J.: Nee (.) es wa ja nich abwegig

Der therapeutische Dialog ersetzt das „An-Zeichen", von dem eingangs die Rede war, durch eine *Geschichte* mit dem Ergebnis, daß das Tun des „Lasttieres" nicht mehr so „abwegig" erscheint; die Geschichte ermöglicht ein umgangssprachliches Verstehen und Selbstverstehen. Hier ist das Erzählen ein Ergebnis des familientherapeutischen Dialogs, der zum Ziel hat, die Idee einer „Person" in dem Sinne wieder in die Familie einzuführen, als Person etwas meint, das durch Erzählen bestimmt wird, während „Krankheit" ein Geschehen ist, von dem die Person zwar ergriffen wird, das sich aber sozusagen außer ihr vollzieht und nur an Zeichen abgelesen werden kann. Ich meine, daß es für diesen Weg hilfreich ist, wenn man Patienten stillschweigend oder offen ermutigt, die bereits übernommene psychiatrische oder psychotherapeutische Fachsprache wieder aufzugeben. Man ermutigt sie, wieder selbst zu sprechen, und teilt ihnen dadurch offen oder verborgen mit, daß man *ihre* Version der Geschichte hören möchte, und nur wenn diese Rückverwandlung einer Krankheit in eine personale Geschichte gelingt, kann man sie durch Konversation, durch „sprechende Medizin", behandeln. Solange die Familie bzw. ein Mitglied hingegen ihre bzw. seine Biographie noch durch eine „Krankheitsmetapher" definiert und nachträglich umbaut, kommt es zu einer pathologischen Stabilisierung. Das ist die letzte Etappe des biographischen Umbauprozesses.

Die pathologische Stabilisierung

Diese Stabilisierung kann man an drei Momenten beobachten:
– die binnenfamiliäre Kohäsion wird intensiviert,
– die Familie grenzt sich verschärft nach außen ab,
– familiäre Teilsysteme stabilisieren sich.

Ich will diese Momente wiederum an Textausschnitten illustrieren. Es wird davon gesprochen, daß die Familie freitags zu dritt in die Sauna geht:

> M.: Freitags (..) na jetzt äh also nach der Krankheit (.) nach Jens' Krankheit da isses so (.) daß wir ja viel zusammen machen. Aber vorher war es ja anders. Da hat unser Sohn seine Freizeit eigentlich alleine verbracht (..)
> Th.: mhm
> M.: mit seinen Freunden zusammen (4) Das war ja auch einer der Gründe weshalb wir (.) jetzt sagen, daß es nich normal is (,.) daß Jens jetzt auch immer nur mit uns zusammen is. Das is (.) er muß sich ja auch wieder seinen Freunden zuwenden (6) Naja so praktisch jetzt nach der Therapie ist das so (.) daß wir (.) viel zusammen machen und vorher ist es eben auch so gewesen, daß Jens eigentlich seine Freizeit alleine verbracht hat (1)jaa (..)
> Th.: mhm (..) so daß die Therapie Mutter und Sohn etwas mehr zueinander gebracht hat?
> M.: Na (..) sagen wir mal freizeitmäßig (..) nich jetz so gesprächsmäßig oder so (.) das war vorher auch schon so (.) daß wir da eigentlich offen über alles geredet ham (2) aber jetzt so daß wir also freizeitmäßig so mehr zusammen machen (.) daß is jetz eigentlich erst seit der Krankheit (..)
> Th.: mhm (.) mhm (1) Und (.) äh gibt es denn irgendwo einen Wunsch daß Vater und Sohn mehr zusammen kommen? (6)
> M.: Ich würde sagen so inner letzten Zeit (.) äh is das Verhältnis eigentlich ganz gut (..) nur (..) jetzt wo mein Mann noch getrunken hat (.) da hat er eigentlich (..) hat der Vater ihm gefehlt (1) da war es mehr so daß ich eigentlich die Verantwortung getragen hab (.) eigentlich für alles zuständig war (.)
> Th.: Als Sie eben so sagten (..) Verantwortung (..) hab ich gedacht (.) daß Sie fast sagen wollten daß Sie auch ein bißchen fast die Vaterrolle übernommen haben?
> M.: Jaha (.) kann man eigentlich sagen

Die Mutter und Jens sind nach der Feststellung einer „Krankheit" bzw. nach der Rückkehr des Vaters von der Alkoholentziehungskur näher zusammengerückt; man geht gemeinsam in die Sauna, verbringt die Freizeit zusammen, und dies alles tritt an die Stelle der Verselbständigungsversuche von Jens, von dem berichtet wird, daß er zuvor seine Wochenenden „allein" in der Disco zubrachte. In einem zweiten Gespräch lacht die Mutter sehr zustimmend über die metaphorische Deutung, daß sie im Grunde eine Art hausärztliche Privatpraxis für Jens hat, nachdem die Belastungen wegen des Alkoholismus ihres Mannes nachgelassen haben.

Nach dem Modell der ärztlichen Beratung hat auch der Vater seine Beziehungswünsche zu Jens organisiert; hier wieder aus dem Transkript der ersten Sitzung:

> V.: Is nur äh (..) manchmal wünsch ich mir (.) wenn er ma so ein kleines Problemchen hätte (.) das könnte er mir auch ruhig sagen (..) ne (lacht herzlich) dann das (.) das (..) dann geht er zur Mutter (..) ja weil naja (.) ich weiß nich (.) also sie hat etwas mehr Geduld noch ...Ich sag schon eher (.) ach das is doch halb so wild (..) ich nehm das nich ganz so wichtig wahrscheinlich

Auch der Vater möchte sich, so könnte man sagen, an der Behandlung von Jens beteiligen, und seine Wünsche nach Wiedergutmachung und Nähe zu seinem Sohn sind nicht zu überhören.

Therapie als Supervision

Ich möchte nun eine weitere Idee zu formulieren versuchen, die die Arbeit in der familientherapeutischen Werkstatt in Tiefenbrunn leitet. Ich glaube, daß das eine Idee ist, die auch in anderen Bereichen hilfreich sein kann. Ich hatte bereits erwähnt, daß kein Patient in eine professionelle Behandlung wegen einer Krise oder eines Problems kommt. Professionelle Behandlung setzt immer erst dann ein, wenn Selbstbehandlungsversuche (auch durch Angehörige) gescheitert sind.

Die meisten Menschen lösen – soll man sagen: Gott sei Dank? – ihre Probleme irgendwie selbst, überstehen Krisen ohne professionelle Hilfe oder tauchen zeitweilig unter; aber manche behandeln sich schlecht, indem sie sich schneiden oder andere angreifen, zwanghafte Rituale zur Selbstbestrafung ausführen oder sich ins Bett legen und andere zwingen, sich für ihre Pflege verantwortlich zu fühlen. Andere werden unschuldige Tyrannen oder hilflose Welterlöser. Sie behandeln sich selbst, aber schlecht – und das, was wir als professionelle Therapie bezeichnen, könnte, so mein Vorschlag, angemessener als *Supervision schlechter Selbstbehandlungsversuche* verstanden werden. Damit führe ich eine neue metaphorische Konstruktion THERAPIE IST SUPERVISION ein. Freud hat so etwas wohl vorgeschwebt, wenn er eine psychotische Patientin mit den Worten wiedergibt, „daß mindestens häufig auch bei ganz schlimmen Zuständen in irgendeinem Winkel ihres Gehirns ein scharfer und ruhiger Beobachter (saß), der sich das tolle Zeug ansah." (1991, S. 65). Und es kommt wohl darauf an, mit diesem ruhigen Beobachter ins therapeutische Gespräch zu kommen – auch und gerade dann, wenn solche Patienten vom Introjekt besetzt, ja besessen sind und ihnen nur die unwürdige Wahl zu bleiben scheint, „besetzt zu sein" oder „nicht zu sein" (Green 1975, Kittler 1991). Sie wiederholen eine traumatische, nichtsagbare Beziehung. Die Petition der „re-petition" richtet sich auf Verbesserung der Selbstbehandlung, also auf SUPERVISION, und das nennen Patienten und ihre Therapeuten aber THERAPIE.

Patienten und ihre Familien sind jedoch nicht nur von frühen und familiären Introjekten besessen, sondern sie befinden sich, wie wir gesehen haben, auch im Griff von Metaphern, mit denen sie nicht spielen können, weil sie sie nicht als Metaphern erkennen.

Die Metaphern für die Biographie und die Krankheit im therapeutischen Dialog durchzuspielen (vgl. dazu Siegelman 1990 und Hobson 1985, S. 55 f), ermöglicht andere biographische Versionen – und das bringt Wendungen, ermöglicht Wandel; Geschichten müssen dazu aber erzählt, nicht nur Zeichen gelesen werden. „Krankheit" steht dann nicht länger jenseits der „Person" und ihrer Biographie, sondern ist deren integraler Bestandteil. *Wo Krankengeschichte war, soll Interaktionsgeschichte* und dann *Lebensgeschichte werden*. Meine metaphernanalytische Rekonstruktion einer psychotischen Biographie setzt somit auf einer ganz anderen Ebene an als die Frage, ob es eine Psychose „wirklich" gibt. Diese Frage wird hier nicht diskutiert, denn uns begegnen in der „Werkstatt" Familien, die ihre Biographie bereits „umgebaut" haben.

Jens – der Himmelskönig im familiären Dreieck

Den Versuch der Wiedergewinnung der erzählenden Sprache des Patienten mit der Folge von Verstehensmöglichkeiten für den Patienten will ich am letzten Abschnitt aus dem Gespräch mit der Familie von Jens noch einmal illustrieren. Unmittelbar im Anschluß an den zuletzt wiedergegebenen Abschnitt äußert sich Jens:

J.: (mit erstauntem Tonfall) manchmal glaub ich (..) mein Vater is neidisch auf meine Mutter (2)
Th.: Ich glaub (..) das is n ganz wichtiger Gedanke (3)
J.: (weiter erstaunt) ich glaub (..) das war (..) wenn man das so (.) das war gar kein Zusammenbruch (1) eigentlich war das ja eher n Ausbruch ne (mit Blick zum Therapeuten)
Th.: ja

Jens sieht sich offenbar *an der Spitze* des Dreiecks V/M/J. Wenn er den Vater als „neidisch" auf die Mutter ansieht (und nicht als neidisch auf sich um den Platz bei der Mutter), muß er sich wohl als denjenigen sehen, der der Mutter etwas gewährt, auf das der Vater neidisch ist; der Vater hat es, wie ich vermute, benannt: „ein Problemchen". Jens ist der familiäre Himmelskönig, und wenn man bedenkt, daß der Vater in dieser Familie eine Josephsrolle spielte, wundert es nun nicht mehr, wenn Jens von sich glaubte, er sei Christus. Sein Wahn ist eine Selbstdeutung – zutreffend im Kontext der erzählten Familiengeschichte. Sie ist deshalb wahnhaft, weil Jens selbst den Zusammenhang mit seiner Familie zerrissen hat; die Selbstdeutung wird zum Wahn, wenn sie sich dekontextualisiert.

Vielleicht ist ein kleiner Ausflug in die Kunstgeschichte hier angebracht. Von Aby Warburg stammt das Konzept der „Pathosformel", womit ein in der darstellenden Kunst vielfach verwendeter prototypischer Rückgriff auf eine idealisierte Vergangenheit gemeint ist, die die eigene Identität im Sinne eines historischen Romans verändert. Davon wird in der Politik vielfach Gebrauch gemacht: „Ich bin nicht Saddam Hussein", so der gleichnamige irakische Staatschef, „sondern der Sultan Saladin"; „ich bin nicht Helmut Kohl, sondern Konrad Adenauer." Nicht nur die bildende Kunst macht von solcher Renaissance antiker Vorbilder Gebrauch, sondern auch Freud (Rutschky 1994). Seine These lautete ja: Wir sind von Sophokles' „König Ödipus" deshalb ergriffen, weil wir selber Ödipus sind. Diese Pathosformel liefert der eigenen Biographie, besonders der Geschichte der eigenen Kinderzeit, eine Leseanweisung, die die eigene Geschichte als die von Ödipus zu lesen gestattet. Die Pathosformel codiert mit dem Licht der Vergangenheit die Gegenwart.[10]

In dem Augenblick nun, in dem Jens den Neid des Vaters „sieht", wandelt sich seine Krankheitsmetapher: „Ausbruch" tritt an die Stelle von „Zusammenbruch". Das wird im Familien-Erstinterview mehrfach von Jens wiederholt. Dabei ist es gleichgültig, ob man als Ursprungsbereich dieser neuen, originären Metapher einen Vulkan oder ein Gefängnis vor sich sieht. Diesen manifesten Bildgebungen ist eines gemeinsam: Etwas Eingeengtes befreit sich. Damit ist dann eine neue Perspektive gewonnen. Wo Jens in seine Geschichte erzählend eintritt, kann er beginnen, seine Geschichte z. B. als die eines Ausbruchs aus dem Elternhaus fortzuschreiben. Es *wird* dabei ganz gleichgültig, ob es sich „wirklich" um AUSBRUCH oder ZUSAMMENBRUCH gehandelt hat; entscheidender wird, daß damit stillschweigend auch das, was vorher als „krank" erschien, nun renormalisiert wird: Ausbrüche aus Elternhäusern sind alltägliche Vorkommnisse.

Ich glaube also, daß es hilfreich ist, das beschriebene Muster der biographischen Konstruktion sowie die Rolle der Metapher dabei genauer zu betrachten. Aber ich möchte betonen, daß wir in der familientherapeutischen Werkstatt bisher keine chronisch psychotischen Patienten behandelt haben, und deshalb möchte ich meine Aussagen auch begrenzen auf solche Patienten wie Jens, die noch keinen systematisierten Wahn ausgebildet haben. Zu untersuchen, wie die Art der metaphorischen Konstruktionen auch Chronifizierungen (vgl. Simon 1993) beeinflußt, wäre aber sicher interessant.

Wir haben gesehen, wie der dialogische Anschluß „untergründig" geschieht, durch die bildgebenden Bereiche der Metaphern. Hier kommt ein sinnlich-anschauliches Moment ins therapeutische Spiel, für das sich die Behandlungstechnik verstärkt interessieren könnte. Die Analyse der Metaphern kann zeigen, wie sehr unser therapeutisches Reden und Sprechen und das der Familien von solchen „untergründigen" Momenten durchzogen ist. Sich für sie zu sensibilisieren, dürfte einen unmittelbaren praktischen Gewinn abwerfen.

Literatur

Baecker, D. (1994): Soziale Hilfe als Funktionssystem der Gesellschaft. In: Zeitschrift für Soziologie 23, S. 93-110.
Bergmann, J. R. (1987): Klatsch. Zur Sozialform der diskreten Indiskretion, Berlin/New York (de Gruyter).
Brose, H. G., Wohlrab-Sahr, M., Corsten, M. (1993): Soziale Zeit und Biographie. Über die Gestaltung von Alltagszeit und Lebenszeit. Opladen (Westdeutscher Verlag).
Buchholz, M. B. (1993): Dreiecksgeschichten – Eine klinische Theorie psychoanalytischer Familientherapie. Göttingen (Vandenhoeck & Ruprecht).
Buchholz, M. B. (1993) (Hg.): Metaphernanalyse. Göttingen (Vandenhoeck & Ruprecht).
Buchholz, M. B. (1996): Metaphern der Kur. Qualitative Studien zum therapeutischen Prozeß. Opladen (Westdeutscher Verlag).
Buchholz, M. B., Seide, L. (1995): Aspekte einer prozessualen Diagnostik – Der äußere und der innere Kontext der familientherapeutischen Behandlungssituation. In: System Familie 8 (4).

---

[10] Toulmin (1991) zeigt, daß dies auch Freuds Interesse an seiner antiken Figurensammlung geleitet hat. Ganz ähnlich wie Rutschky vertritt auch Erdheim (1993, S. 935) im Anschluß an rezeptionsästhetische Überlegungen von Brock die These, daß es die Zeitgenossen einer jeweiligen Epoche seien, „die sich ihre Tradition nachträglich so zusammenstellen, daß die Gegenwart in ihren Möglichkeiten erkannt werden kann".

Buchholz, M. B., v. Kleist, C. (1997): Szenarien des Kontakts. Eine metaphernanalytische Untersuchung stationärer Psychotherapie. Gießen (Psychosozial-Verlag).

Buchholz, M. B., Streeck, U. (1999): Qualitative Forschung und professionelle Psychotherapie. In: Psychother. Soz. 1, S. 4-30..

Carveth, D. L. (1993): Die Metaphern des Analytikers. Eine dekonstruktionistische Perspektive. In: Buchholz, M. B. (Hg): Metaphernanalyse. Göttingen (Vandenhoeck & Ruprecht).

Erdheim, M. (1993): Psychoanalyse, Adoleszenz und Nachträglichkeit. In: Psyche 47, S. 934-950.

Fischer, H. R. (1987): Sprache und Lebensform. Wittgenstein über Freud und die Geisteskrankheit. Frankfurt/M. (Äthenäum).

Freud, S. (1909): Bemerkungen über einen Fall von Zwangsneurose. GW 7, Frankfurt/M. (S. Fischer), S. 379.

Freud, S. (1912): Zur Dynamik der Übertragung. GW 8, Frankfurt/M. (S. Fischer), S. 363.

Freud, S. (1991): Wir und der Tod. In: Psyche 45, S. 132-142.

Freud, S., Breuer, J. (1895): Studien über Hysterie. Neuausgabe 1970. Frankfurt/M. (S. Fischer).

Gekle, H. (1989): Nachträglichkeit des Ursprungs. Das Trauma des Wolfsmannes. In: Luzifer-Amor 2 (4), S. 89-132.

Goffman, E. (1977): Rahmen-Analyse. Ein Versuch über die Organisation von Alltagserfahrungen. Frankfurt/M. (Suhrkamp).

Green, A. (1975): Analytiker, Symbolisierung und Abwesenheit im Rahmen der psychoanalytischen Situation. In: Psyche 29, S. 503.

Hahn, A. (1987): Identität und Selbstthematisierung. In: Hahn, A., Kapp, V. (Hg) Selbstthematisierung und Selbstzeugnis: Bekenntnis und Geständnis. Frankfurt/M. (Suhrkamp).

Hardy, B. (1975): Tellers and Listeners: The Narrative Imagination. London (The Athlone Press).

Hobson, R. F. (1985): Forms of Feeling. The Heart of Psychotherapy. London/New York (Tavistock/Routledge).

Kafka, J .S. (1992): Einsicht in Psychosen. In: Psyche 46, S. 613-625.

Kallmeyer, W., Schütze, F. (1977): Zur Konstitution von Kommunikationsschemata der Sachverhaltsdarstellung. In: Wegner, D. (Hg.): Gesprächsanalysen. Hamburg (Buske).

Kiceluk, S. (1993): Der Patient als Zeichen und Erzählung: Krankheitsbilder, Lebensgeschichten und die erste psychoanalytische Fallgeschichte. In: Psyche 47, S. 815-854.

Kittler, E. (1991): Gedanken zum Werk von Andre Green. In: Jb.d. Psychoanalyse 28.

v. Kleist, C. (1984): Zur Metaphorik psychischen Leidens – Eine Analyse therapeutischer Erstgespräche (unveröffentlichte Diplomarbeit im FB Philosophie und Sozialwissenschaften der FU Berlin).

v. Kleist, C. (1987): Zur Verwendung von Metaphern in den Selbstdarstellungen von Psychotherapieklienten. In: Bergold, J. B., Flick, U. (Hg.): Ein-Sichten. Zugänge zur Sicht des Subjekts mittels qualitativer Forschung.

Lakoff, G. (1987): Women, Fire, and Dangerous Things. Chicago/London (The University of Chicago Press).

Lakoff, G., Johnson, M. (1998): Wie wir von Metaphern gelebt werden. Mit einem Vorwort von Michael B. Buchholz. Heidelberg (Carl-Auer-Verlag).

Levold, T. (1994): Die Betonierung der Opferrolle. Zum Diskurs der Gewalt in Lebenslauf und Gesellschaft. In: System Familie 7, S. 19-32.

Lorenzer, A. (1984): Intimität und soziales Leid. Archäologie der Psychoanalyse. Frankfurt/M. (Fischer).

Riemann, G. (1987): Das Fremdwerden der eigenen Biographie. Narrative Interviews mit psychiatrischen Patienten. München (Fink).

Rutschky, M. (1994): Der historische Roman. Eine Untersuchung von Imitationen. In: Merkur 48 (541), S. 283-299.

Schapp, W. (1907): In Geschichten verstrickt – Zum Sein von Mensch und Ding (2. Auflage 1976). Wiesbaden (Heymann).

Schimank, U. (1985): Funktionale Differenzierung und reflexiver Subjektivismus. Zum Entsprechungsverhältnis von Gesellschafts- und Identitätsform. In: Soziale Welt 36, S. 447-465.

Schimank, U. (1988): Biographie als Autopoiesis – Eine systemtheoretische Rekonstruktion von Individualität. In: Brose H.G., Hildenbrand B. (Hrsg.): Vom Ende des Individuums zur Individualität ohne Ende. Leske + Budrich, Opladen.

Schneider, P. (1996): Die Löcher des Wissens oder die Frage der Laienanalyse als epistemologisches Problem. In: Luzifer-Amor, Heft 9 (18), S. 101 f.

Searles, H. F. (1965): Der Übergang vom konkretistischen zum metaphorischen Denken im Gesundungsprozeß des Schizophrenen. In: Psyche 19, S. 495-515.

Searles, H. F. (1987): My Work With Borderline Patients. London (Jason Aronson).

Siegelman, E. (1990): Metaphor and meaning in psychotherapy. New York/London (The Guilford Press).

Simon, F. B. (1993): Die Kunst der Chronifizierung. In: System Familie 6, S. 139-150.

Smith, D. L. (1991): Hidden Conversations. An Introduction to communicative Psychoanalysis. London/New York (Tavistock/Routledge).

Straub, J., Sichler, R. (1989): Metaphorische Sprechweisen als Modi der interpretativen Repräsentation biographischer Erfahrungen. In: Alheit, P., Hoerning, E. M. (Hg.): Biographisches Wissen. Beiträge zu einer Theorie lebensgeschichtlicher Erfahrung. Frankfurt/New York (Campus).

Der Einfluß der frühen Mutter-Tochter-Beziehung auf die Entwicklung der weiblichen Sexualität[1]

Marina Gambaroff

Nachdem ich mich in verschiedenen Arbeiten mit den Schwierigkeiten und Ängsten bei der weiblichen Autonomiebildung beschäftigt habe, die ich im wesentlichen als einen Prozeß der Auseinandersetzung mit einer als übermächtig, kontrollierend und eindringend erlebten (analen) Mutter verstehe, möchte ich mich in diesem Beitrag psychologisch gesehen noch frühere Phasen der Interaktion von Mutter und Tochter zuwenden.

Wie wir wissen, hat innerhalb der Psychoanalyse die Beachtung der Mutter-Kind-Beziehung sehr zugenommen, und es hat sich eine deutliche Verschiebung zugunsten der Betrachtung präödipaler Konstellationen ergeben. Auf dem Hintergrund der neueren Erkenntnisse über die große Bedeutung der frühen dyadischen Entwicklung interpretiert Chasseguet (1976) die klassische Lesart der psychosexuellen Entwicklung beider Geschlechter, für die der phallische Monismus charakteristisch ist, als eine Abwehrformation gegen diese frühe Mutter-Kind-Interaktion. Ihre Hypothese lautet: Der phallische Monismus soll eine narzißtische Wunde auslöschen, die wir alle davongetragen haben und die aus der Hilflosigkeit der frühen Kindheit stammt. Die totale Abhängigkeit des Kindes von der Mutter bewirke die Ausbildung einer omnipotenten Mutter-Imago. Chasseguet deutet also den phallischen Monismus als eine Abwehrform gegen eine allzu bedrohliche, weil allzu mächtige Mutterfigur. Der Penisneid des Mädchens wäre dann als eine sekundäre Bildung zu verstehen, als Neid auf eine Möglichkeit des Jungen, über die Mutter mit Hilfe eines Besitzes zu triumphieren, den die Mutter nicht hat.

Mir fällt nun auf, und zwar auch bei Chasseguet, daß stets vom Ausgeliefertsein des Kindes an einen Zustand der Hilflosigkeit gesprochen wird und damit von der totalen Abhängigkeit des Kindes von der frühen Mutter, ein Zustand also, der in der Errichtung einer omnipotenten Mutter-Imago resultiert. Ich möchte dies keinesfalls bezweifeln, im Gegenteil, aber ich möchte doch eine – wie mir scheint wichtige – Zusatzfrage stellen: Wie steht es denn mit der Abhängigkeit der Mutter von ihrem Kind in dieser frühen Zeit? Meines Erachtens ist diese Frage in der Literatur sehr viel weniger beachtet worden, obwohl sie doch etwa bei Spitz (1967), Winnicott (1976) und Benedek (1959) deutlich angesprochen wird. Sicher, die Mutter ist kein biologisch hilfloses Wesen, sie verfügt über einen weiten Radius mehr oder weniger reifer Ich-Funktionen, psychischer Mechanismen etc. Von daher kann von Ausgeliefertsein keine Rede sein. Und doch gibt es auch auf seiten der Mutter ein großes emotionales Angewiesensein, eine tiefe Abhängigkeit vom Kind.

Spitz (1967) beschreibt die Wechselseitigkeit im Dialog von Mutter und Kind. Winnicott (1976) geht in seinem Konzept von der „pri-

---
[1] Vortrag am 17.7.1998 am DIALOG-Zentrum für Angewandte Psychoanalyse Universität Bremen.

mären Mütterlichkeit" – einer Phase von einigen Wochen gegen Ende der Schwangerschaft bis wenige Wochen nach der Geburt – noch etwas weiter. Er spricht von einem Zustandsbild, das man eine „Krankheit" nennen müßte, wenn es nicht eine normale, sogar wünschenswerte Episode wäre. Er spricht von einem „Entrücktsein" oder „Dissoziiertsein", einer „Bewußtseinstrübung" oder sogar einer Störung auf tieferer Stufe, wie etwa einer „schizoiden Episode". Therese Benedek (1959) spricht von der Fähigkeit zur Empathie und Regression im Dienste des Ich, wenn die Frau die Entwicklungsphase der Elternschaft erreicht. Die Regression sei reversibel, und doch sei das regressive Potential sehr groß.

Das ist genau der Punkt, bei dem ich ansetzen und später auch Überlegungen zur spezifisch weiblichen Entwicklung anknüpfen möchte. Was für Sehnsüchte und Ängste werden in dieser Phase bei der Mutter aktualisiert, und wie wirkt sich dies auf ihren Umgang mit dem Kind aus? Inwieweit steuern die Ängste der Mutter, beziehungsweise das Ausmaß ihrer Angsttoleranz regressivem Erleben gegenüber, die frühen Erfahrungen des Kindes?

Die Vorbereitung auf die Beziehung zum Kind beginnt mit der Schwangerschaft, die gleichzeitig eine Phase der inneren Neuorientierung der Schwangeren ist. Sie probiert alle Formen versöhnlicher und unversöhnlicher Beziehungsmuster unbewußt aus; Vater und Mutter werden zu Föten in ihrem Leib; ihre Regressionsbereitschaft ist stark erhöht. Mehr und mehr ist mir deutlich geworden, wie einerseits die Chance besteht, durch die Reintegration regressiver Erlebnisformen einen progressiven Schritt zur Übernahme mütterlicher Funktionen zu machen, andererseits aber die Gefahr psychischer Dekompensation, die in ihrer extremsten Form zu Schwangerschafts- und Wochenbettpsychosen führt. Eine ähnliche Auffassung vertreten auch Autoren wie J. Kestenberg (1977) und L. Chertok (1969), die in diesem Zusammenhang von einer „integrativen Krise" sprechen. Die Oralität wird stark reaktiviert, was einerseits auf die Versorgung des kommenden Kindes einstellt, andererseits zu Ängsten führen kann, etwa vom eigenen Kind aufgefressen zu werden, was wohl als eine Projektion eigener kannibalistischer Impulse zu verstehen ist. Ebenso werden Phantasien, die mit dem grandiosen Selbst zusammenhängen, mobilisiert, da sich die Veränderung des Körperschemas im unbewußten Erleben auswirkt. Das Gefühl, nicht mehr in einen kleinen VW-Käfer zu passen, Wohnungen als zu klein zu erleben und ähnliches gehören zu den häufigsten Beispielen.

Kestenberg schildert die einzelnen regressiven Phasen ausführlich in ihrer Arbeit über „Regression and Reintegration in Pregnancy". Ich möchte hier nicht näher auf Einzelheiten eingehen, sondern nur noch einmal die erhöhte Durchlässigkeit zum primärprozeßhaften Geschehen und die intensive Auseinandersetzung mit den eigenen Introjekten während der Schwangerschaft betonen sowie die Nähe oder häufige Verquickung von oralen und genitalen Phantasien.

Es scheint mir auch interessant, daß die Rolle des Vaters sich nicht nur, wie man oft annimmt, auf die des Beschützers der Schwangeren beschränkt. Eine wirklich deutliche psychische Repräsentanz von Befruchtet- und Schwangersein scheint sich nämlich nur durch wiederholten Geschlechtsverkehr herzustellen (Kestenberg 1977). Die normalerweise während der Schwangerschaft erhöhte und nicht, wie landläufig angenommen wird, verringerte sexuelle Erregbarkeit dürfte auch dafür sprechen. Die Beziehung zum Vater des Kindes erleichtert also die Ausbildung der psychischen Repräsentanz der Frucht. Wird die Schwangerschaft als ein Vorgang erlebt, von dem der Vater des Kindes ausgeschlossen ist – etwa in dem Sinne: Mein Kind wächst in meinem Bauch ohne dein Zutun –, so ist wohl mit Sicherheit an eine Störung der Beziehung zu denken. Auf jeden Fall zeigt sich schon hier eine sehr wesentliche Funktion des frühen Vaters sowie eine bedeutsame Wechselseitigkeit, da auch für den werdenden Vater das Kind erst allmählich innerpsychisch eine Existenz bekommt.

Diese kontinuierliche gemeinsame Pflege des reifenden Kindes zeigt sich bei den von M. Mead beschriebenen sanften Arapesh in Neu-Guinea auf dem oralen Niveau: Sie leben in dem Glauben, das Kind entwickele sich im Leib der Mutter nur, wenn es kontinuierlich gefüttert werde, eine Aufgabe, die Mann und Frau gemeinsam ausführen.

Zu der weit verbreiteten Phantasie, die Schwangere habe einen Penis in ihrem Leib, nimmt Therese Benedek (1970) Stellung: Es gehe hier nicht um die Phantasie, das Kind sei lediglich Ersatz für den fehlenden Penis, also nicht um den Beweis für die Annahme, es gebe gar keinen primären Wunsch nach einem Kind, es handele sich immer um einen sekundären Wunsch, dem der primäre Wunsch nach dem väterlichen Phallus vorausgehe. Diese Phantasie werde benutzt für die Integration der beiden Anteile des weiblichen Reproduktionstriebes, der sich zusammensetze aus der Heterosexualität einerseits und der Tendenz zu bekommen und zu behalten, also zu empfangen andererseits. Außerdem bereite diese Phantasie auf ein männliches Kind vor.

Was geschieht jedoch, wenn das Kind eine Tochter ist? Man könnte einwenden, das sei in dieser Lebensphase völlig gleichgültig, zumal es keinerlei Unterschiede gebe in der Versorgung männlicher und weiblicher Säuglinge. Wer allerdings die erstaunlich großen Genitalien von Neugeborenen kennt, wird zustimmen, daß sie geradezu überdeutlich die Geschlechtszugehörigkeit des Kindes signalisieren. Ist das Kind ein Junge, wird die Mutter sogleich auf seine Andersartigkeit hingewiesen; ist es ein Mädchen, wird sie ganz intensiv an sich selbst erinnert.

Das Geschlecht des Kindes wird bei der Mutter jeweils spezifische, mit ihrer eigenen Lebensgeschichte verbundene Phantasien induzieren, die meines Erachtens bereits den frühesten Austausch mit dem Kind beeinflussen. Vom Augenblick der Geburt an geht die Mutter nicht mit einem geschlechtsneutralen Säugling um, sondern mit einem Sohn oder einer Tochter. Allgemein wird in der neueren psychoanalytischen Literatur davon gesprochen, daß auf Grund der Gleichartigkeit von Mutter und Tochter eine Differenzierung und Individuierung erschwert sein dürfte. Ich habe ebenfalls die Erfahrung gemacht, daß in der Beziehung von Müttern und Töchtern das identifikatorische Moment eine besonders wichtige Rolle spielt.

Eine Frau berichtet, wie unangenehm es ihr sei, wenn ihr wenig vertraute Menschen beim Wickeln ihrer Tochter zusähen. Sie hätte dann fast das Gefühl, ihr eigenes Genitale zu präsentieren. Sie erlebe die Wickelsituation mit ihrer Tochter als etwas viel Intimeres als denselben Vorgang mit ihrem Sohn. Bei dem hätte sie nicht das Gefühl, etwas von sich preiszugeben.

Eine Patientin berichtet, daß sie seit der Geburt ihrer Tochter, die etwa ein dreiviertel Jahr zurückliegt, nicht mehr ihr eigenes Genitale berühren könne. Ihrem Mann könne sie es gestatten, aber sie selbst erlebe dabei eine mächtige innere Barriere. Sie versteht, daß sie unbewußt fürchtet, die Tochter statt sich selbst zu masturbieren. Dies ist ein Aspekt. Ein weiterer Aspekt ist die Tatsache, daß bei der Patientin, die in der stark identifikatorischen Beziehung zu ihrer Tochter regrediert ist, das mütterliche Masturbationsverbot ihrer Kindheit wieder wirksamer wird.

Meines Erachtens ist das wesentlichste Spezifikum der frühen Mutter-Tochter-Beziehung die für den Sekundärprozeß widersprüchliche, für den Primärprozeß unmittelbar evidente Tatsache, daß die Frau für einige Zeit Mutter einer Tochter und gleichzeitig Tochter einer Mutter ist. Dieser Zustand kann durch die während der Schwangerschaft in Bewegung gekommenen Regressionsprozesse entstehen und verdeutlicht in meinen Augen einen Teil der Abhängigkeit der Mutter von der Tochter. Vielleicht könnte man von einem Moratorium sprechen, währenddessen eine Neuordnung in den Selbst- und Objektrepräsentanzen der jungen Mutter stattfindet, eine Phase unklarer Grenzen, eine Phase der Identitätsdiffusion, um eine neue Identität und neue

Objektbeziehungen entstehen zu lassen und alte eventuell zu korrigieren. Die frühesten Erfahrungen der jungen Mutter mit der eigenen Mutter werden also aktualisiert und bereichern die Einfühlung in die Tochter oder mobilisieren Abwehrprozesse, wenn die Gefahr der Abhängigkeit und der damit verbundenen Desintegration zu groß wird.

Was sind nun diese frühesten Erfahrungen von Mutter und Kind? Sarlin (1963) betont den größeren Anteil von Oralität in der weiblichen Psychosexualität und bringt dies in Verbindung mit der natürlichen Ausstattung der Frau als Säugetier.

Diese Tendenz zur Kontamination oraler und genitaler Erregung ist unmittelbar einzufühlen, wenn man bedenkt, wie lustvoll das Stillen eines Kindes sein kann. Dabei werden die bei jedem Stillen auftretenden genitalen Sensationen bis hin zu Kontraktionen der Gebärmutter natürlich unterschiedlich stark wahrgenommen. Dies ist ein zum Teil verschüttetes Wissen: Nicht umsonst hat man Kinder früher – und tut es heute vermehrt wieder – gleich nach der Geburt angelegt, um das Herausstoßen der Nachgeburt zu erleichtern sowie die Rückbildung des Uterus mit Hilfe des Stillens zu fördern.

Untersuchungen haben gezeigt, daß beim kleinen Mädchen schon sehr früh vaginale Sensationen einsetzen (vgl. u. a. Greenacre 1952, Kestenberg 1968, Reimann 1977). Barnett (1966) ist sogar der Meinung, daß dies von Geburt an so sei. Auf jeden Fall sind sich viele Autoren darin einig, daß es ein spontanes Überfließen oraler Erregung in die Vaginalzone gibt, so daß sich parallel zum lustvoll erlebten Saugen eine Reaktion vaginalen Saugens entwickelt. Ich möchte nur kurz dazu anmerken, daß offensichtlich für eine autonom erlebte erwachsene weibliche Sexualität nicht nur die anale Modalität für die Vagina im Sinne von aktivem Festhalten schuldfrei integriert sein muß, wie Chasseguet (1974) es überzeugend dargestellt hat, sondern daß auch die Abspaltung der oralen Modalität für eine reife Form der „Vaginalität" aufgehoben werden muß.

Sandor Rado spricht, wenn auch in einem eher metaphorischen Sinne, von einem „alimentären Orgasmus". Fliess (1956), Lewin (1978) und Heiman (1977) berichten von Traumorgasmen erwachsener Patientinnen, denen stets, sei es in der Übertragung oder in der Realität, Begegnungen mit der Mutter vorangegangen waren. (Eine Patientin hatte unmittelbar vor ihrem Traum mit der Mutter in einem Restaurant gegessen.) Diese Autoren gehen davon aus, daß die Regression im Traum weit in die Zeit des Gestilltwerdens reiche und dadurch die oralgenitale Kontamination entstehen konnte.

„The happy nursing couple", ein Ausdruck, der ganz naiv in manchen nichtanalytischen Büchern über das Stillen zu finden ist, sagt durchaus etwas über die stark sinnliche Beziehung, die hier entstehen kann. Wenn die Mutter selbst stillt, erlebt sie körperlich sowohl das aktive Nähren ihrer Tochter – mit den begleitenden Sensationen wie Einschießen der Milch und genitalen Kontraktionen – als auch identifikatorisch die orale Befriedigung des Kindes und seine damit verbundenen diffusen vaginalen Erregungen. Außerdem erlebt sie auch die passive Position, indem das Kind ihr durch sein Saugen Erleichterung verschafft.

Eine Patientin, die sich wegen pathologischer Eifersucht einer Psychotherapie unterzog – eine unaufgelöste symbiotisch-verklebte Mutterbeziehung war der Hintergrund ihrer paranoiden Phantasie – meinte, sie könne eine Tochter nicht stillen, weil man sie dann verdächtigen würde, lesbisch zu sein. Aus demselben Grunde hatte sie bis Mitte Zwanzig jede masturbatorische Aktivität ängstlich vermieden.

Margel Heiman (1977) berichtet von einer Patientin, die nicht klar unterscheiden konnte zwischen der Situation des Stillens mit dem Baby und orgastischem Erleben beim Verkehr mit ihrem Mann: „Bei mir geht das durcheinander: Einen Orgasmus haben ist gleichzeitig Stillen. Ich bin zugleich die Mutter und das Kind." Beim ersten Orgasmus im Verkehr mit einem Mann hatte diese Frau süßen Milchgeschmack auf der Zunge; als sie ihr Baby zum erstenmal stillte, hatte sie das Gefühl, Sperma zu schmecken.

Eine Patientin von Lewin (1946) erlebte die Kontraktionen während der Austreibungsperiode wie ein Saugen und den Kopf des Kindes wie die Brust. Die Geburt ihres Kindes setzte sie einem Verlust der Mutterbrust gleich. Die häufig auftretenden depressiven Verstimmungen kurze Zeit nach der Entbindung dürften damit eine weitere Determinante erhalten. Das Beispiel zeigt, auf wie vielen unterschiedlichen Ebenen der Trennungsprozeß Geburt erlebt werden kann.

Ich erwähne diese Beispiele, um die primärprozeßhafte Nähe von Oralität und Genitalität – nach Sarlin (1963) besonders bei Frauen – deutlich zu machen und damit auch zu zeigen, was an unbewußten Phantasien in einer Mutter entstehen kann, wenn sie ein Kind stillt. Ist es eine Tochter, dann dürfte die wechselseitige emotionale Resonanz innerhalb dieses „Paarsystems" besonders groß und eine Abgrenzung besonders erschwert sein. Ernährt sie ihr Kind mit der Flasche, ist diese Erfahrung vielleicht blasser, aber – wie ich meine – dennoch über die Konstruktion der unbewußten Identifikation nachzuvollziehen.

Eine Patientin, die wegen bevorstehender Ferien sehr depressiv geworden war, berichtete eines Tages, wie sehr sie sich vor dem Genitale ihrer Mutter geekelt hätte, als diese sich einmal nackt vor ihr gebückt hätte. Nach der Sitzung onanierte die Patientin und hatte dabei die Phantasie, mit einer Freundin oralen Verkehr zu haben. Wie sie berichtete, sei sie danach vollkommen erlöst gewesen, die Depression sei von ihr abgefallen. Sie habe verstanden, daß es eine Zeit in ihrem Leben gegeben habe, als sie ihre Mutter über alles geliebt habe. Nur sei diese Zeit längst vergangen, und aus Zorn und Enttäuschung darüber habe sie ihre Mutter stets entwerten müssen.

Ich verstand erst später, daß die Patientin sich mit Hilfe der Onanie ein Still-Erlebnis zurückgeholt hatte. Es ist in diesem Zusammenhang vielleicht auch wichtig zu bedenken, daß eine der häufigeren sexuellen Praktiken von lesbischen Frauen der orale Verkehr ist, ein wechselseitiges Stillen und Gestilltwerden.

Ich hoffe, daß ich mit dem bisher Gesagten deutlich machen konnte, daß der früheste wechselseitige Austausch von Mutter und Tochter in manchen Fällen die Ich-Grenzen der Mutter allzu sehr aufweichen kann. Dadurch kann eine Verschmelzung mit der Tochter, die ja gleichzeitig die eigene Mutter repräsentiert, drohen. Außerdem kann die Beziehung zur Tochter eine starke Verführungssituation darstellen.

Eine Patientin träumt, ihre kleine Tochter habe eine debile Kinderfrau. Im Traum erschrickt sie zutiefst darüber, daß sich die Kinderfrau sexuell an der Tochter vergehen könnte. Sie kündigt der Kinderfrau. Die Patientin erkannte im Verlauf der Auseinandersetzung mit diesem Traum, daß die Kinderfrau einen bis dahin abgewehrten Anteil ihrer eigenen Beziehung zu ihrer Tochter verkörperte. Sie konnte von nun an sehr viel besser die sinnliche Ausstrahlung ihrer kleinen Tochter wahrnehmen und dennoch die Gewißheit haben, in angemessener, wenn man so will, sublimiert-mütterlicher Weise mit der Tochter umzugehen.

Eine nichtanalytische Autorin, Laure Wyss (1978), spricht in diesem Zusammenhang vom „süßen Fleisch" ihres Kindes. Die Verführung durch Säuglinge ist zu manchen Zeiten so groß gewesen, daß man diese winzigen Kinder, um ihnen den Teufel auszutreiben, vorbeugend auspeitschte (Lloyd de Mause 1977). Einen freundlicheren Umgang mit diesem Aspekt von Kindern zeigt die Rolle, die sie als Amoren und Eroten in der bildenden Kunst spielen. Es ist zwar der Psychoanalyse zu verdanken, daß sie die Sexualität des Kindes sozusagen entdeckt hat, ich meine jedoch, daß in der Auseinandersetzung mit der kindlichen Sexualität der Aspekt der vom „polymorph perversen" Kind ausgehenden Verführung nur wenig beachtet worden ist.

Es erscheint mir von sehr großer Wichtigkeit zu sein, daß Mütter in der Lage sein sollten, ihren Kindern deren sinnliche Ausstrahlung zurückzuspiegeln. Denn nur eine gelungene narzißtische Besetzung des ganzen Körpers inklusive der Genitalien gewährleistet eine Integration des ganzen geschlechtsspezifischen Körperbildes beim Kind und bildet die Grundlage für die Entwicklung einer stabilen Selbst-Repräsentanz. Dies ist wiederum gleichzeitig die Voraussetzung und das Ergebnis einer Loslösung von der Mutter. Diese Dialektik scheint mir für den Separations-Individuations-Prozeß in der Literatur nicht ausreichend beachtet. Vielleicht entsteht dieser „Glanz im Auge der Mutter" (Mahler 1975) bei vielen Frauen leichter im Hinblick auf ihre Söhne. Aber nicht etwa nur, wie man leicht zu interpretieren geneigt ist, weil diese idealisierte kleine Phallusträger sind, an die die Mutter ihre ungelebten phallischen Wünsche delegieren kann, sondern vielleicht vor allem, weil für viele Frauen die Idealisierung des Körpers und der Geschlechtlichkeit ihrer Töchter, die einen gesunden Narzißmus des Kindes und damit seine Ablösung fördern würde, eine allzu große unbewußte Annäherung an die frühe libidinöse Beziehung zur eigenen Mutter bedeutet. Die dadurch aktualisierten Verschmelzungswünsche und -ängste müssen abgewehrt werden, so daß eine ausreichende Spiegelung nicht mehr gewährleistet ist.

Die Beziehung zum Kind, hier speziell zur Tochter, birgt ein großes regressives Potential. In dem Aufsatz „Im Strudel der Regression" habe ich darauf hingewiesen, daß Regressionen in der Beziehung zum Kind und im Dienste des Kindes von großer Wichtigkeit sind, aber reversibel bleiben sollten. Es scheint mir unter anderem gesellschaftliche Hintergründe dafür zu geben, daß unsere Fähigkeit zu einer integrierenden Regression sich nicht entwickelt oder sogar verkümmern kann.

Wenn wir davon ausgehen, daß die sexuelle Identität mit etwa achtzehn Monaten etabliert ist (Money u. Ehrhardt 1972) – Stoller (1977) spricht von einer „core gender identity", Kestenberg (1968) von „inner genitality" –, dann wird noch einmal deutlich, wie wesentlich die frühen Interaktionen von Mutter und Kind sind. Hierzu ist noch anzumerken, daß dies mit dem Ende der Übungsphase und dem Beginn der Wiederannäherung (rapprochement) im Separations-Individuationsprozeß, wie ihn Margaret Mahler (1975) beschrieben hat, zusammenfällt.

Eine entscheidende Voraussetzung für die Ablösung von der Mutter ist die Inbesitznahme des eigenen Genitales. Wenn dies nicht gelingt, kann eine von Maria Torok (1974) überzeugend dargestellte Mutter-Tochter-Kollusion entstehen, in der beide unbewußt die Verabredung treffen, das weibliche Genitale sei wertlos, das einzig Erstrebenswerte sei ein Phallus. Diese Variante des Penisneides dient der Vermeidung von Aggressionen und der Erhaltung einer anachronistischen Symbiose.

Einer Patientin, die stark mit Männern rivalisierte und die einen deutlichen Penisneid hatte, war ihr lautes und vitales Lachen immer wieder von ihrer sehr normabhängigen Mutter verboten worden. Eines Tages herrschte die Mutter sie an: „Lach nicht wie eine Vagina!"

In der Kindheit hatte die Mutter, die sich offensichtlich durch das Geschlecht ihrer Tochter irritiert fühlte, in der Verbalisierung der unteren Körperregionen stets das Genitale ausgelassen. Es gab den Popo und das Pipi und sonst nichts. Diese Patientin hat in einer sehr intensiven Stunde erkannt, daß sie sich im Grunde immer vorgestellt hatte, zwischen den Beinen so glatt wie eine Puppe zu sein. Ihr fiel ein, daß sie sehr lange mit Puppen gespielt hatte: „Ich habe keine Scheide, ich bin wie eine Puppe." Die in der Therapie emotional nachgeholte Entdeckung ihrer Scheide erfüllte sie mit tiefem Schrecken und Schuldgefühlen: „Was wird die Mutter sagen, wenn ich doch eine Vagina habe. Ich darf sie nicht anlachen mit meiner Vagina. Sie hat mich zugenäht?" (Auf anthropologisches Material im Zusammenhang mit Infibulation möchte ich hier nicht eingehen.)

Erst wenn eine Frau sich von ihrer eigenen Mutter gelöst hat, kann sie auch die Tochter loslassen. Dann kann sie ihrer Tochter, ebenso wie sich selbst, ein eigenes Genitale zugestehen, was gleichzeitig, sozusagen in einem qualitativen Sprung, heißt, daß sie auch ihrer Mutter ein eigenes Genitale und damit eigene Sexualität (mit dem Vater) einräumen kann.

Ein solches Erkennen der Realitäten kann mit einem gewissen Erschrecken einhergehen. Ich möchte an dieser Stelle über eine Beobachtung sprechen, deren mögliche Bedeutung für mich einige Fragen aufwirft. Ich meine die Angst mancher Frauen vor ihrem Genitale. Ich meine nicht so sehr etwa die den Mann zerstörenden, verschlingenden Anteile, die häufig zu Frigidität führen, auch nicht die Abwehr archaischer Gier, sondern die Angst, in sich selbst hineinzufallen, nicht mehr dazusein, im Sinne einer Implosion; also eher ein Gefühl auf der Ebene der Selbstbeziehung. Zunächst jedoch als Beispiel die kurze Zusammenfassung einer Sitzung in einer Frauengruppe:

Wir starren alle gelähmt ins Rund wie in ein tiefes Loch. Plötzlich Ursula: „Das ist wie immer. Da sitze ich in der Fallgrube, und er reicht mir keine Strickleiter runter. Ich komm aus diesem Loch einfach nicht raus."

Einer anderen Teilnehmerin fällt ein: „Das ist so wie mit den Einkaufstaschen aus Nylon, die ein kleines Außentäschchen haben. In dieses kleine Täschchen kann man die ganze Tasche hineinverstauen." Als nächstes kommt der Bericht von einem kleinen Vogel, den Konrad Lorenz aufgezogen hat und der in der Jackett-Tasche von Lorenz sein Nest hatte. Als dieser Vogel, der auf Lorenz als Sexualpartner geprägt war, in die Balz kam, versuchte er, Lorenz in dessen eigene Tasche zu locken.

Dann kommt der Einfall zum Brunnen. Männer könnten da zwar auch reinfallen, aber nur bis Beineslänge, weil sie den Penis wie ein Scharnier ausfahren könnten und dann hängenblieben. Aber man könne doch auch aus dem Brunnen schöpfen. Ja, aber jeder Topf brauche einen Deckel. Das sei aber nicht ganz wahr: Wenn der Topf ganz sei, könne man damit Wasser holen. Schöpfen, kreativ sein, im Grunde wie ein Mann kreativ, nein, doch anders, mit einem Hohlraum. Im Hohlraum könnten Kinder wachsen. Aber auch sterben! Erinnerungen an Abtreibung und Fehlgeburt. Das sei so unheimlich, daß man da so nah an Leben und Tod dran sei. An Leben geben und Leben nehmen. Wieviel beruhigender sei da so ein Penis, der zwar auch Auferstehung und Niedergang kenne, aber wenigstens stets nachprüfbar sei.

Solange diffuse Vorstellungen vom eigenen Genitale herrschen, haben grandiose Phantasien einen guten Nährboden beziehungsweise umgekehrt: Solange eine grandiose Vorstellung von sich selbst nicht aufgegeben werden kann, also eine Begegnung mit der eigenen körperlichen Realität aus Gründen der Angst nicht stattgefunden hat, solange ist der eigene Hohlraum eine Bedrohung.

Im Laufe einer Paarbehandlung ließ sich bei einer Frau folgende Sequenz im Masturbationsverhalten rekonstruieren: Ihre früheste Form zu masturbieren war vaginal. Sie erinnert sich, im Alter von zwei bis drei Jahren Haarklammern und ähnliches in ihre Scheide gesteckt und dabei lustvolle Gefühle gehabt zu haben. Später habe sie nur noch auf dem Bauch liegend onaniert, indem sie hin- und herrutschte. Sie benutzte nie wieder ihre Hände. Dabei hatte sie als kleines Kind lange die Phantasie, einen festen, taucherähnlichen Gummianzug zu tragen und zwischen den Beinen ein kleines Wasserhähnchen zu haben, an dem ein großer – phantasierter – Bruder manipulierte. Später, in der Latenz und Pubertät, verwandelten sich die Phantasien. Sie wurde als Königin mit entblößten Brüsten durch die Stadt gefahren oder bot, umringt von Männern, ihr Genitale dar, um vom König als Schönste erwählt zu werden.

Erst Anfang Zwanzig hatte sie den Mut, auf dem Rücken liegend ihre Klitoris mit der Hand zu stimulieren. Es dauerte noch einige Zeit, bevor sie es wagte, sich auszutasten. Ihre Scheide fühlte sich an wie der zahnlose Kiefer ihrer Großmutter, was ihr allerdings nicht allzu unheimlich war. Zutiefst erschrocken war sie dagegen bei der Berührung ihres Muttermundes. Sie hatte das Gefühl, einem Zerberus begegnet zu sein, von einem ihr bis dahin unbekannten und wahrscheinlich bösartigen Wesen bewohnt zu sein. Erst allmählich, im Laufe einer sich zu guter Letzt doch befriedigend entwickelnden Partnerschaft und einer unkomplizierten Schwangerschaft verlor sie die Angst vor den tiefen Regionen ihres Genitales.

Bei dieser Frau werden einige psychoanalytische Erkenntnisse bestätigt: Sie besaß eine, wenn auch sicher nur vage Vorstellung von der Existenz ihrer Vagina (vgl. u. a. Horney 1926, 1933, 1977, Eissler 1933, Greenacre 1952.). Offenbar mußte sie sich später zunehmend gegen Triebüberflutung – der feste Gummianzug – schützen, wobei auch der Besitz eines phantasierten Penis – Wasserhähnchen – helfen sollte. Moore (1976) betont die Wichtigkeit des Penisbesitzes für beide Geschlechter als Instrument, eine drohende Triebüberflutung abzuwehren.

Viele Autoren sehen in den unterschiedlichen Möglichkeiten, die Jungen und Mädchen gegeben sind, ihre Genitale zu überprüfen und sich ihrer zu versichern, die entscheidende Variable für den Unterschied im innerpsychischen Erleben des eigenen Geschlechts zwischen Männern und Frauen.

Die eben geschilderte Patientin hatte eine symbiotisch-klammernde und eindringende Mutter, die ihr offensichtlich nicht die Freiheit gab, sich ihres Körpers und seiner diffusen Sensationen zu bemeistern. Eine, wie mir scheint, durch das Verhalten der Mutter besonders geförderte Angst vor Triebüberflutung – da die Patientin das Mastering nicht ausreichend ausbilden konnte – sowie Ängste vor einer Verletzung des Körperinneren – Phantasien, die unter anderem auch mit der destruktiven Auseinandersetzung mit einer solchen Mutter zusammenhängen – hatten die Patientin dazu gebracht, eine neue, ihren Ängsten angemessene, ihre körperlichen Realitäten nicht mehr erforschende Onaniepraktik zu wählen.

Die spätere Erforschung ihrer Scheide zeigt die starke Vermischung mit oral-mütterlichen Anteilen (zahnlose Kiefer, bissiger Höllenhund). Erst mit Hilfe einer befriedigenden Beziehung zu ihrem Mann konnte die Patientin die Qualität der psychischen Repräsentanz ihres Genitales korrigieren. Die Schwangerschaft trug dazu bei, daß sie ihre sich ausdehnende, immer lebendiger werdende Gebärmutter als einen Teil von sich selbst integrieren konnte.

Die weiblichen Geschlechtsorgane sind durch ihre versteckte und relativ verstreute Lage (außer der Klitoris, den Labien, dem Vorhof, der Scheide gehören ja auch Cervix, Uterus, Ovarien und Tuben sowie die Brüste dazu) prädestiniert, sich nur ungenau und unvollständig in der Psyche der Frau abzubilden. Wo dem Mann sehr wesentlich der Gesichtssinn und seine Hand zur Erforschung seines Genitales zu Hilfe kommen, ist die Frau sehr stark auf die propriozeptive Wahrnehmung, also auf eine Tiefensensibilität, angewiesen. K. Frank (1977) unterstreicht in einer Arbeit, daß in unserer Kultur der Gesichtssinn die Tiefenwahrnehmung dominiere, so daß propriozeptive Reize häufig nicht ausreichend beachtet und/oder abgewertet würden sowie Angst machten. In jedem Fall scheint es auch eine kulturelle Behinderung der Entwicklung von Tiefensensibilität zu geben. Man vergleiche dagegen etwa nur einige ostasiatische Yoga-Praktiken mit ihrer charakteristisch hohen Sensibilität inneren Organen gegenüber.

Mit anderen Worten, die Geschlechtsidentität einer Frau setzt sich aus einer Fülle von Teilrepräsentanzen zusammen. Einmal kommt es auf Grund zeitlich nacheinander geschalteter körperlicher Reifungsvorgänge zu einer gewissermaßen seriellen (Teil-)Repräsentanzenbildung, zum anderen kommt es aber auch wegen der diffus im Körper lokalisierten Anteile zu einer vageren, weil auf eine sensible Organwahrnehmung angewiesenen Ausprägung eines integrierten inneren Bildes. Die Gefahr des Zerfalls einer solchermaßen zusammengesetzten Identität erscheint denn auch einigen Autoren besonders gegeben (vgl. u. a. Moore 1977, Heiman 1977, Kestenberg 1968). Dies wird auch als einer der Gründe angesehen für die häufiger bei Frauen auftretenden Orgasmusängste. Das Verständnis für Auflösungs- und Hingabeängste bekommt auf dem Hintergrund dieser mit der spezifischen weiblichen Anatomie verbundenen Überlegungen zur Ich-Auflösung eine zusätzliche Dimension.

Aber noch einmal zurück zu meiner Frage nach der Angst mancher Frauen vor ihrem Genitale: Könnte es sich hier nicht um eine – wie ich es versuchsweise nennen möchte – Genitalisierung einer narzißtischen Störung handeln? Wird die Gefahr einer Selbst-Fragmentierung vielleicht ganz besonders im Zusammenhang mit einem Organ erlebt, dessen psychische Eroberung in sehr enger Weise mit den frühesten Erfahrungen im Austausch mit der Mutter verknüpft ist und das durch seine spezifischen anatomischen Bedingungen Fragmentierungen besonders entgegenkommt?

Eine Patientin, die von ihrer Mutter in starkem Maße zur narzißtischen Erweiterung benutzt worden war, neigte selbst zu einer Fülle grandioser Phantasien.

Eine ihrer Lieblingsvorstellungen war es, sich als Pilotin eines Düsenjets zu sehen, die, ganz souverän das Flugzeug steuernd, im Cockpit ein Kind gebiert.

Sie hatte eine sehr verschwommene Vorstellung von ihrem Genitale. Eines Tages erschrak sie fast zu Tode, als sie auf der Toilette plötzlich etwas aus ihrer Scheide herauskommen fühlte. Was für ein Ungeheuer kam ihr da entgegen? In ihrer Panik wagte sie nicht, nachzutasten. Sie rief ihren Mann, der nachfühlen mußte. Es stellte sich heraus, daß das Ungeheuer ein Tampon war, den die Patientin über mehrere (!) Tage in ihrer Scheide vergessen hatte.

Bald nach dieser unbewußt inszenierten dramatischen Szene wurde sie schwanger. Sie konnte ihre Schwangerschaft und die Geburt einer Tochter im Sinne einer longitudinalen Kompensation und Restitution nutzen. Als sie schwanger war, erlebte sie den ersten Orgasmus ihres Lebens und blieb auch später erlebnisfähig. Insofern war sie wohl zu einer stabileren Integration ihrer inneren Repräsentanzen gekommen.)

Die Geburt ihrer Tochter erlebte sie als das überwältigendste Ereignis ihres Lebens und war voller Dankbarkeit dem Neugeborenen gegenüber. Sie sprach von der Geburt als ihrer eigentlichen Defloration. Zunächst glaubte ich, daß dieses Gefühl dazu dienen sollte, ihren Mann, der sie entjungfert hatte, zu degradieren und auszuschließen. Dann wurde jedoch, wie ich glaube, zunehmend deutlich, daß die Patientin mit dem Begriff „Defloration" im Grunde ihre eigene psychische Geburt meinte.

Die körperlichen und damit verbundenen emotionalen Erfahrungen von Schwangerschaft und Geburt hatten in ihr überhaupt erst stabile Repräsentanzen ihrer Geschlechtsidentität und damit auch ihres Selbsts entstehen lassen; psychische Repräsentanzen, die sich im defektuösen Austausch mit einer strukturell uneinfühlsamen Mutter nur hatten unvollständig entwickeln können.

Ich möchte mit dem hier Ausgeführten nicht den Eindruck hinterlassen, daß ich Kinder allgemein für das Lebensschicksal einer jeden Frau für unerläßlich halte. Sie haben in meinem Leben eine große Bedeutung und haben mir in manchen Bereichen zu einem besseren Verständnis meiner selbst und vieler Frauen, mit denen ich analytisch arbeite, verholfen.

Etwas Allgemeines möchte ich zur weiblichen Psychologie aber dennoch sagen: Für mich gilt, wenn auch in einer ganz anderen Bedeutung als der klassischen, ganz fundamental der Satz „Anatomie ist Schicksal". Ich würde mich dagegen wehren, wenn dieser Satz vollkommen durch den sicher ebenso basalen Satz „Kultur ist Schicksal" ersetzt werden sollte. Die ausschließliche Betonung kulturellen Einflusses erschiene mir als ein im Gewande des Fortschritts auftretendes neuerliches Verbot, sich seinen Körper anzueignen.

Ein Verständnis für die weibliche Psychosexualität kann meinem Gefühl nach nur aus der Synthese dieser beiden Gegen-Sätze entstehen.

Literatur

Barnett, M.C. (1966): Vaginal awareness in the infancy and childhood of girls. In: J. Amer. Psa. Ass. 14, S. 129 f.

Benedek, Th. (1959): Parenthood as a Developmental Phase: A Contribution to the Libido Theory. In: J. Amer. Psa. Ass. 7, S. 389 f.

Chasseguet-Smirgel, J. (1974): Die weiblichen Schuldgefühle. In: Chasseguet-Smirgel, J. (Hg.): Psychoanalyse der weiblichen Sexualität. Frankfurt.
Chasseguet-Smirgel, J. (1976): Freud and female sexuality: The consideration of some blind spots in the exploration of the dark continent. In: Int. J. Psychoanal. 57, S. 275 f.
Chertok, L., Bonnaud, M., Borelli, M., Donnet J. L., Revault d'Allone, C. (1969): Motherhood and Personality. Philadelphia.
Eissler, K. R. (1939): On certain-problems of female sexual development. In: Psychoanal. Quart. 8, S. 191.
Fliess, R. (1956): Erogeneity and Libido. New York.
Greenacre, P. (1952): Special problems of early female sexual development. In: Greenacre, P.: Trauma, Growth and Personality. New York 1952.
Heiman, M. (1977): Sleep orgasm in women. In: Blum, H. (Hg.): Female Psychology. New York.
Horney, K. (1926): Flucht aus der Weiblichkeit. In: Int. Z. Psa. 12, S. 360 f.
Horney, K. (1933): Die Verleugnung der Vagina. In: Int. Z. Psa. 19, S. 322f.
Horney, K. (1977): Die Psychologie der Frau. München.
Kestenberg, J. (1968): Outside and inside, male and female. In: J. Amer. Psa. Ass. 16, S. 457 f.
Kestenberg, J. (1977): Regression and reintegration in pregnancy. In: Blum, H. (Hg.): Female Psychology. New York.
Lewin, B. (1973): Sleep, the mouth and the dream screen. Selected
Papers, N. Y. und Psa. Quart. 87-100.
Mahler, M., Pine, P., Bergmann, A. (1978): Die psychische Geburt des Menschen. Symbiose und Individuation. Frankfurt/M.
Mause, L. de (1977): Hört ihr die Kinder weinen. Eine psychogenetische Geschichte der Kindheit. Frankfurt/M.
Mead, M. (1965): Leben in der Südsee. München.
Money, J., Ehrhardt, A. A. (1972): Men and Women, Boy and Girl. Baltimore/London.
Moore, B. E. (1968): Psychoanalytic reflections on the implications of recent physiological studies of female orgasm. In: J. Am. Psa. Ass. 16, S. 569 f.
Moore, B. E. (1976): Freud and female sexuality. A current view. In: Int. J. Psych-Anal. 57, S. 287 f.
Moore, B. E. (1977): Psychic representation and female orgasm. In: Blum, H. (Hg.): Female Psychology. New York.
Rado, S. (1926): The psychic effects of intoxication. In: Int. J. Psycho-Anal. 7, S. 396.
Sarlin, C. N. (1963): Feminine identity. In: J. Amer. Psa. Ass. II, S. 790 f.
Spitz, R. A. (1967): Vom Säugling zum Kleinkind. Naturgeschichte der Mutter-Kind-Beziehung im ersten Lebensjahr. Stuttgart.
Stoller, R. J. (1977): Primary femininity. In: Blum, H. (Hg.): Female Psychology. New York.
Torok, M. (1974): Die Bedeutung des „Penisneides" bei der Frau. In: J. Chasseguet-Smirgel (Hg.): Psychoanalyse der weiblichen Sexualität. Frankfurt/M.
Winnicott, D. W. (1956): Primäre Mütterlichkeit. In: Von der Kinderheilkunde zur Psychoanalyse. München (1976).
Wyss, L. (1978): Mutters Geburtstag. Frauenfeld.

Zeitschrift Marxistische Erneuerung

10. Jahrgang, Nr. 37, März 1999, 228 Seiten

Hundt – MEGA Bd. IV/3

Arbeit und Politik I

Strutynski–Arbeitspolitik / Röttger – Konfliktformationen und Unternehmenskulturen / Bierbaum – Modernisierungsstrategien / Urban – Reform der Arbeitsgesellschaft / Bischoff – Gesellschaftliche Arbeit im 21. Jahrhundert / Werner – Öffentlich geförderter Beschäftigungssektor / Hund – Entwicklung durch Entfremdung

Und: Hahn – Ideologien am Ende eines Jahrzehnts / Badia / Becker – Pluralistische Linke in Frankreich / Meissner – Kriminalisierung Jugendlicher in den USA / Jafroodi – Globalisierung - EU - Nationalstaat / Eichhorn – Revolution: Begriff und Realität im 20. Jahrhundert

Berichte – Zuschriften – Rezensionen
Einzelpreis: 18,- DM (zzgl. Vers.); im Abo: 60,-; Auslandsabo 70,- (4 Hefte/Jahr incl. Vers). Probeheft: 10,- incl. Vers. Bezug: üb. Buchhandel (ISSN 0940-0648) oder direkt: **Z-Vertrieb,** Kölner Str. 66, 60327 Frankfurt/M., Tel. 069 / 7392934

Die Geschwisterbeziehung – die längste Beziehung unseres Lebens

Horst Petri

In der Märchensammlung der Brüder Grimm gibt es eine Reihe von Märchen, die die Geschwisterliebe feiern: „Hänsel und Gretel", „Brüderchen und Schwesterchen", „Schneeweißchen und Rosenrot", „Die Drei Brüder" und viele mehr. In ihnen beschützen sich Geschwister gegenseitig, sorgen sich umeinander, bestehen gemeinsame Abenteuer. Ihre Liebe ist das unverbrüchliche Band, das sie zusammenhält und das Leben meistern läßt.

Drücken alle diese Märchen nur eine kollektive Wunschvorstellung und Sehnsucht aus, die in der Regel an der Realität scheitern? Geschwisterliebe, gibt es das überhaupt? Zeigen uns die Bruderdramen von der griechischen Mythologie über das Alte Testament bis zu Skakespeares „Richard dem Dritten" nicht das wahre Antlitz einer von Rivalität, Neid und tödlichem Haß geprägten Geschwisterbeziehung?

Angesichts dieses Widerspruchs empfiehlt es sich, das Thema in zwei Teile zu gliedern, in „Geschwisterliebe" und „Geschwisterrivalität". Der erste Teil wird ausführlicher ausfallen, weil eine Korrektur an dem negativen Image, das die Geschwisterbeziehung besonders unter dem Einfluß der Psychoanalyse umgibt, überfällig ist. Der Blick richtet sich daher zunächst auf die Normalität von Geschwisterbindungen, auf ihre positiven Elemente und ihre tragende Bedeutung im lebensgeschichtlichen Zusammenhang. Dabei ist zu betonen, daß es sich im folgenden um thesenhafte Formulierungen handelt, die weiterer Erforschung bedürfen.

Geschwisterliebe

Die Vorläufer der Geschwisterliebe setzen lange vor der Geburt des Geschwisters ein. Vielleicht ist der Wunsch nach einem Geschwister der Anfang oder die Mitteilung der Mutter, daß das ältere Kind bald einen Spielgefährten bekommt, oder das wohlige Gefühl, auf dem dicken Bauch der Mutter herumzukrabbeln. Sie hält den Kopf des Kindes an ihren Bauch – „hörst du sein Herz schlagen?" –, sie legt seine Hand an die Stelle, wo sich der Foetus gerade streckt – „das ist sein Füßchen". Ein Naturereignis geschieht, und das Kind nimmt daran teil. Diese vorgeburtliche Beziehung als Vorläufer der Geschwisterliebe beruht zum einen auf der Identifizierung mit der Liebe der Mutter zu ihrem ungeborenen Kind, zum anderen aber auch auf einer autonomen Objektbindung an das hörbare und tastbare Wesen in ihrem Bauch. Wie läßt sich diese Behauptung belegen?

Durch die pränatale Psychologie und die systemische Familienforschung sind unsere Kenntnisse über die Entstehung der wechselseitigen Bindungen zwischen den einzelnen Familienmitgliedern enorm erweitert worden. Das betrifft auch die Geschwisterbeziehung. Wie bereits in der Schwangerschaft zwischen Mutter und Kind eine enge psycho-somatische Einheit gebildet wird, reagieren auch alle anderen Mitglieder der Familie mit einer emotionalen Neuorientierung auf die erwartete Geburt. Auch wenn die Beziehung zwischen Kindern und ihren noch ungeborenen Geschwistern bisher unerforscht ist, dürfte bei der Neuorientierung eine positive Gefühlseinstellung vorherrschen, weil einschneidende Benachteiligungen durch die Eltern oder Konflikte mit dem Geschwister erst nach dessen Geburt zu erwarten sind. Eine konfliktfreie, unambivalente Haltung ist besonders unter der Bedingung eines gut funktionierenden Systems, d. h. bei einer überwiegend liebevollen Familienatmosphäre anzunehmen. Wenn das Kind sich selbst geliebt fühlt, verfügt es über genügend libidinöse Energien, die es auf den Neuankömmling übertragen kann. So vorbereitet, ist die Geburt nicht, wie die psychoanalytische Grundthese lautet, ein unvermeidbares Trauma, sondern ein mit Spannung erwartetes und lang ersehntes Ereignis. Das Baby ist nicht nur ein Geschenk für Mutter und Vater, sondern auch für das größere Kind. Die vorgeburtlichen Bindungen nehmen jetzt Konturen an. Das Baby ist wilde Natur. Es schreit ungehemmt, wenn es Hunger hat, saugt gierig an der Brust der Mutter, schläft danach selig ein, pinkelt und kackt zu jeder Tages- und Nachtzeit, strampelt wie wild mit Armen und Beinen, besonders wenn es nackt ist, später jauchzt es laut vor Freude, wenn es Mutter, Vater und Geschwister sieht. Ganz unzivilisiert das Ganze, ganz unerzogen. Herrlich! Es ist merkwürdig, daß diese Nähe, Verbundenheit und innere Verwandtschaft des Kindes zu solcher Form ursprünglicher Natur, wie sie ihm von seinem jüngsten Geschwister vorgelebt wird, bisher nicht gesehen wurde. Freud hat eine einleuchtende Erklärung für die Liebe von Kindern zu Tieren gefunden:

> „Das Verhältnis des Kindes zum Tiere hat viel Ähnlichkeit mit dem des Primitiven zum Tiere. Das Kind zeigt noch keine Spur von jenem Hochmut, welcher dann den erwachsenen Kulturmenschen bewegt, seine eigene Natur durch eine scharfe Grenzlinie von allem anderen Animalischen abzusetzen. Es gesteht dem Tiere ohne Bedenken die volle Ebenbürtigkeit zu; im ungehemmten Bekennen zu seinen Bedürfnissen fühlt es sich wohl dem Tiere verwandter als dem ihm wahrscheinlich rätselhaften Erwachsenen". (Freud 1913, S. 154)

Und das jüngste Geschwister, das Baby? Es zeigt die gleiche animalische Freiheit und ungehemmte Durchsetzung seiner Bedürfnisse wie die Tiere. Für ein Kind, das die ersten Spuren der Kultur aufgedrückt bekommen hat, wird das Baby zum Spiegel seiner zum Teil bereits aufgegebenen primären Natur. Indem es sich mit dem Baby identifiziert, befriedigt es regressiv eigene Triebwünsche und narzißtische Bedürfnisse. Die geläufige Beobachtung, daß ältere Kinder nach der Geburt eines Geschwisters erneut säuglingshaftes Verhalten annehmen (Nuckelflasche, ins Bett machen usw.) wird häufig als pathologischer Rückfall auf eine frühere Entwicklungsstufe gedeutet. Wie aber, wenn beide nur eine primäre Naturverbundenheit eint? Während Freud die Naturnähe des Kindes zu Tieren betont, beschreibt Hermann Grimm in seiner Einleitung zu den Märchen der Brüder Grimm sehr anschaulich die Beziehung von Kindern zur weiteren Natur:

> „Es liegt in den Kindern aller Zeiten und aller Völker ein gemeinsames Verhalten der Natur gegenüber: sie sehen alles als gleichmäßig belebt an. Wälder und Berge, Feuer und Sterne, Flüsse und Quellen, Regen und Wind reden und hegen guten und bösen Willen und mischen sich in die menschlichen Schicksale ein." (Grimm, o. J., S. 26)

Auch ein Baby ist für ein Kind noch Teil einer so verstandenen, ganzheitlich erfaßten Natur. Es redet nicht, es läuft nicht, man kann nichts eigentliches mit ihm anfangen, noch entbehrt es jeglicher Zivilisation. Aber es ist „belebt". Wenn man Kleinkinder im Kontakt mit Säuglingen beobachtet, finden sich viele Ähnlichkeiten zu ihrem Umgang mit Tieren und anderer Natur. Mit verklärtem Blick streicheln sie sie, sie singen ihnen leise eine Lied vor, um sie nicht zu erschrecken, sie sprechen besonders sanft mit ihnen, als wenn Babys, Tieren und Pflanzen die Sprache der Sanftheit gemeinsam wäre, sie bieten ihnen Blümchen an – Geschenke der Liebe in einem eigenen kleinen Kosmos. Keiner darf sie dabei stören.

Wenn Erwachsene unbemerkt solche Szenen beobachten, finden sie sie „rührend". Sie werden von der Versunkenheit angerührt, mit der sich Kinder ihrer Liebe hingeben. Die verbreitete Lehrmeinung ist, daß solche Liebe auf

Identifikation mit der Mutter oder auf Nachahmung beruht und letztlich dazu dient, die destruktiven Impulse gegen das Geschwister abzuwehren und sich durch das erwünschte Verhalten die Liebe der Eltern zu sichern. Ich halte es für wahrscheinlicher, daß diese Mechanismen erst zu einem späteren Zeitpunkt zum Tragen kommen, dann nämlich, wenn eine reale oder nur eingebildete Benachteiligung durch die Eltern wegen der wachsenden Ansprüche des Säuglings befürchtet wird oder die expansive Entwicklung des Geschwisters zu unvermeidbaren Konflikten führt. Im frühen Stadium nach der Geburt dürfte dagegen die Beziehung überwiegend auf dem autonomen Vorgang der Objektbindung basieren, bei dem es zu einer einzigartigen Wiederbegegnung des Kindes mit seiner primären Natur kommt. Nachdem sich in der Vorgeburtsphase die erste Bindung als Vorläufer der Geschwisterliebe entwickelt hatte, erzeugt der Säugling bei seinem älteren Geschwister eine Liebe im Sinne narzißtischer Verschmelzungswünsche. Aus diesen beiden Kernen, dem Vorläufer der Objektliebe und der narzißtischen Besetzung des Objektes im frühesten Stadium der Geschwisterbeziehung, entwickelt sich unter günstigen Bedingungen die spätere und reife Geschwisterliebe.

Der dargestellte Zusammenhang läßt sich durch Ergebnisse einer Studie des Max-Planck-Instituts für Bildungsforschung belegen (Schütze 1986). In einer Langzeituntersuchung über einen Zeitraum von zwei Jahren wurden 16 Familien beobachtet, die zu Beginn der Studie ihr zweites Kind bekamen. Die Entwicklung der Geschwisterbeziehung wurde in drei Phasen eingeteilt: 1.-9. Monat, 9.-18. Monat und 18.-24. Monat. Für alle drei Phasen wurde durch Direktbeobachtungen untersucht, wie sich das Verhältnis von positivem und negativem Verhalten des älteren Kindes gegenüber dem zweiten im Laufe der zwei Jahre verändert. Dabei zeigte sich, daß sich in den ersten neun Monaten die älteren Kinder durchschnittlich dreißigmal häufiger positiv als negativ den Säuglingen zuwandten und daß auch in den weiteren Zeitabschnitten bis zum zweiten Lebensjahr die positiven Reaktionen die negativen deutlich übertrafen. Diese Befunde sind so auffallend, daß sie sich wohl kaum ausschließlich auf das von den Eltern erwünschte Verhalten zurückführen lassen, sondern auf den eigenständigen Beziehungsanteil zwischen den Geschwistern im Sinne einer primären Liebe hinweisen. Klagsbrun (1993, S. 329 f) zitiert zwei Arbeiten von Lamb und Sutton-Smith (1982) und Dunn und Kendrick (1982), die zu vergleichbaren Ergebnissen kommen. Lamb beobachtete Geschwisterpaare, von denen eines im Vorschul- und das andere im Säuglingsalter war. Abhängig von der Reaktionsbereitschaft und Freundlichkeit der Säuglinge, verstärkten sich die Geschwisterpaare gegenseitig in ihren positiven Gefühlen. Dunn und Kendrick fanden, daß ein zärtlicher Umgang älterer Kinder mit ihren neugeborenen Geschwistern sich noch Jahre später in einer positiven Geschwisterbeziehung auswirkte.

Ich halte die Annahme von einer frühen Geschwisterliebe als einem autonomen Prozeß der Objektbindung für außerordentlich bedeutsam, weil dadurch die Verbindung der Geschwister auch als vom mütterlichen Einfluß unabhängig gedacht werden kann. Eine Liebe, die nur auf Identifizierung, Nachahmung und Reaktionsbildung beruht, ist durch ihre Fremdbestimmung und ihren Abwehrcharakter flüchtiger und konfliktanfälliger. Dagegen bildet eine selbstbestimmte Liebe durch die Introjektion des Objekts ein stabileres Fundament, um spätere Belastungen besser zu verarbeiten. Wie wichtig die theoretische Ableitung für die Praxis ist, dürfte sich besonders in Grenzsituationen erweisen, in denen Identifikation und Nachahmung erschwert oder verunmöglicht werden, zum Beispiel bei Müttern, die ihre Kinder nicht lieben können oder sogar offen ablehnen, oder die durch Tod, schwere Krankheit und andere Formen der Trennung die Kinder in der Frühphase ihrer Geschwisterbindung allein lassen. In diesen Fällen müßte man, dem gängigen theoretischen Konzept zufolge, davon ausgehen, daß auch die Abwehr destruktiver Gefühle zusammenbricht und es zu einer frühen und tiefgreifenden Entfremdung zwischen den Geschwistern kommt. Dies scheint jedoch in der Praxis nicht zwangsläufig der Fall zu sein.

Symbolisch verdichtet, liefern die Märchen „Hänsel und Gretel" und „Brüderchen und Schwesterchen" zwei anschauliche Beispiele für diesen Zusammenhang. Beide Geschwisterpaare fliehen vor Müttern, die sich bei genauerer Analyse der Märchen von frühester Zeit an als liebes- und beziehungsunfähig erweisen. Die Geschwister besitzen nichts als ihre gegenseitige und autonome Liebe, ein Urvertrauen, das ihnen die Kraft gibt, einander helfend die gefährlichen Entwicklungsschritte ihrer Kindheit gemeinsam zu bewältigen.

In beiden Märchen wird nicht angegeben, wer das ältere oder jüngere der Geschwister ist. Alle Kinder sind in vergleichbarer Weise lebenstüchtig und ihre Geschwisterliebe ist gleich stark ausgeprägt. So können sie wechselseitig die Rollen einnehmen, die sie zur Rettung des anderen aus einer Gefahrensituation benötigen. Dieser Hinweis ist wichtig, weil bisher offenblieb, wie denn der von seinem Geschwister geliebte Säugling seinerseits eine Objektliebe entwickelt. Durch zahlreiche Anlässe kann das Baby schon im frühen Stadium seiner Objektdifferenzierung das Geschwister als eigenständiges und liebevolles Objekt wahrnehmen. Je nach Alter gibt das ältere Kind dem jüngeren die Flasche, wiegt es in seinen Armen, trägt es herum, schaukelt es und versucht durch allerlei Späße, das Baby zum Lachen zu bringen. Es verbringt gewöhnlich mehr Zeit in seiner Nähe als die Eltern, beide schlafen meistens in einem gemeinsamen Zimmer. Für das Baby bekommt auf diese Weise das Geschwister eine Allgegenwart und spezifische Merkmale, die spätestens ab dem dritten Monat eine Unterscheidung zwischen Mutter, Vater und Geschwister möglich machen. In der psychologischen Literatur spielte bis vor ca. zwanzig Jahren die Mutter die zentrale Figur als erstes und nahezu ausschließliches Liebesobjekt im frühen Säuglingsalter. Die Theorie von der Triangulierung hat dann die eminente Bedeutung des Vaters spätestens ab der Separationsphase hervorgehoben. Erst die neuere Geschwisterforschung zeigt, daß hier eine zweite Ergänzung notwendig ist, um den Ursprung der Geschwisterliebe besser zu verstehen. Das Kleinkind besitzt für den Säugling eine enorme Kompetenz bezüglich aller seiner bereits entwickelten Fertigkeiten. Außerdem unterscheidet es sich durch eine Fülle von Merkmalen, Tätigkeiten und Beziehungsformen von den Eltern. Nach der komplexen Wahrnehmungs- und Differenzierungsfähigkeit junger Säuglinge, wie sie erst die neuere Säuglingsforschung entdeckt hat, ist daher die Annahme naheliegend, daß es auch von seiten des Säuglings bereits in den ersten Monaten zu einer spezifisch geprägten Objektliebe zu dem älteren Geschwister kommt. Er spiegelt sich nicht nur „im Glanz des Auges der Mutter" und im Glück des Vaters, sondern auch im Lächeln des Geschwisters, in seiner Umarmung, in seiner Zärtlichkeit und Fürsorge. Diese narzißtische Widerspiegelung ist die notwendige Voraussetzung, um das Geschwister als Liebesobjekt in sich aufnehmen zu können. Wie die Mutter und der Vater, so wird auch das Geschwister nicht nur zu einem guten äußeren, sondern auch zu einem guten inneren Objekt, das zum Aufbau und zur Stabilität eines eigenen Selbst für den heranwachsenden Säugling von zentraler Bedeutung ist.

Kernberg hat verschiedentlich auf die wichtige Funktion guter innerer Objektrepräsentanzen für die Bewältigung innerer und äußerer Konflikte hingewiesen. „Die libidinöse Besetzung solcher innerer Objekte stärkt wiederum ihre Verfügbarkeit als potentielle Quellen libidinöser Befriedigung für das Selbst." (Kernberg 1978, S. 365). Mir scheint, daß neben der Vater- und Mutterrepräsentanz die Geschwisterrepräsentanz im Kontext lebensgeschichtlicher Konfliktbewältigungen bisher viel zu wenig als innerer Stabilisator gesehen wurde.

Die bereits zitierte Geschwisterstudie von Schütze (1986) liefert hinsichtlich der Internalisierungsvorgänge einige wichtige Hinweise. In der Untersuchung wurden nicht nur die Verhaltensweisen des älteren in bezug auf das jüngere Geschwister beobachtet, sondern auch umgekehrt. Dabei zeigte sich, daß auch die jüngeren sich den älteren Geschwistern sehr viel häufiger positiv als negativ zuwendeten. Dies betrifft vor allem die Zeit um das erste Lebensjahr. Wenn man das positive Verhalten als Ausdruck der libidinösen Objektbesetzung auffaßt, zeigt sich insgesamt eine enge Wechselseitigkeit zwischen den Geschwistern, die in die früheste Zeit ihrer Beziehung zurückreicht.

Die Geschwisterliebe wird gefestigt

Nachdem sich in der Vorgeburtsphase und in den ersten Monaten nach der Geburt die beiden ersten Kerne der Geschwisterliebe gebildet haben – der Vorläufer der Objektliebe und die narzißtische Besetzung des Objekts –, findet in der folgenden Zeit eine Ausdifferenzierung statt, bei der die Geschwisterliebe immer reifere Formen annimmt.

Mehr als alle Theorie kann uns die konkrete Anschauung die subtilen Vorgänge verdeutlichen, die diesen Reifungsprozeß gestalten. Dazu wähle ich ein fiktives Geschwisterpaar, dessen Entwicklung wir eine Zeit lang begleiten wollen. Das ältere Kind nennen wir Klaus, das jüngere Lisa. Die Wahl eines Bruder-Schwester-Paares erleichtert die Beschreibung geschlechtstypischer Entwicklungsmerkmale. Lisa hat inzwischen sitzen und stehen gelernt und macht die ersten unbeholfenen Gehversuche. Immer wieder fällt sie hin, Klaus, er ist jetzt drei Jahre alt, hebt sie auf, nimmt ihre Hand und geht mit ihr ein paar Schritte. Sie läßt sich hinplumpsen, hat noch zu wenig Kraft. Aber spielen, das will sie. Sie jauchzt, wenn Klaus ihr einen Ball zwischen die Beine rollt, schaut ihm zu, wie er Bauklötze aufeinander türmt, um sie dann wieder mit Gejohle umzustürzen. Dann springt er auf das Sofa, holt einen Apfel von Tisch, Lisa greift danach und versucht angestrengt, daran rumzulutschen. Klaus beißt ein kleines Stück ab und schiebt es Lisa in den Mund. Sie haben viel Zeit füreinander. Die Mutter ist sehr beschäftigt, und der Vater kommt meistens erst, wenn beide Kinder bereits im Bett liegen. Zwei Kinder bei der schrittweisen Eroberung der Welt. Klaus läßt Lisa nur wenig allein. Wenn die Mutter sie füttert, steht er dabei, schaut zu, manchmal darf er Lisa auch selbst füttern. Mittags, wenn Lisa schläft, geht er leise ins Zimmer, um zu sehen, ob sie schon wach ist; er will mit ihr spielen. Inzwischen hat er auch gelernt, wie man Lisa wickelt; es klappt noch nicht so ganz, aber helfen darf er. Nachts liegen sie in ihren Betten, ganz nah beieinander; Lisa brabbelt vor sich hin und Klaus versucht ihr zu erklären, warum eine Hase so lange Ohren hat. Er ist der erste, der hört, wenn Lisa nachts weint. Er rennt zu den Eltern: „Lisa weint!"

Man könnte viele Seiten füllen, wenn man all die schillernden Facetten ausmalen wollte, die diese Zeit der Geschwisterbeziehung aufweist; für Kinder dieses Alters eine unendlich gedehnte Zeit der Gemeinsamkeit. Dabei spielt die ständige Wiederholung aller Tätigkeiten eine wichtige Rolle, sie festigt die Engramme liebevoller Zweisamkeit. Schrittweise beginnt jedes der Kinder, sich aus der ursprünglichen Verschmelzung zu lösen, sein eigenes Ich weiter zu differenzieren und durch Abgrenzung das Ich des anderen stärker wahrzunehmen. Die vorsprachliche Verständigung geht fließend in eine gemeinsame Sprachfindung über, die den Erwachsenen unzugänglich ist. Sie lachen über jeden Unsinn, vieles wird ihnen zum Witz. Der Reichtum kindgemäßer Erfahrungen, der Austausch eines breites Spektrums an Emotionen, Körperkontakt, visueller und akustischer Wahrnehmung und die faszinierende Beobachtung aller Körpervorgänge, von der Nahrungsaufnahme bis zur Exkretion von Urin und Kot, bilden eine komplexe Struktur wechselseitiger Bezogenheit, die sich grundlegend von der Mutter-Kind Beziehung unterscheidet. Die Kinder schaffen sich eine eigene Welt aus Realität und Phantasie, in der nur sie zu Hause sind. Für die Erfüllung bestimmter Bedürfnisse ist die Mutter unentbehrlich, aber ihre ständige Präsenz würde nur stören.

Geschwisterliebe und frühe Kindheit

Die ersten drei gemeinsamen Lebensjahre der Kinder verliefen ohne besondere Komplikationen. Lisa spricht jetzt fließend und rennt wie ein Wiesel; die Sprache und die Motorik ihres Bruders haben sie wesentlich angespornt. Ihre gemeinsamen Spiele werden phantasievoller. Sie bauen sich Höhlen unter dem Tisch, malen mit Fingerfarben ihre Tapeten voll, springen von Stuhl zu Stuhl, und sie übertreffen sich gegenseitig in der Erfindung immer anderer Zirkusnummern. Der Stolz über ihre neu erlernten Fähigkeiten wächst mit der Bestätigung und Bewunderung des anderen. Noch brauchen sie diese wechselseitige narzißtische Spiegelung und können dies unbekümmert zeigen.

Seit einiger Zeit ist die Wohnung für beide zu eng geworden. Die Eroberung der Außenwelt hat begonnen – das bunte Kaleidoskop der Welt beginnt sich um sie zu drehen. Atemlos schauen sie zu, halten sich an den Händen – finden Halt am anderen –, schützen sich vor Gefahren, vor vorbeifahrenden Autos, vor zu hohen Mauern, vor keifenden Erwachsenen. Und die beiden lachen, lachen, lachen: über die nackte Schaufensterpuppe in einem Kaufhaus, über den Mann, der freihändig Fahrrad fährt, den komischen Hut einer Frau, den winzigen Hund, der an eine Laterne pinkelt. Das wirkliche Abenteuer des Lebens hat begonnen, und die beiden stehen mittendrin. Viel Angst haben sie nicht dabei, sie sind ja zu zweit. „Hänsel und Gretel", „Brüderchen und Schwesterchen" – zur Not könnten sie das Leben und seine Gefahren auch ohne Eltern meistern – gemeinsam sind sie stark. Aber natürlich ist es schöner, wenn ihnen die Eltern dabei helfen, wenn ihre Liebe sie zusätzlich trägt.

Bei beiden Geschwistern wächst langsam das Gefühl sozialer Verantwortung. Gemeinsam füttern und versorgen sie ihr Meerschweinchen, sie versuchen, einen Vogel gesund zu pflegen. Als er stirbt, sind beide sehr traurig; sie begraben ihn an einer Stelle, die sonst niemand kennt. Klaus meint, der Vogel wird ein Adler, Lisa besteht darauf, daß er in einen Engel verhandelt wird. Sie denkt an ihre kranke Oma. „Wird Omi auch ein Engel?" „Nein" sagt Klaus, „die verschwindet einfach nur, und keiner weiß, wo sie ist". „Arme Omi!" Lisa sammelt ein paar bunte Steinchen, die will sie morgen der Oma ins Krankenhaus mitnehmen.

Was Krankheit ist, wissen die beiden schon. Klaus hatte Masern, Lisa Keuchhusten. Von der Mutter haben sie gelernt, wie man einen Kranken pflegt – mit Tee, Zwieback, Honig in Milch, Umschlägen und – mit Liebe. Immer wieder sind sie ans Bett des kranken Geschwisters gegangen, haben ihm Spielsachen gebracht, Süßigkeiten, sich Geschichten erzählt und versucht, den Kranken durch Clownerien zum Lachen zu bringen. Die Fähigkeit, besorgt zu sein. Ohne Klaus, ohne Lisa hätten die Krankheiten länger gedauert, und es wäre recht einsam gewesen. Diese Erfahrung werden sie im Laufe ihres Kinderlebens noch häufiger machen. Und viel, viel später, im Alter, wird sie sich wiederholen – wenn die Liebe gehalten hat.

Zu einem Akt der Fürsorge und der Einübung von sozialer Verantwortung und Kompetenz sind auch die vielen Rollenspiele geworden, die die beiden immer mehr begeistern, Doktorspiele, Vater-Mutter, Mutter-Kind, Vater-Kind, immer mit wechselnder Besetzung. Bei den Doktorspielen hält Klaus seine Uhr an Lisas Herz und hört, ob es richtig schlägt; Lisa muß Klaus einen Verband anlegen, weil e sich verletzt hat. Manchmal kommt es auch vor, daß sie gegenseitig ihren Po untersuchen, daß sie sich beim Urinieren zusehen oder daß Lisa den Penis von Klaus berührt und Klaus Lisas Scheide. Im Alter zwischen drei und fünf Jahren erwacht bekanntlich mit der Ausdifferenzierung der eigenen Geschlechtsidentität ein intensives Interesse an allem, was mit Schwangerschaft, Geburt und Sexualität zu tun hat. So werden die Doktorspiele zum geeigneten Experimentierfeld, zur Überprüfung der abenteuerlichen kindlichen Theorien über die Frage, woher die Kinder kommen. Die damit verbundene Neugier am anderen Geschlecht leitet zu lustvollen sexuellen Spielen über. Doktorspiele deswegen allein auf sexuelle kindliche Wünsche zurückzuführen, übersieht das weite Erfahrungsspektrum und insbesondere die soziale Funktion der Spiele. Die Schulung der eigenen Körperwahrnehmung und die Erforschung des Körpers des anderen stehen am Anfang (wie klopft ein Herz, wie rumpelt ein Bauch, wie hört sich der Atem im Brustkorb an?). Ebenso wichtig ist die Erfahrung, Fürsorge geben und empfangen zu können. Doktorspiele dienen der symbolischen Einübung der Fähigkeit zum Mitleid.

Geschwisterliebe und späte Kindheit

In der späten Kindheit kommen Erfahrungen hinzu, die das Subsystem der Geschwister um neue Regeln erweitern. Irgendwann endet das Kinderparadies zwischen Puppenstube, Kaufmannsladen und Kasperlebühne. Lisa und Klaus gehen in die Schule. Die Privatheit ihres Lebens hat ihre frühe Vertrautheit verloren. Es ist öffentlich geworden. Damit sind unvermeidbare Trennungserfahrungen verbunden, die wichtig sind, weil sie den Kindern helfen, eine ausreichende Trennungstoleranz zu entwickeln. Geschwister unterstützen sich bei dem wichtigen Ablösungsschritt von der Mutter, indem sie spätestens vom Kindergartenalter an die Separationsschritte wiederholen, die ursprünglich ihre Individuation und Autonomie einleiten. Indem sie sich täglich aufs Neue trennen müssen und sich anschließend wiedersehen, ritualisieren sie die dialektischen Vorgänge von Separation, Wiederannäherung und Individuation als identitätsstiftende Erfahrung.

Diese Reifungsschritte in der menschlichen Entwicklung sind bekanntlich von der Forschergruppe um Mahler in Direktbeobachtungen von Müttern, Kindern und ihren Geschwistern sehr gründlich untersucht worden (Mahler u.a. 1978). Das besondere Verdienst dieser Grundlagenforschung liegt darin, daß sie nicht nur die Dynamik der Mutter-Kind-Beziehung berücksichtigt, sondern auch die Frage einbezieht, wie Geschwister in die komplexen Prozesse von Separation und Individuation eingreifen. So verdanken wir der Forschergruppe die anschaulichsten Beschreibungen über die schmerzlichen Erfahrungen, die die Geburt eines Geschwisters für das anwesende Kind bedeuten kann, aber vor allem auch über den wechselseitig fördernden und beschleunigenden Einfluß der Geschwister bei der Überwindung der Mutter-Kind Symbiose. Insofern erweitern Geschwister das Triangulierungskonzept um eine vierte Dimension, durch die das Familiensystem, sinngemäß formuliert, in einer Quadrangulierung zusammengeschlossen wird. Mit ihr wird gleichzeitig ein neues Subsystem, das der Geschwister, in das Gesamtsystem Familie eingeführt. Eine genauere Ausformulierung des Konzeptes der Quadrangulierung steht m.W. noch aus.

Die durch Geschwister erhöhte Trennungstoleranz wird in der späten Kindheit durch wichtige soziale Kompetenzen ergänzt. Sie bauen auf den ungezählten Lernschritten der frühen Kindheit auf wie Gerechtigkeitsempfinden, Rücksichtnahme, Zusammenspiel, Abgeben und Teilen, Besitz verteidigen und respektieren, Zuhören und Sich-Mitteilen, Kontaktangebote machen und annehmen, Eintreten für Schwächere und viele andere Verhaltensweisen, die die Anpassung an eine größere soziale Gemeinschaft und die Freiheit und Aufgehobenheit in ihr garantieren.

Ein wesentliches Kondensat dieser Entwicklung zu einem sozialen Ich und zu moralischen Über-Ich Strukturen ist das Gefühl der Dankbarkeit, das sich bei den Geschwistern auf dem Hintergrund der geschilderten Erfahrungen langsam herausbildet. Wie hätten sie ohne den anderen das alles erlernen sollen? Wie wäre es gewesen, wenn sie alleine bei den Eltern oder nur bei der Mutter gelebt hätten? Ihrem gemeinsamen Leben verdanken sie einen wesentlichen Teil der Kraft zu einer größeren Unabhängigkeit. Dankbarkeit setzt eine differenzierte Organisationsstufe der Ich-Entwicklung voraus und erreicht erst im Alter ihre reifste Form. Ihre Anfänge gehen bis zu dem Zeitpunkt zurück, an dem das Kind seinen Egoismus schrittweise aufgeben kann und die Interessen anderer akzeptieren lernt.

Dankbarkeit für das geschenkte, beschützte und geförderte Leben: Das Gefühl gehört zu den tief verinnerlichten und elementaren Prinzipien jeder sozialen Gemeinschaft, ob zwischen Eltern und Kindern, zwischen Geschwistern, Freunden, Paaren oder zwischen Mitgliedern einer größeren sozialen Gruppe. Dankbarkeit ist ein unentbehrliches Ferment jeder produktiven sozialen Bindung und ein konstituierendes Element der Liebe. Ohne den Begriff hier in seiner ethischen Bedeutung weiter vertiefen zu wollen, muß er im Zusammenhang der Geschwisterliebe erwähnt werden, weil diese dadurch um eine bisher nicht gesehene Dimension erweitert wird. Das Prinzip der Dankbarkeit kreist um die zentrale Frage, inwieweit frühkindliche Impulse von Neid, Eifersucht, Rivalität, Gier, Wut, Haß, Protest und Widerstand gegen ambivalent besetzte Objekte wie Mutter, Vater oder besonders Geschwister neutralisiert werden konnten, oder ob diese destruktiven Gefühle überdauern und damit die Entwicklung von Dankbarkeitsgefühlen verhindern.

In Geschwisterbeziehungen, in denen kein wechselseitiges Gefühl der Dankbarkeit besteht, dürfte auch die Geschwisterliebe kaum jemals einen größeren Platz eingenommen haben. Die Unfähigkeit, Dankbarkeit zu erleben, beruht im wesentlichen auf einer Persistenz destruktiver Gefühle und stellt sich damit sozialer Integration und Bindung entgegen. Insofern kann das Vorhandensein von Dankbarkeit bzw. von Undankbarkeit als ein wichtiges Kriterium für eine bestehende Geschwisterliebe bzw. für einen Geschwisterhaß betrachtet werden.

In der späten Kindheit kommt noch etwas Entscheidendes hinzu. Die Sprache, das Denken, die Differenzierung der Gefühlswelt und die Formulierungsfähigkeit für Realitätsprüfung und Innenvorgänge scheinen geradezu in ihren neuen Möglichkeiten zu explodieren. Damit wächst die Verständigung zu einem Zeitpunkt sprunghaft an, in dem die Konfrontation mit der Welt außerhalb des Schutzraumes der Familie bisher unbekannte Gefahrensituationen heraufbeschwört. Dieses Zusammentreffen ist nicht zufällig. Die Sprache als phylogenetische Neuerwerbung des Menschen ist u. a. eine Funktion der Außenbedrohungen. Indem sie Menschen zusammenschließt, wird sie zu einem wesentlichen Faktor der Konfliktbewältigung und Gefahrenabwehr. Für Kinder bedeutet das Verlassen des Elternhauses mit dem Eintritt in den Kindergarten und in die Schule neue, als bedrohlich und angstauslösend erlebte Auseinandersetzungen: Konkurrenz und Rivalität mit anderen Kindern, Leistungsanforderungen durch fremde Autoritätspersonen, Strafaktionen bei Versagen und Scheitern, die Unberechenbarkeit im Verhalten von Erwachsenen und gesellschaftlich produzierte Bedrohungen. Geschwister können sich angesichts solcher Angststressoren zu kleinen verschworenen „Schutzgemeinschaften" zusammenschließen.

In ihnen bekommen „Geheimnisse" eine wichtige Funktion. Der Begriff Geheimnis ist von dem Wort „Heim" abgeleitet, das „zum Haus gehörig, vertraut" bedeutet. Die ursprünglich familiäre Herkunft des Begriffs wird in den Geheimnissen der Geschwister besonders evident. Sie gehören zu den ersten wichtigen Geheimnisträgern und bleiben für viele Menschen auch zeitlebens die entscheidenden. Bestimmte Geheimnisse dringen nie über die Geschwisterebene hinaus. Ihre magische Dimension drückt sich in der „Geheimsprache", den „Geheimcodes", in der geheimen Fingersprache und in den vielen anderen geheimen Gesten aus, die Geschwister gemeinsam entwickeln. Im Geheimnis ist die eigene Schwäche, Verletzlichkeit und Angst, das Versagen und die Schuld aufgehoben. Indem ein Geschwister es dem anderen mitteilt, entsteht aus der Vereinzelung das Gemeinsame. Das gehütete Geheimnis wird Teil einer gemeinsamen Verantwortung. Das macht die Kraft geteilter Geheimnisse aus. Mit ihnen grenzen sich Geschwister in einem ausschließlichen Vertrauen von anderen ab, zuerst von den Eltern, später vom weiteren sozialen Umfeld, wodurch sie sich gegenseitig vor äußerer Gefahr schützen. Ohne Vertrauen kein Geheimnis. Beide sind für Kinder der unteilbare Beweis ihrer Geschwisterliebe. Vertrauen und Geheimnis werden in der späten Kindheit zu einem zentralen Bestandteil der Beziehung und prägen in ihrer Einheit eine eigene Kommunikationsstruktur aus, wie sie zwischen Eltern und Kindern gesunderweise nicht besteht. So dient sie nicht nur der Abgrenzung, sondern schließlich auch der Ablösung von den Eltern. Diese Tatsache erklärt die geläufige Beobachtung, daß die persönlichen Mitteilungen zwischen Eltern und Kindern in der späten Kindheit immer mehr an Häufigkeit und Bedeutung verlieren, wenn die Geschwister ihre eigene Schutzzone um sich aufbauen.

Die Arten der Bedrohungen wandeln sich im Laufe eines Lebens. Die späte Kindheit stellt jedoch die entscheidenden Weichen für das Spektrum an äußeren und inneren Möglichkeiten, auf sie zu reagieren. Die Geschwistererfahrungen in dieser Zeit scheinen mir dabei von besonderer Bedeutung. Nicht zufällig wird auch im späteren Leben so häufig auf die Unterstützung von Geschwistern zurückgegriffen, wenn es darum geht, besonders bedrohliche oder belastende Ereignisse zu bewältigen, die das innere oder äußere Gleichgewicht zu zerstören drohen. Die vielen Facetten der gemeinsamen Gefahrenabwehr und -bewältigung in der Kindheit erzeugen in den Geschwistern Gefühle wechselseitiger Hilfe, Verfügbarkeit, Schutz und Sicherheit, die zu einem tragenden Bestandteil ihres Lebens werden.

Phasen der Geschwisterliebe

Nach meinen Erkundungen über Geschwisterbeziehungen im lebensgeschichtlichen Kontext lassen sich drei Phasen der Geschwisterliebe unterscheiden (Petri 1994). Der bisher dargestellte Lebensabschnitt, der etwa bis zur Pubertät reicht, läßt sich als Phase der Intimität bezeichnen, in der das Fundament der Geschwisterliebe gelegt wird. Ab der Pubertät beginnt eine zweite Phase in der Geschwisterbindung, die Phase der Distanz. Sie reicht etwa bis ins mittlere Erwachsenenalter und mündet in eine dritte Phase, die Wiederannäherungsphase ein. In ihr rücken Geschwister, sofern ihre Liebe gehalten hat, wieder näher zusammen.

Ich habe mich in diesem Rahmen auf die Darstellung der ersten Phase beschränkt, um die theoretische Erweiterung des psychoanalytischen Geschwisterkonzepts durch möglichst konkrete Anschauung untermauern zu können. Nur so wird auch der Befund der Geschwisterforschung verständlich, daß Geschwisterbeziehungen als die längsten Beziehungen des Lebens im Vergleich mit Eltern-Kind-, Freundschafts- oder Partnerbeziehungen den höchsten Grad an sozial verläßlicher Kontinuität besitzen (Kasten 1993). Dieser Befund läßt die Annahme zu, daß Geschwisterbeziehungen einen vergleichsweise geringen Grad an Ambivalenz enthalten. Als Erklärung dafür bieten sich zwei Gründe an: erstens könnte die bis in die Anfänge des Lebens zurückreichende Liebe den Haß frühzeitig neutralisieren, und zweitens garantiert die enge Verbundenheit und Vertrautheit der Geschwister während der Kindheit ein optimales Maß an Angst-, Scham- und Schuldgefühlsfreiheit, Gefühle, die als häufige Auslöser für eine hohe Ambivalenzspannung bekannt sind.

So hat die zweite Phase der Distanz ab der Pubertät in der Regel auch nicht zur Folge, daß sich Geschwister vollständig voneinander entfernen. Dazu haben sie unter der Voraussetzung einer gelungenen Beziehung das andere Geschwister viel zu stark als gutes und tragendes Objekt verinnerlicht. Die Phase der Distanz ist notwendig, damit sich Geschwister stärker voneinander abgrenzen und ihre eigene Identität entwickeln lernen. Wo dies nicht der Fall ist, zum Beispiel oftmals bei Zwillingspaaren oder bei Inzestbeziehungen, bleiben die Geschwister ein Leben lang konfliktreich miteinander verklammert. Die Abgrenzung in der Distanzphase wird äußerlich durch unterschiedliche biographische Lebensentwürfe begünstigt, wie sie Beruf, Mobilität, Interessen, Freundschaften und schließlich Partnerschaften und Familiengründung mit sich bringen. Was die Geschwister in dieser Zeit verbindet, läßt sich hier nur stichwortartig andeuten: eine sich wechselseitig fördernde konstruktive Konkurrenz und Kritik im Unterschied zu einer destruktiven Rivalität und Abwertung, wie man sie in gestörten Geschwisterbeziehungen findet; weiterhin die Annahme des neuen Partners des Geschwisters und ihrer gemeinsamen Kinder, d. h. die Akzeptenz eines erweiterten Familiensystems. Damit wächst auch für die Geschwister das Gefühl wechselseitiger Verantwortung und der Teilnahme am Glück wie am Unglück des anderen.

Die dritte Phase der Wiederannäherung im späten Erwachsenenalter und hohen Alter wird meistens durch die verschiedenen Abschiede und Verluste eingeleitet, die in dieser Lebensphase zu bewältigen sind, wie etwa der Tod der Eltern, das Zerbrechen von Partnerschaften und Freundschaften, das Verlassen des Elternhauses durch die Kinder, die Beendigung des Berufslebens und schließlich die Vorbereitung auf das eigene Sterben. Unter der Voraussetzung einer gelungenen Beziehung bedeuten sich Geschwister in dieser Phase unschätzbaren Trost, Hilfe, seelische und materielle Unterstützung und Schutz gegen die Einsamkeit. In dem Bewußtsein, jetzt die letzte Generation zu sein, und in Rückerinnerung an die frühen Wurzeln ihrer Liebe, ihres Vertrauens und der Zusammengehörigkeit kommt es zu einer Versöhnung mit allem, was sie zwischenzeitlich getrennt hat, mit allen unvermeidbaren Streitigkeiten und Differenzen und mit dem, was sie gegenseitig an Loyalität, teilnehmendem Interesse und Sorge versäumt haben mögen. Dieser Prozeß der Versöhnung in der Wiederannäherungsphase ergänzt die Geschwisterliebe durch eine reife Form der Freundschaft als Einheit aller positiven Kräfte, die Menschen aneinander binden.

Die Geschwisterrivalität

Nach dem Versuch, die Differenzierungsschritte auf dem Weg zu „guten" verinnerlichten Geschwisterbildern entlang der Lebensstufen nachzuzeichnen, läßt sich das Thema der Geschwisterrivalität kürzer darstellen. Bekanntlich bildet sie das Zentrum psychoanalytischer Theorie über Geschwister, so daß ich mich hier auf eine kritische Einschätzung beschränken kann.

Wie wir wissen, stammen die ersten psychoanalytischen Konzepte über die Geschwisterbeziehung, die noch heute weitgehend den wissenschaftlichen Diskurs bestimmen, von Freud. Als Begründung dürfte der biographische Hintergrund nicht unwesentlich sein. Bank und Kahn (1991) haben reichlich Material gesichtet, das die von starker Dominanz, Unterdrückung und Feindseligkeit geprägte Beziehung des ältesten Bruders Sigmund zu seinen sechs jüngeren Geschwistern belegt. Nach Meinung der Autoren haben die bis in die früheste Kindheit zurückreichenden Erfahrungen Freuds Theorie über Geschwisterkonflikte maßgeblich beeinflußt.

Bei Freud fällt die Entstehung destruktiver Gefühle mit dem Zeitpunkt der Geburt zusammen. Letztlich basieren die bis zu Todeswünschen reichenden Affekte von Eifersucht, Neid, Rivalität und Haß auf seiner Entthronungstheorie, die den Verlust der elterlichen Zuwendung durch den Neuankömmling als unvermeidbares Trauma beinhaltet. Aus dieser Konzeption leitet Freud sowohl die Entwicklung des Gerechtigkeitssinns (Freud 1921) als auch die „zärtlichen, wie die sozialen Identifizierungsgefühle... als Reaktionsbildungen gegen die verdrängten Aggressionsimpulse" (Freud 1922, S. 206) ab.

Die psychoanalytische Interpretation von Geschwisterbeziehungen blieb nicht ohne Einfluß auf Nachbardisziplinen. So schreibt Berger unter Berufung auf zahlreiche psychologische und kinderpsychiatrische Literatur: „Es besteht weitgehend Einigkeit in der Auffassung, daß die ersten Gefühle eines Kleinkindes zum neuen Geschwister negativ sind und eine primäre Feindseligkeit abgewehrt werden muß". (Berger 1985, S. 128). Auf dieser These der „primären Feindseligkeit" und Rivalität baut auch das jüngst viel diskutierte Buch „Der Rebell der Familie" (1997) des amerikanischen Wissenschaftstheoretikers Sulloway auf. Anhand mehrerer tausend ausgewerteter Geschwisterkonstellationen der letzten 500

Jahre vertritt der durch seine darwinistische Position bekannte Autor die Meinung, daß Geschwister nach den Gesetzen der Evolution bereits als Rivalen im Überlebenskampf geboren werden. So entscheide die Rangfolge in der Geschwisterreihe über die Dominanz der älteren über die jüngeren und deren revolutionäre Gesinnung im Aufstand gegen die geschwisterliche Unterdrückung. Diese sozialdarwinistische These berücksichtigt nicht, daß die jahrzehntelang dominierende Rangfolgentheorie in der Geschwisterforschung wegen ihrer methodischen Mängel längst als obsolet gilt (Kasten 1993), und sie vernachlässigt weitgehend die Komplexität der heute bekannten Ursachenstränge für Geschwisterkonflikte.

Ich werde die drei wichtigsten kurz skizzieren:

1. Die konstitutionellen Anlagen

Unterschiedliche konstitutionelle Merkmale zwischen Geschwistern wie Geschlecht, Alter, Intelligenz, Aussehen, Begabung, Charakter, Sensibilität, Aggressivität und soziale Anpassungsfähigkeit können zu einem Ungleichgewicht von positiv bzw. negativ bewerteten Eigenschaften führen. Die als ungerecht erlebte Verteilung wirkt schon an sich konfliktauslösend in die Beziehung hinein. Hinzu kommt jedoch die unterschiedliche gefühlsmäßige Resonanz im Sinne einer sozialen Beliebtheit oder Unbeliebtheit im persönlichen Umfeld, ob bei Eltern, Freunden, Verwandten, Lehrern oder anderen Personen des weiteren Lebensumkreises. Daraus können sich dramatische Spiralen von Bevorzugung und Benachteiligung bilden, die die Konflikte zwischen Geschwistern hochschrauben.

Ein klassisches Beispiel stellt Shakespeares Schauspiel „König Richard der Dritte" dar. Der König leidet unter einer körperlichen Behinderung, die ihn von jeder Liebe ausschließt. Seine Verbitterung wird zur Wurzel für sein rasendes Machtstreben, für Intrige, Hinterlist und vernichtenden Haß auf seinen Bruder Georg, den Herzog von Clarence, den er dann auch folgerichtig ermorden läßt.

2. Unterschiedliche biographische Lebensverläufe

Hauptsächlich durch die sozialwissenschaftliche Forschung ist inzwischen geläufig, daß jedes Schicksal auch unabhängig von familiären Einflüssen und eigenen Anlagen durch die formenden Kräfte der Außenwelt in die eine oder andere Richtung gelenkt wird, vor allem durch Freunde, Ehepartner, berufliche und politische Erfahrungen, einschneidende Lebensereignisse, Wechsel des Kulturraumes u. v. a. Dabei spielt die Gunst oder Ungunst der Lebensumstände für Fragen von Erfolg oder Mißerfolg, Reichtum oder Armut, Ansehen oder Nichtbeachtung eine wesentliche Rolle. Auch der soziale Status, die Anzahl eigener Kinder, Gesundheit oder Krankheit und viele andere Faktoren fließen in das eigene Selbstbewußtsein ein und bestimmen Gefühle von Glück oder Unglück, Bevorzugung oder Benachteiligung entscheidend mit. Gravierende Unterschiede in solchen biographischen Entwürfen können Geschwisterbeziehungen schwer belasten und zu Entzweiung und wechselseitiger Isolierung führen.

3. Das Familiensystem

Obwohl es für die Entwicklung und das Verständnis von Geschwisterkonflikten sicher den zentralen Ort bildet, erwähne ich das Familiensystem hier an letzter Stelle, um keine Eulen nach Athen tragen zu müssen. Wie allgemein bekannt, haben die Konzepte der analytischen und systemischen Familienforschung, wie sie in Deutschland vor allem durch die Arbeiten von Richter (1963, 1970) und Stierlin (1975, 1978) vertreten wurden, die einseitige Sichtweise der klassischen Psychoanalyse überwunden und dysfunktionale Geschwisterbeziehungen aus der vielschichtigen Pathologie der Eltern-Kind-Bindung herleitbar gemacht. Da die theoretische und vor allem die praktische Erfahrung damit zum täglichen Rüstzeug jedes Beraters und Therapeuten gehört, erübrigen sich an dieser Stelle vertiefende Ausführungen. Statt dessen möchte ich mit ein paar kritischen Hinweisen abschließen, die nach

meinem Eindruck in der Behandlungspraxis zu wenig Berücksichtigung finden.
1. Bei unserer Fokussierung auf die Eltern-Kind Beziehung geraten Geschwisterbeziehungen oftmals zu stark aus dem Blickfeld.
2. Wenn sie berücksichtigt werden, richtet sich der Fokus zu einseitig auf die negativen Anteile der Beziehung. Dabei wird leicht übersehen, daß Gefühle von Neid, Rivalität und Haß zur menschlichen Grundausstattung gehören und ihr Auftreten zwischen Geschwistern nicht nur unvermeidbar, sondern sogar notwendig ist, weil sie hier am offensten und ungeschütztesten ausgetragen werden können. Der zeitweilige Kampf zwischen Geschwistern dient daher in einer vielleicht kaum zu überschätzenden Weise der frühzeitigen Neutralisierung und Integration destruktiver Gefühle. Die als Ambivalenz maskierte Dialektik von Liebe und Haß auf frühkindlichem Terrain zu erfahren und den reiferen Umgang mit Konflikten zu erproben, gehört zu den bevorzugten Chancen in der Interessenkollusion von Geschwistern.
3. Bei dem Fokus auf die negativen Anteile entgehen dem Behandler oft die verdrängten libidinösen Bindungen, wodurch er die Kraft und den Ressourcenreichtum guter verinnerlichter Geschwisterobjekte unterschätzt. Hier die Verdrängung aufzulösen, würde auch dem Selbst neue libidinöse Energien zuführen.
4. Geschwisterbeziehungen werden in der Behandlung allzu häufig auf die Kindheitsmuster reduziert, wodurch der Blick auf die lebenslange Perspektive und deren Durcharbeitung verkürzt wird.
5. Da Geschwisterliebe ein Fremdwort in der Psychoanalyse ist, bleibt das Wir-Gefühl, das sie konstituiert, in seiner gesellschaftlichen Relevanz unerkannt.

Nach meiner Einschätzung bilden in einer Zeit der zunehmenden Auflösung von Mitmenschlichkeit, Loyalität und Verantwortung Geschwister oft die letzten Garanten für Zusammengehörigkeit und Zuständigkeit, wenn das Erschrecken über die Kälte menschlicher Beziehungen wächst. Geschwister können daher nicht nur in persönlichen Krisen zum Rettungsanker werden, sondern sie dienen auch in unschätzbarer Weise der Abpufferung gesellschaftlich erlittener Fremdheit und Isolation. So wäre eine Kultur gut beraten, die Grundwerte zwischenmenschlichen Zusammenlebens zu stärken, die sich besonders in der Ursprungsgemeinschaft von Geschwistern herausbilden – Gerechtigkeit, Sorge, Mitgefühl, Dankbarkeit und soziale Verantwortung.

Literatur

Bank, St. P., Kahn, M. D. (1991): Geschwisterbindung. Paderborn (Junfermann).
Berger, M. (1985): Zur psychodynamischen Relevanz der Geschwisterbeziehung. In: Zsch. Kinder-Jugendpsychiat. 13, S. 123-137.
Dunn, J., Kendrick, C. (1982): Siblings: Love, Envy and Understanding. Cambridge Mass. (Harvard Univ. Press).
Freud, S. (1913): Totem und Tabu. GW Bd. IX. Frankfurt/M., 1973 (Fischer).
Freud, S. (1921): Massenpsychologie und Ich-Analyse. GW. XIII. Frankfurt/M., 1963 (Fischer).
Freud, S. (1922): Über einige neurotische Mechanismen bei Eifersucht, Paranoia und Homosexualität. GW. XIII. Frankfurt/M., 1963 (Fischer).
Grimm, H. (o. J.): Die Brüder Grimm: Kinder und Hausmärchen. München (Winkler).
Kasten, H. (1993): Die Geschwisterbeziehung. Bd. I und II. Göttingen (Hogrefe).
Kernberg, O. F. (1978): Borderline-Störungen und pathologischer Narzißmus. Frankfurt/M. (Suhrkamp).
Klagsbrun, F. (1993): Der Geschwisterkomplex. Frankfurt/M. (Eichborn).
Lamb, M. E., Sutton-Smith, B. (Hg.) (1982): Sibling Relationships: Their Nature and Significance Across the Lifespan. New York (Lawrence Erlbaum).
Mahler, M. S., Pine, F., Bergmann, A. (1978): Die psychische Geburt des Menschen. Frankfurt/M. (S. Fischer).
Petri, H. (1994): Geschwister – Liebe und Rivalität. Die längste Beziehung unseres Lebens. Zürich/Stuttgart (Kreuz, 5. Aufl. 1998).
Richter, H.-E. (1963): Eltern, Kind und Neurose, Stuttgart (Klett).
Richter, H.-E. (1970): Patient Familie. Reinbek (Rowohlt).
Schütze, Y. (1986): Der Verlauf der Geschwisterbeziehung während der ersten Jahre. In: Prax. Kinderpsychol. Kinderpsychiat. 35, S. 135-139.
Stierlin, H. (1975): Von der Psychoanalyse zur Familientherapie. Stuttgart (Klett).
Stierlin, H. (1978): Delegation und Familie. Frankfurt/M. (Suhrkamp).
Sulloway, F. J. (1997): Der Rebell der Familie. Geschwisterrivalität, kreatives Denken und Geschichte. Berlin (Siedler).

Die Vater-Sohn-Beziehung

Das Vaterbild zwischen Phantasie und Wirklichkeit

Jürgen Grieser

I.

Die Beziehung zwischen Vater und Sohn wird meistens unter dem Gesichtspunkt der Bedeutung des Vaters für den Sohn beschrieben; der Vater ist das Gegebene, der Sohn tritt in die Welt und muß sich mit diesem Vater oder mit dessen Abwesenheit auseinandersetzen. Wer sich als Mann mit der Vater-Sohn-Beziehung beschäftigt, ist immer mehr Sohn als Vater; wir üben den Blick des Sohnes auf den Vater jahrzehntelang ein, bevor wir selber Vater werden und die Beziehungen auch aus dieser Perspektive erleben und erforschen. Das schlägt sich natürlich in unseren Forschungsansätzen und -ergebnissen nieder. Auch ich werde in den folgenden Ausführungen das Vaterbild des Sohnes ins Zentrum stellen, möchte dabei aber aufzeigen, daß mindestens vier Dimensionen zu berücksichtigen sind, damit das Vaterbild in seiner Entstehung und Funktion verstanden werden kann. Diese vier Dimensionen sind erstens der Beitrag des Vaters, zweitens der Anteil des Sohnes, drittens die Entwicklungs- und Interaktionsdynamik in der Triade Vater-Mutter-Kind und viertens die kulturelle Bestimmung der Rolle des Vaters.

Was ist unter dem Begriff „Vaterbild" zu verstehen? Beim Vaterbild handelt es sich um ein Bündel von Erwartungs- und Interaktionsmustern, die sich auf die Objektrepräsentanz des Vaters beziehen. Aus der Sicht der Objektbeziehungstheorien ist eine Objektrepräsentanz eine Phantasie, die aus einer Vorstellung vom Selbst und einer Vorstellung vom Objekt besteht, welche durch eine Interaktion und die sie begleitenden Affekte miteinander verbunden sind. Das innere Bild, das jeder Mensch von seinem Vater in sich trägt und auf das er sich bewußt oder unbewußt bezieht, trägt einerseits Spuren von realen Interaktionen mit dem Vater oder väterlichen Ersatzfiguren, andererseits spiegelt es Phantasien wider, durch die die realen Interaktionen ersetzt, ergänzt oder überarbeitet wurden. Wenn ich mich im folgenden mit dieser Differenz zwischen der realen Person des Vaters und dem Vaterbild des Sohnes beschäftige, so bedeutet das nicht, daß die realen Interaktionen mit dem Vater vernachlässigt werden könnten. Doch weil die Vorstellungen auf der inneren Bühne Überarbeitungen unterworfen und durch Neuinszenierungen ersetzt werden, können die inneren Objekte des Menschen „nicht als eine Widerspiegelung des Realen, auch nicht des mehr oder weniger entstellten Realen verstanden werden", wie Laplanche und Pontalis (1976, S. 229) festhalten. Die Phantasietätigkeit des Sohnes nimmt also Einfluß auf das Vaterbild, und umgekehrt nimmt auch das Vaterbild Einfluß auf die kognitiven Prozesse des Sohnes. Hierzu ein erstes Beispiel:

Beispiel 1: Ein elfjähriger Junge kam in den Therapiestunden immer wieder auf die beeindruckende Menge an Spielsachen zu sprechen, die sein Vater ihm zu Hause zur Verfügung stellte. Da der Vater den Eindruck eines starken Interesses und Engagements für seinen

Sohn erweckte, entstand bei mir bald das Bild von einem Vater, der sich mit einer bubenhaften Begeisterung in das gemeinsame Spiel mit seinem Sohn vertiefte. Erst im Laufe der Zeit realisierte ich, daß es sich hierbei um eine reine Wunschphantasie handelte, von der Vater und Sohn gemeinsam zehrten. In Wirklichkeit hatte der Vater sehr wenig Zeit für seinen Sohn, und wenn er einmal mit seinem Sohn spielte, so immer nur gerade für fünf Minuten. Dann wandte er sich wieder anderen Dingen zu. Eines Tages wurde in einem Gespräch mit den Eltern klar, daß diese fünf Minuten gerade der Zeitspanne entsprachen, während der sich der Sohn in der Therapie oder in der Schule auf ein Thema konzentrieren konnte, bis er sich jeweils davon ab- und etwas anderem zuwandte. Sohn und Vater boten also eine von beiden geteilte Wunschphantasie über ihre Beziehung an, zugleich agierte der Sohn die *reale* Beziehungserfahrung mit dem Vater in Form eines generalisierten Aufmerksamkeitsmusters aus. Als dieser Zusammenhang verstanden wurde, trat eine Veränderung ein, die sich auch im Bereich der Lernprobleme des Sohnes bemerkbar machte: Er ging nun mit Interesse in die Schule und war auch im Fach Mathematik, in dem er besonders große Schwierigkeiten gehabt hatte, mit Erfolg dabei.

Sigmund Freud hatte mit seiner Theorie vom ödipalen Sohn das Urmodell der durch die Phantasietätigkeit des Sohnes geprägten Vater-Sohn-Beziehung geschaffen, damit aber zugleich den Blick auf die Wechselseitigkeit der Phantasien von Vater und Sohn verstellt. Freud nahm an, daß der Sohn reifungsbedingt Liebeswünsche gegenüber der Mutter und aggressive Vorstellungen gegenüber dem als Rivalen erlebten Vater entwickle und diese Phantasien weiterentfalte, bis hin zu der Erwartung, der Vater werde sich für die sexuellen Wünsche des Sohnes gegenüber der Mutter rächen, indem er den Sohn kastriere. Freud lokalisierte den Ursprung der ödipalen Dynamik beim Sohn; die Vorstellung, daß der Ödipuskomplex durch die Rivalitätsgefühle des Vaters gegenüber seinem die Mutter begehrenden Sohn ausgelöst werden könnte, lag ihm fern, obwohl er einräumte, daß sich zumindest die Kastrationsangst des Sohnes auf eine diesbezügliche Drohung der Eltern beziehe.

Freuds eigene Vaterphantasien hatten ihn dazu verführt, den Anteil des Vaters auszublenden, obwohl dieser in der antiken Ödipussage, auf die sich Freud bezog, explizit beschrieben war. Der Mythos berichtet von einer Tragödie, die sich vom Vater auf den Sohn tradierte: Laios, Ödipus' Vater, hatte schon dasselbe Schicksal erlitten, das er dann Ödipus erleiden ließ; auch er hatte seinen Vater früh verloren und war später von seinem Onkel ausgesetzt worden. In der Überlieferung wird Laios als ein feindseliger und paranoider Mensch beschrieben, der an seiner eigenen Männlichkeit zweifelte und die Knaben quälte, denen sein sexuelles Interesse galt (Ross 1984). Schon Freud hätte also eigentlich genug Anregungen dafür gehabt, in einer um die Psychodynamik des Vaters erweiterten Sichtweise dem Ödipuskomplex des Sohnes einen „Laioskomplex" (vgl. Ross 1984) des Vaters gegenüberzustellen.

Wenden wir uns nun den Liebeswünschen zu, die der Sohn seinem Vater entgegenbringt. Freud brachte diese mit der Bedeutung des Vaters als Vorbild seines Sohnes in Verbindung: „Der kleine Knabe legt ein besonderes Interesse für seinen Vater an den Tag, er möchte so werden und so sein wie er, in allen Stücken an seine Stelle treten. Sagen wir ruhig: er nimmt den Vater zu seinem Ideal" (Ross 1982). Otto Fenichel (1945) charakterisierte dieses Verhältnis zum Vater später treffend als „Identifizierungs- oder Lehrlingsliebe". Beim kleinen Jungen erwächst aus diesem ursprünglich narzißtischen Wunsch, „in allen Stücken" an die Stelle des Vaters zu treten, konsequenterweise der später dann von ödipalen Triebregungen besetzte Wunsch, auch bei der Mutter an die Stelle des Vaters zu treten. Die Identifizierungsliebe zum Vater ist also Vorläufer und Ursache des ödipalen Wunsches, den Vater zu beseitigen, aber auch ein zentrales Motiv dafür, daß der Sohn die ödipale Rivalität mit dem Vater wieder aufgibt: Er verzichtet auf seine ödipalen Wünsche, um sich die Zuwendung und Liebe des Vaters zu erhalten.

In einer narzißmustheoretischen Perspektive rückt nicht nur der Vater in seiner Eigenschaft als Selbstobjekt des Sohnes ins Zentrum, sondern auch der Sohn als Selbstobjekt des Vaters. Als Selbstobjekt bezeichnete Heinz Kohut „jene Dimension unserer Erfahrung einer anderen Person, die mit den Funktionen dieser Person als Stütze unseres Selbst verbunden ist" (1984, S. 81). Vater und Sohn projizieren ihre Vorstellungen, die sie von sich selber haben, aufeinander und möchten sie vom anderen zurückgespiegelt sehen. Kierkegaard beschrieb das so: „Ein Sohn gleicht einem Spiegel, darin der Vater sich selbst erblickt, und für den Sohn wiederum ist der Vater wie ein Spiegel, darin er sich selbst erblickt, so, wie er dermaleinst sein wird" (1847; zit. n. Glötzner 1983, S. 17).

II.

Wo ist nun aber der Ursprung der Vater-Sohn-Beziehung und des sie repräsentierenden Vaterbildes zu suchen? Die frühesten Phantasien über die Beziehung zwischen Vater und Sohn sind älter als der Sohn. Sie finden sich schon vor seiner Geburt in den Phantasien der Eltern über ihr zukünftiges Kind. Vater und Mutter entwerfen ein phantasmatisches Kind und beschäftigen sich bereits mit den zukünftigen Beziehungen zu ihm, bevor das Kind real erscheint. Die innere Neuorientierung des werdenden Vaters reaktiviert dessen frühere Erfahrungen und Konflikte. Diese fließen in die Phantasien des Vaters über seinen Sohn ein. Das erstgeborene Kind erweitert die Dyade Mann-Frau zur Triade Vater-Mutter-Kind. Hatte Freud gesagt, daß der Tod des Vaters das „bedeutsamste Ereignis" im Leben eines Mannes sei (1900, S. 24), so weisen schon die auf der Seite des Vaters lange übersehenen Schwierigkeiten und Symptombildungen beim Übergang zur Vaterschaft darauf hin, daß man in der Vorbereitung und Verarbeitung der Geburt des ersten Kindes eine mindestens ebenso wichtige Entwicklungskrise im Leben eines Mannes sehen kann.

Im Gegensatz zur Mutter kann sich der Vater seiner biologischen Vaterschaft nur mehr oder weniger sicher sein. Deshalb sind die Voraussetzungen, unter denen Vater und Mutter ihre Phantasien über ihr Kind entwerfen, verschieden: Die Mutter bezieht sich auf ein biologisches Band zwischen sich und dem Kind, der Vater auf eine mehr oder weniger sichere Vermutung über seine Vaterschaft. Den eigenen Sinneswahrnehmungen der Mutter während Schwangerschaft und Geburt stehen auf der Seite des Vaters theoretische Schlußfolgerungen und Phantasien gegenüber. Auch zur Klärung dieser Unsicherheit wird die biologische Geburt des Kindes durch ein kulturelles Ritual ergänzt, in dem der Vater des Kindes benannt und Mutter und Kind zur Seite gestellt wird. Ein Blick auf andere Kulturräume macht deutlich, daß neben dem für unsere gegenwärtige Kultur typischen Modell, in dem mit dem Begriff „Vater" primär der biologische Vater assoziiert wird, ganz andere Regelungen der Vaterschaft anzutreffen sind, in denen meist die Beziehung des Vaters zur Mutter oder dessen Rolle während der Schwangerschaft oder Geburt das zentrale Kriterium sind (vgl. Delaisi de Parseval 1981).

Mit der Einsetzung eines Vaters sorgt die Kultur dafür, daß die Mutter-Kind-Einheit gemäß den Regeln ihres Verwandtschaftssystems zu einer sozialen Gruppe erweitert wird. Deshalb symbolisiert der Vater die Einbindung des Kindes und seiner Beziehungen in das Symbolsystem der kulturellen Regeln. Dies ist eine Grundidee Jacques Lacans zur Funktion der Vater-Metapher. Ein Kind, das sich keine Vorstellung davon machen könnte, was ein Vater ist, würde über einen grundlegenden Baustein seines kulturellen Symbolsystems nicht verfügen und könnte deshalb nicht sinnvoll mit den anderen Mitgliedern der Kultur kommunizieren. Wie im Beispiel des elfjährigen

Jungen mit seinen Spielsachen sehen wir auch hier, daß die Entwicklung des Vaterbildes etwas mit der Entwicklung von kognitiven Strukturen zu tun hat.

Nachdem nun geklärt ist, daß es sich bei der Besetzung der Position des Vaters um eine gesellschaftliche Konvention handelt, können wir uns der sich entwickelnden Vorstellungswelt des Kindes selber zuwenden. In der inneren Welt des Kindes bewegen sich, um eine Formulierung von Maria Torok zu gebrauchen, „Affekte auf der Suche nach Repräsentanzen", das Kind ist „ständig mit der Konstruktion dessen beschäftigt, was anschließend Wirklichkeit wird" (1994, S. 39). In der Regel ist die Mutter diejenige, die den Vater in die sich allmählich ausdifferenzierende Vorstellungswelt des Säuglings einführt. Die Mutter-Kind-Einheit stellt den Kontext dar, in dem der Vater erstmals in Erscheinung tritt. Die Mutter kann darauf Einfluß nehmen, wie das Kind mit dem Vater in Kontakt kommt und ob sich das Kind in der Anwesenheit des Vaters diesem interessiert zuwendet oder ausschließlich zur Mutter hin orientiert bleibt.

Der innere Ort, an dem der reale Vater erscheint und von seinem Kind als Vater wahrgenommen wird, entsteht also dadurch, daß die Mutter den Vater in ihren eigenen Phantasien stellvertretend für das Kind emotional besetzt. Der Vater tritt auf eine Bühne, die die Mutter für ihn vorbereitet hat. Das erklärt, warum die bloße Anwesenheit einer Person, die „Vater" genannt wird, noch keinen Vater ausmacht, solange die Mutter den inneren Ort des Vaters nicht vorbereitet und den realen Vater als dessen Repräsentanten autorisiert hat. Durch die Art und Weise, wie die Mutter den Vater erlebt und auf die Interaktionen zwischen Vater und Kind bestätigend, anfeuernd oder entwertend eingeht, verleiht sie der Repräsentanz des Vaters eine spezifische affektive Färbung.

Weil sich in diesem Prozeß die Mutter-Kind-Dyade hin zu einem Dritten öffnet, sieht das Kind die Idee der Abgrenzung und Ablösung von der Mutter im Bild des Vaters verkörpert. Deshalb beschrieb Lacan den Vater als „die Metapher der Trennung" (zit. n. Widmer 1997, S. 45) und als Garanten dafür, daß sich das Kind von der Mutter ab- und anderen Menschen zuwenden kann. Dieser die Beziehung zur Mutter regulierende Vater, auf den sich die Mutter und mit ihm das Kind beziehen, muß nicht unbedingt der reale Vater des Kindes werden, er kann auch durch den Vater der Mutter repräsentiert sein, auf den der Sohn in der inneren Welt der Mutter stößt. Thomas H. Ogden (1989) beschreibt dies am Beispiel der ödipalen Wünsche des Sohnes gegenüber der Mutter: Die emotionale Antwort der Mutter auf die phallisch-ödipalen Impulse des Sohnes hängt von ihren Erfahrungen mit ihrem eigenen Vater ab; die Vaterrepräsentanz der Mutter wird zum Repräsentanten des Inzesttabus zwischen Mutter und Sohn und verhindert, daß die Triebwünsche zwischen Mutter und Sohn ausgelebt werden.

Damit haben wir die in dem Begriff der „Triangulierung" zusammengefaßte zentrale Funktion der Vater-Metapher für das Kind umrissen: Sie schafft einen dreidimensionalen Vorstellungsraum, in dem die Position der Mutter relativiert und die Wahrnehmung und Abgrenzung des kindlichen Selbst in bezug auf die Mutter und auf andere Objekte ermöglicht wird. Der kleine Sohn identifiziert sich mit der Beziehung des Vaters zur Mutter, weil der Vater ihm die Möglichkeit der Autonomie gegenüber der Mutter und eine Abgegrenztheit seines Selbst vorführt, die das Kind für sich selber erst noch entwickeln muß. In der späteren Entwicklung wird dieses Grundprinzip immer wieder neu beansprucht und bestätigt, etwa wenn, wie beschrieben, in der ödipalen Phase das Bild des Vaters das Inzesttabu zwischen Sohn und Mutter repräsentiert oder wenn in der Adoleszenz die durch die ersten sexuellen Kontakte mit Mädchen ausgelösten Ängste vor einer Regression zur Imago der Mutter mit Hilfe der Identifikation mit dem Vater abgewehrt werden können.

Steht keine reale Vaterfigur zur Verfügung, die sich im Sinne einer Kontrastrepräsentanz

(Rotmann 1978, S. 1127) deutlich von der Mutter unterscheidet, so können Phantasien die unbefriedigende Realität ergänzen oder ersetzen. Solche Phantasien können sich weiterentwickeln und gemäß den jeweiligen Objekt- und Selbstobjektbedürfnissen des Kindes verändern. Das klassische Beispiel hierfür ist Bob, ein kleiner Junge, der von Anna Freud und Dorothy Burlingham (1944) in ihrem Kinderheim in London beobachtet wurde:

Beispiel 2: Bob hatte seinen Vater nie gekannt; er konstruierte sein Vaterbild in Anlehnung an die Vatererfahrungen anderer Kinder, die er kopierte. Die Veränderung von Bobs Phantasien über seinen Vater spiegelt seine Entwicklung wider: Zuerst war der Vater für den dreijährigen Bob „eine Figur, die er lieben und bewundern und mit der er vor anderen prahlen" (S. 988) konnte. Ein halbes Jahr später repräsentierte der Vater Bobs eigene Triebwünsche; er behauptete, sein Vater habe ihm aufgetragen, sich aggressiv zu verhalten, und legitimierte damit seine eigenen aggressiven Impulse. Mit viereinhalb Jahren verkörperte der Vater nur noch positive Eigenschaften: Er tat nichts Unrechtes mehr, war nur noch „stark, groß und schön" (S. 987). Der Vater stand jetzt für die Fähigkeit, das eigene aggressive Potential zu kontrollieren und Wiedergutmachung zu üben.

Bob überarbeitete also sein Vaterbild ständig und paßte es an seine sich wandelnden Triebwünsche und Abwehrbedürfnisse an. Ähnliche Überarbeitungsprozesse finden bei allen Kindern und Erwachsenen statt; bei einem vaterlos aufgewachsenen Kind wie Bob können diese Mechanismen jedoch deutlicher beobachtet und von den realen Interaktionserfahrungen mit dem Vater unterschieden werden. Vaterlose Söhne versuchen oft, ihre Phantasien über den Vater durch eine Überzeichnung des Kontrastes zum Mutterbild zu konturieren. Es läßt sich dann, um diese etwas enthusiastische Formulierung von Jessica Benjamin zu zitieren, „die Schaffung eines *phantasierten* Vaterhelden beobachten, der die Verbindung zur erregenden Außenwelt zu verkörpern und die Rolle des Repräsentanten der Freiheit, der Loslösung und des Begehrens zu übernehmen vermag" (Benjamin 1992, S. 827, Hervorhebung J. G.).

Eine solche Begeisterung für den triangulierenden Vaterhelden erweckt natürlich den Verdacht, daß sich in diesen Konzepten die Wunschphantasien der Psychoanalytiker mit den Phantasien der Kinder verbündet haben könnten, stehen sie doch in einem offensichtlichen Gegensatz zur verbreiteten Abwesenheit der Väter in den Familien (vgl. Schmauch 1987). Den Wissenschaften ergeht es nicht anders als der Gesellschaft im allgemeinen, auch die Konzepte der Psychoanalyse waren nach Freud vaterlos geworden und hatten sich unter dem Paradigma der „frühen Störungen" ausschließlich an der Mutter-Kind-Beziehung orientiert. Vor diesem Hintergrund enthält die Begeisterung über die wiederentdeckte Bedeutung des Vaters für die Entwicklung des Kindes zugleich ein Stück Freude über die reaktivierten Wünsche der Autoren solcher Formulierungen in bezug auf ihre eigenen Väter. Wie in der Gesellschaft insgesamt stehen sich heute auch in der theoretischen Diskussion zwei widersprüchliche Tendenzen gegenüber: Auf der einen Seite ist der von Mitscherlich (1963) beschriebene Prozeß der Erosion der Vaterrolle weiter vorangeschritten, auf der anderen Seite haben sich die Wünsche nach einer Restauration des guten, mächtigen Vaterbildes deutlicher formiert.

Warum dem Vaterbild solch glorifizierende Affekte entgegengebracht werden, wird verständlicher, wenn man sich wieder dem einzelnen Kind zuwendet und am Schicksal von Söhnen, die von ihren Vätern verlassen wurden, konkret miterlebt, welche Wut und Sehnsucht diese Abwendung der Väter freisetzt. James Herzog (1980) beschreibt, wie der Verlust des Vaters bei Jungen im Alter von 18 bis 28 Monaten eine Flut von aggressiven Verhaltensweisen auslösen kann. Die von Herzog untersuchten Jungen hatten Schlafstörungen entwickelt, nachdem sich ihre Eltern getrennt hatten und der Vater die Familie verlassen hatte. Das Fehlen des triangulierenden Vaters kam zum Teil direkt in einer Änderung des Schlafarrangements zum Ausdruck, wenn Mutter und Sohn nun nachts das Bett oder das Zimmer teilten. Diese nächtlichen Ängste klangen dann schnell wieder ab, wenn der Vater zurückkehrte oder ein anderes männliches Objekt in die Beziehung zwischen Sohn und Mutter trat.

Herzog meint, daß der Vater für den Sohn ein System intensiver Affekte organisiert und reguliert, weshalb Söhne mit Vätern besser mit starken Affekten umgehen können als solche Jungen, die ohne Väter aufwachsen. Besonders in der phallischen Phase versuchen die Kinder, mit ihren Vätern oder anderen erwachsenen Männern aggressive Interaktionen auszulösen. Mit ihrem provozierenden und herausfordernden Verhalten suchen sie den Wettkampf mit ihren Vätern, um die eigene Aggression und die des Vaters zu „testen" (Ross 1982), wozu gehört, daß beide die aggressive Begegnung unbeschadet überstehen. So entsteht und festigt sich die Funktion des Vaters als Modulator von intensiven, insbesondere auch aggressiven Affekten; die Vaterbeziehung und später das von ihr unabhängig gewordene Vaterbild können Aggression mehr oder weniger gut binden und nicht-destruktiven Zielen zuführen.

III.

Ich mache nun einen Sprung in die Adoleszenz. Für Freud markierte die Ablösung von den Eltern das Ende der Kindheit und den Beginn der Mitgliedschaft in der sozialen Gemeinschaft; doch glaubte er nicht, daß sich diese Ablösung allzu oft in einer gelungenen Form realisieren läßt:

> „Die Aufgabe besteht für den Sohn darin, seine libidinösen Wünsche von der Mutter zu lösen, um sie für die Wahl eines realen fremden Liebesobjektes zu verwenden, und sich mit dem Vater zu versöhnen, wenn er in Gegnerschaft zu ihm verblieben ist, oder sich von seinem Druck zu befreien, wenn er in Reaktion auf die infantile Auflehnung in die Unterwürfigkeit gegen ihn geraten ist. Diese Aufgaben ergeben sich für jedermann; es ist beachtenswert, wie selten ihre Erledigung in idealer Weise, d. h. psychologisch wie sozial korrekt, gelingt." (1916/17, S. 331)

Das Verhältnis des Sohnes zum Vater ist auch deshalb ambivalent, weil er noch an der Idealisierung des Vaters festzuhalten versucht, um sein eigenes Selbstkonzept zu stützen, während er sich auf der anderen Seite einer realistischeren Wahrnehmung des Vaters als Person mit Stärken und Schwächen immer weniger verschließen kann. Auch der Vater ist in dieser Zeit sehr ambivalent, hat er doch die Kränkung durch den Rückzug des zunehmend weniger von ihm abhängigen Sohnes und seinen eigenen Neid auf die Vitalität des Sohnes zu verarbeiten.

Erinnert sei an das Zitat von Kierkegaard, der den Sohn als Spiegel des Vaters und den Vater als Spiegel des Sohnes beschrieb. Spätestens in der Adoleszenz müssen dann aber die Unterschiede zwischen Vater und Sohn in den Vordergrund treten, damit die beiden „nicht nur Spiegelbilder und Doppelgänger" (Legendre 1989, S. 69) füreinander sind, sondern eine Individuation in der Beziehung möglich ist. Man könnte hier von einem Triangulierungsschritt sprechen, in dem die Orientierung an väterlichen Leitfiguren außerhalb der Familie und an der Peergruppe die Beziehung des Sohnes zum Vater neu reguliert. Am Ende dieses als Entidealisierung des Vaters beschriebenen Prozesses (Blos 1985, Atkins 1989) steht ein neues Bild vom Vater, das nun auch die Unterschiede zwischen Vater und Sohn in realistischen Proportionen zeigen darf. Gelingt eine solche für die Adoleszenz typische Überarbeitung des Vaterbildes nicht, so muß der Sohn entweder das narzißtische Spiegelbild Vater oder das eigene Selbstbild so weit verfremden, bis er eine vom Bild des Vaters deutlich unterschiedene Selbstvorstellung erschaffen hat.

Welche Probleme es gibt, wenn diese Überarbeitungen des Vaterbildes in der Adoleszenz nicht möglich sind und keine Distanz zum Vater gewonnen werden kann, möchte ich an folgendem Beispiel beschreiben.

Beispiel 3: Herr A., ein zwanzigjähriger, bei seinen Eltern wohnhafter Student, sah den Grund für die Aussichtslosigkeit seiner Situation in der für ihn evidenten Tatsache, daß er genau den gleichen Charakter habe wie sein Vater. Er lebte in einer großen inneren Anspannung und Unruhe und geriet immer häufiger in körperliche Auseinandersetzungen oder rannte buchstäblich vor solchen davon, wobei er sich wie unter dem Einfluß einer fremden Kraft fühlte und Dinge tat, die er sich nachher nicht mehr erklären konnte. Durch ein zwanghaftes und immer süchtiger betriebenes Nachdenken versuchte er, sich und seine Probleme zu verstehen und eine Lösung zu finden. Im Laufe der Zeit war dieses exzessive Nachdenken jedoch selber zum Problem geworden, so daß sich Herr A. zunehmend durch sein eigenes Denken bedroht fühlte.

Herr A. hatte ein gespaltenes Vaterbild: Da waren einerseits Vorstellungen von einem starken und erfolgreichen Vater, denen er nachzuleben versuchte, obwohl sie ihm unerreichbar zu sein schienen; diesen standen Berichte über das berufliche Scheitern und die gesundheitlichen Probleme des Vaters gegenüber, die Herr A. von seinem idealisierten Vaterbild abspaltete, zugleich aber in seinem eigenen Versagen und seinen eigenen Symptomen ausagierte. In einer solchen Situation kann man sich als Therapeut dafür entscheiden, diese Schilderungen als Phantasien des Sohnes zu behandeln, oder man kann sich selber ein Bild von diesem Vater verschaffen wollen, um einen Anhaltspunkt für den Realitätsgehalt im Erleben des Sohnes zu bekommen. Wie sehr man als Therapeut die phantasierten Anteile gegenüber den realen Anteilen im Vaterbild des Kindes gewichtet und welche behandlungstechnischen Konsequenzen man daraus ableitet, spielt eine zentrale Rolle bei Menschen, die reale Traumatisierungen durch ihre Väter erlitten haben.

Herr A. war zuerst gar nicht damit einverstanden, daß ich seinen Vater einladen wollte. Er wollte mir seinen realen Vater nicht zeigen. Als ich den Vater dann kennenlernte, war ich überrascht: Er präsentierte sich mir genau so, wie ihn der Sohn beschrieben hatte, als ein Fürst von eigenen Gnaden, der zwar eine liberale Ideologie vertrat, aber in dem kleinen Reich der Familie, über das er gebot, keine andere Ansicht als die seinige gelten ließ. Mir kam er als eine Personifizierung von Kafkas Phantasien über die Allmacht seines Vaters vor: „Manchmal stellte ich mir die Erdkarte ausgespannt und Dich quer über sie hin ausgestreckt vor. Und es ist mir dann, als kämen für mein Leben nur die Gegenden in Betracht, die Du entweder nicht bedeckst oder die nicht in Deiner Reichweite liegen" (Kafka 1959, S. 67). Nur handelte es sich bei der Erscheinung von Herrn A.s Vater nicht um eine Phantasie des Sohnes, sondern um die Selbstinszenierung des realen Vaters.

Der Junge mit den vielen Spielsachen, von dem ich im ersten Beispiel berichtet hatte, hatte einen Mangel in der realen Erfahrung mit dem Vater dadurch überbrückt, daß er sich die Präsenz des Vaters zu all den Spielsachen hinzuphantasiert hatte. Bei Herrn A. war das Gegenteil der Fall. Er litt an einem *Zuviel an väterlicher Präsenz*, war völlig mit der Phantasie identifiziert, die der Vater über sich hatte, und mit der Spaltung, die dieser Selbstinszenierung des realen Vaters zugrunde lag. Sein Problem war, daß er keine eigene Phantasie über den Vater und somit auch keine *eigene* Phantasie über sich selber entwerfen konnte. Deshalb war er auch nicht in der Lage, mit seinen Phantasien eine Brücke zum Vater oder anderen väterlichen Figuren zu bauen; ihm blieb nur die Möglichkeit, sich entweder völlig mit dem Vater zu identifizieren oder das Bild des Vaters und damit auch sich selber zu zerstören.

Die Mutter stand all dem hilflos gegenüber. Sie schien zu der Dynamik zwischen Vater und Sohn keinen Zugang zu haben. Die Dyade Vater-Sohn hatte sich gegen die Mutter hin abgeschlossen und konnte durch diese nicht trianguliert werden (vgl. Lang 1995). Daneben bestand aber auch eine starke dyadische Beziehung zwischen Herrn A. und seiner Mutter, in der die Mutter Herrn A. als ihr kleines, hilfsbedürftiges Kind erlebte. Auch die Suizidphantasien des Sohnes widerspiegelten diese dyadischen Fixierungen: Der Suizid stellte entweder eine Rache am Vater oder die Vereinigung mit der Mutter dar.

Herr A. und sein Vater waren füreinander Spiegel und Spiegelbild gewesen, alle Abweichungen waren dadurch aus der Welt geschafft worden, daß sich der eine an den anderen wieder anpaßte oder daß die Wahrnehmung dieser Differenz abgespalten wurde. Herr A. hatte nie das Bedürfnis empfunden, gegenüber dem Vater eine Privatsphäre zu haben, und nur ein einziges Mal hatte er ein Geheimnis vor seinem Vater gehabt, als er eine Zeitlang Drogen konsumierte. Als dieses Geheimnis aufflog, verhielt sich der Vater ganz anders, als Herr A. erwartet hatte; er ließ sich vom Sohn in den Gebrauch dieser Drogen einführen und konsumierte sie fortan selber. Damit waren sie einander nun wieder völlig gleich, der Vater hatte auch diesen Baustein einer eigenen Identität seines Sohnes unter seinen Einfluß gebracht, neutralisiert und wertlos gemacht.

Mit dem Jungen mit den vielen Spielsachen hatte Herr A. die Beeinträchtigungen in den Ich-Funktionen gemein, die sich bei beiden auch in Form von kognitiven Schwächen manifestierten. Der Junge mit den Spielsachen konnte bessere schulische Fähigkeiten entwickeln, nachdem in der Therapie verstanden worden war, daß seine Objektbeziehungsphantasie mit dem Vater vom Muster der kurzfristigen Zu- und Abwendung des Objekts geprägt war und als generalisiertes Schema der Aufmerksamkeits- und Lernabläufe funktionierte. Das Problem von Herrn A. war größer, ihm stand der triangulierte innere Vorstellungsraum gar nicht zuverlässig zur Verfügung, in dem er seine Gedanken auf eine wirksame Art und Weise hätte entwickeln können, deshalb lief seine Selbstreflexion leer. Sie war statt dessen zum Medium der Triebabfuhr geworden, diente der Selbstanklage und ermöglichte rauschartige Zustände, die an Kafkas nächtliche Schreibexzesse erinnerten, in denen dieser das Leiden an seinem Vater und seiner Existenz in Literatur sublimierte: „Nur die Nächte mit Schreiben durchrasen, das will ich. Und daran zugrundegehen oder irrsinnig werden, das will ich auch..." (zit. n. von Matt 1995, S. 286).

IV.

Ich möchte abschließend noch einmal auf den kulturellen Kontext zurückkommen, der die Beziehung zwischen Vater und Sohn stiftet, indem er Regeln dafür bereitstellt, wer als Vater des Kindes gilt und in welcher Beziehung dieser zum Kind und dessen Mutter steht. Jede Kultur stellt einen Fundus an zum Teil widersprüchlichen Vorstellungen darüber zur Verfügung, was ein Vater ist, was er in der Kultur gilt und wie man sich seine Stellung in der Familie und die Beziehung zwischen Vater und Sohn vorstellt. Zu diesen gesellschafts- und zeitspezifischen Vorstellungen, die man als das Vaterbild der Kultur bezeichnen könnte, steht das individuelle Vaterbild in einem wechselseitigen Austauschverhältnis; es bezieht sich auf dieses kulturelle Bild und es reproduziert es.

Das Vaterbild des Einzelnen kann sich auf personifizierte gesellschaftliche Repräsentanten des Vaterprinzips beziehen, wie etwa in Zeiten stabiler religiöser Systeme auf Gott oder im Kaiserreich auf den Kaiser, aber auch auf bestimmte Strukturen, die durch Gesetze oder Institutionen verkörpert werden. Die strukturelle Identität einer Institution mit dem Vaterbild tritt oft erst dann zutage, wenn die Struktur der Institution oder die des Individuums zerfällt. Ein extremes Beispiel hierfür ist jene von Legendre (1989) geschilderte Tat des Gefreiten Lortie, eines jungen Familienvaters und Soldaten, der im Jahre 1984 in einer gut geplanten Aktion die Regierung von Québec zu massakrieren versuchte und dafür die Erklärung abgab, daß diese (und nicht etwa die Regierenden selber) das Gesicht seines Vaters habe.

Wenn im Rahmen kultureller Veränderungsprozesse diese gesellschaftlichen Repräsentanzen verblassen, weil die ihnen zugrundeliegenden Institutionen erodieren oder verschwinden, so geraten die Persönlichkeiten, die sich in ihrem Vaterbild auf diese kulturellen Vorstellungen beziehen, ebenfalls unter Druck.

Die individuelle Vaterimago muß nun neu überarbeitet werden, oder sie wird, sofern sie sich nicht mit wandelt, unter Umständen dysfunktional. Je nachdem, wie flexibel die psychische Struktur und darin das Vaterbild ist, kann der Einzelne den kulturellen Wandel als Befreiung oder Bedrohung erleben.

Beispiel 4: Die Wechselwirkung zwischen kulturellem Kontext und individuellem Vaterbild soll wiederum an einem Beispiel aus der therapeutischen Praxis illustriert werden: Als ich Max kennenlernte, war er 13 Jahre alt. Er lebte bei seiner Mutter, seinen Vater kannte er nicht. Bereits in unserem ersten Gespräch äußerte Max seine Wut auf den leiblichen Vater, weil der ihn und die Mutter sitzengelassen habe. Die Mutter sprach nie über den Vater, Max wußte über ihn nur, daß er aus dem damaligen Jugoslawien stammte. Wie der kleine Bob im Heim für Kriegskinder mußte deshalb auch Max sein Vaterbild aus allgemeinen, in seiner Umgebung verfügbaren Vorstellungen entwerfen.

Nach einiger Zeit begann Max davon zu sprechen, daß er mal nach Jugoslawien wolle, um seinen Vater zu suchen. Zunehmend begann ihn der Krieg in Jugoslawien zu beschäftigen, und er stellte sich den Vater als einen mit einem imposanten Gewehr bewaffneten Kämpfer vor. Vor dem Hintergrund des damaligen Bürgerkriegs liegt die Vermutung nahe, daß auch die Fernsehbilder von schwer bewaffneten Jugoslawen zu dieser aggressiven Ausgestaltung der Vaterphantasie mit herangezogen wurden. Wie auch immer, Max hatte sich ein vorläufiges Bild von seinem Vater erschaffen, in dem auch die Aggression ihren Ort hatte. Von diesem Zeitpunkt an ging er gerne zur Schule, und die Leistungsprobleme traten in den Hintergrund.

Einige Monate später fragte sich Max, ob sein Vater noch lebte oder ob er im Krieg umgekommen sein könnte, gleichzeitig begann er immer häufiger über Jugoslawen zu schimpfen. Indem er nun unter Rückgriff auf die kulturellen Vorurteile über „die" Jugoslawen im allgemeinen herzuziehen begann, sprach Max im Grunde über seinen leiblichen Vater; das fehlende Wissen über den Vater ersetzte er durch solche gängigen Vorurteile. Zugleich sprach er damit aber auch über sich selber, weil er unbewußt mit diesem Bild des Vaters identifiziert war. Diese unbewußte Identifikation mit dem von ihm manifest abgelehnten negativen Klischee des Jugoslawen inszenierte er in vielen seiner sozial anstößigen Symptome, auf die ich hier nicht im einzelnen eingehen kann.

Schließlich beschäftigte er sich mit der Frage, was er tun würde, wenn er seinen Vater ausfindig gemacht hätte und ihm endlich gegenüberstünde: würde er den Vater oder würde der Vater ihn erschießen? Die Selbstvorstellung und die dazu gehörende Objektvorstellung waren durch diese Vorstellung von einer aggressiven Interaktion miteinander verbunden, sie brachten die Wut *und* die Opferrolle zum Ausdruck, in der sich Max gegenüber dem Vater sah.

In jener Zeit, in der Max zu mir kam, hatte sich das kulturelle Klischee des Jugoslawen stark ins Negative verändert und um die Komponente der kriegerischen Aggressivität erweitert. Aus Jugoslawen waren Serben geworden, und diese galten nun nicht mehr als „Helden des Zweiten Weltkriegs", sondern „als Botschafter der dunklen Seite der neuen Weltordnung: von Intoleranz, ethnischer Säuberung und Genozid" – mit diesen Worten charakterisierte kürzlich ein serbischer Journalist (Z. Cirjakovic, Zürcher Tages-Anzeiger vom 24.10.1998, S. 2) die Entwicklung des Bildes vom Serben im Ausland. Eine solche Veränderung mußte auch auf das an dieses Klischee angelehnte Vaterbild von Max Einfluß nehmen.

Mit diesem Beispiel wollte ich veranschaulichen, daß sich Vaterbilder auf einen kulturellen Kontext beziehen und durch Änderungen dieses Kontextes verändern können. Das Beispiel weist zugleich darauf hin, wie stark die Verzerrungen im Vaterbild eines vaterlosen Sohnes sein können und wie schwach die Integrationsfähigkeit einer nur auf Phantasien aufgebauten Vaterimago sein kann, wenn die Affekte nicht mit realen Vaterfiguren „getestet" und moduliert werden können.

Gegenwärtig ist viel von der Virtualisierung der Identität die Rede, was die Frage aufwirft, ob es auch eine Virtualisierung der Vaterbilder geben kann. Sicher ist, daß sich die kulturellen Phantasien über die Vater-Sohn-Beziehung in einer Epoche, die durch den Begriff „Virtualisierung" charakterisiert ist, sehr von denen unterscheiden, die unter dem Motto „Revolte gegen die Väter" etwa die Zeit der 68er-Bewegung geprägt haben. Betrachtet man das Sortiment an virtuellen Vätern, die derzeit im Internet angeboten werden, so kann das Mißverhältnis zwischen den Wünschen, die geweckt werden, und den realen Angeboten, die zur Erfüllung dieser Wünsche offeriert werden, bislang nur enttäuschen: Es gibt zwar eine Web-Seite (http://www.deardad.infospace.com), auf der man sich aus zwei Dutzend Items einen Wunschvater zusammenstellen kann, doch entpuppt sich der Wunschvater dann als Snoopy oder Prince Charles. Bis den Söhnen die eigene Phantasietätigkeit abgenommen und ihnen aus dem Cyberspace ein Vaterbild nach Wunsch geliefert wird, wird also noch etwas Zeit vergehen.

Literatur

Atkins, R. N. (1989): The fate of the father representation in adolescent sons. In: Journal of The American Academy of Psychoanalysis 17, No. 2, S. 271-291.

Benjamin, J. (1992): Vater und Tochter: Identifizierung mit Differenz. Ein Beitrag zur Geschlechter-Heterodoxie. In: Psyche 46, S. 821-846.

Blos, P. (1985): Sohn und Vater. Stuttgart 1990 (Klett-Cotta).

Delaisi de Parseval, G. (1981): La part du père. Paris (Ed. du Seuil).

Freud, A., Burlingham, D. (1944): Anstaltskinder. In: Die Schriften der Anna Freud. Bd. III. München 1980 (Kindler).

Freud, S. (1900): Die Traumdeutung. Studienausgabe, Bd. II. Frankfurt/M. (Fischer).

Freud, S. (1916/17): Vorlesungen zur Einführung in die Psychoanalyse. Studienausgabe, Bd. I. Frankfurt/M. (Fischer).

Freud, S. (1921): Massenpsychologie und Ich-Analyse. Studienausgabe, Bd. IX. Frankfurt/M. (Fischer).

Glötzner, J. (1983): Bemerkungen über „den Vater". In: Ders. (Hg.): Der Vater. Über die Beziehung von Söhnen zu ihren Vätern, Frankfurt/M. (Fischer), S. 7-25.

Grieser, J. (1998): Der phantasierte Vater. Zu Entstehung und Funktion des Vaterbildes beim Sohn. Tübingen (edition diskord).

Herzog, J. M. (1980): Sleep Disturbance and Father Hunger in 18- to 20-Month-Old Boys. The Erlkönig Syndrom. In: Psychoanalytic Study of the Child 35, S. 219-233.

Kafka, F. (1953): Brief an den Vater. Frankfurt/M., 1975 (Fischer).

Kohut, H. (1984): Wie heilt die Psychoanalyse? Frankfurt/M., 1987 (Suhrkamp).

Lang, H. (1995): Das Konzept der „strukturalen Triade". In: Buchheim, P., Cierpka, M., Seifert, Th. (Hg.): Lindauer Texte. Berlin (Springer), S. 50-58.

Laplanche, J., Pontalis, J.-B. (1967): Das Vokabular der Psychoanalyse. Frankfurt/M., 1973 (Suhrkamp).

Legendre, P. (1989): Das Verbrechen des Gefreiten Lortie: Abhandlung über den Vater. Freiburg i. B., 1998 (Rombach).

von Matt, P. (1995): Verkommene Söhne, mißratene Töchter. Familiendesaster in der Literatur. München (Hanser).

Mitscherlich, A. (1963): Auf dem Weg zur vaterlosen Gesellschaft. Neuausgabe 1973. München (Piper).

Ogden, Th. H. (1989): Die Schwelle des männlichen Ödipuskomplexes. In: Ders.: Frühe Formen des Erlebens. Wien, 1995 (Springer), S. 144-170.

Ross, J. M. (1982): Oedipus revisited: Laius and the „Laius complex". In: Psychoanalytic Study of the Child 37, S. 169-200.

Ross, J. M. (1984): The Darker Side of Fatherhood: Clinical and Developmental Ramifications of the „Laius Motif". In: Pollock, G., H., Ross, J. M. (Hg.): The Oedipus Papers. Madison, 1988 (Int. Universities Press), S. 389-417.

Rotmann, M. (1978): Über die Bedeutung des Vaters in der „Wiederannäherungs-Phase". In: Psyche 32, S. 1105-1147.

Schmauch, U. (1987): Anatomie und Schicksal. Zur Psychoanalyse der frühen Geschlechtssozialisation. Frankfurt/M. (Fischer TB).

Torok, M. (1994): Phantasie. Versuch einer begrifflichen Klärung ihrer Struktur und Funktion. In: Psyche 51, 1/1997, S. 33-45.

Widmer, P. (1997): Subversion des Begehrens. Eine Einführung in Jacques Lacans Werk. Wien (Turia u. Kant).

Triadische Position und psychoanalytisches Konfliktverständnis

Zur gegenwärtigen Vermittlung von Beziehungs- und Bindungsqualitäten zwischen den Generationen[1]

Ellen Reinke

1. Vom – oft lautstarken – Konflikt zum lautlosen Kampf zwischen den Generationen?

Den herkömmlichen Generationenkonflikt möchte ich am Beispiel der „rebellischen" Jugend verdeutlichen: Man ging allgemein davon aus, daß der Übergang zwischen den Generationen – genauer gesagt: das Herauswachsen der Jugendlichen aus der direkten Verantwortung der Familie in die Volljährigkeit – sich auf dem Hintergrund von mehr oder weniger handfesten Krächen bis hin zum Beziehungsabbruch zwischen Eltern und Söhnen, ja sogar Töchtern abspielt. Die Jugend galt als rebellisch, wollte die alten Ordnungen der Eltern umstoßen und neue Wege gehen. Sie zeigte Initiative und Kreativität, sprich: Sie drängte hinaus und hatte allerlei wunderliche bis gefährlich Einfälle, die sie nicht zögerte, in die Tat umzusetzen.

Siegfried Bernfeld hat es in folgende Worte gefaßt: „Diese Jugend ist von direkter, aktiver kultureller Bedeutung, einerlei ob man sie gegebenenfalls für fördernd oder für schädlich erklärt..." (1923, S. 756)

Die neuere Diskussion um den Kampf zwischen den Generationen und die Kündigung des Generationenvertrags möchte ich am Beispiel der „Nesthocker" in „Mamas Hotel" verdeutlichen: Vom Lärmen rebellischer Jugend hört man gegenwärtig nicht viel. Statt dessen klammern sich die Jugendlichen ans sogenannte „Hotel Mama". Sie sind von ihren ewig jugendlichen Eltern kaum zu unterscheiden. Nicht nur in der Werbung ist die Mutter anzutreffen, die mit ihrer Tochter und deren Freundinnen „zum Abtanzen" in die Diskotheken geht, oder der Vater, der statt auf Vermittlung und Zurücktreten auf Konkurrenz setzt, hier ebenfalls oft sichtbar in der Bekleidung und den Freizeitaktivitäten. Emotionen in Form von handfestem Krach scheinen nicht mehr hochzukochen. Jedenfalls ist die Bereitschaft, die anliegenden Probleme „vernünftig" zu regeln, offenbar gestiegen. Alle scheinen auf ihre Kosten zu kommen.

Vor dem Hintergrund dieser Familien-Idylle scheint es geradezu paradox, in diesem Beitrag den „Kampf zwischen den Generationen" zu bearbeiten. Ich habe das jedoch mit Bedacht getan und möchte mich im folgenden eingehender mit diesem Paradox beschäftigen, indem ich zeige, wie die für das alte Generationenverhältnis postulierte Konfliktkultur lebensgeschichtlich entsteht und welches die in-

---

[1] Vortrag, gehalten unter dem Titel „Kampf zwischen den Generationen – Psychosoziale Betrachtungen zur Kündigung des Generationenvertrags", am 29.10.1998 im KITOkolleg Generationen.

nerpsychischen wie intersubjektiven Voraussetzungen dafür sind.

Vorausgeschickt sei meine Interpretation des Begriffs vom Generationenvertrag, wie er bisher existierte und wie er gegenwärtig in Frage gestellt ist. Denn sowohl in den Medien wie in wissenschaftlichen Symposien wird diskutiert, daß man ihn als gekündigt betrachten kann.

Was also ist mit Generationenvertrag gemeint? Knapp gesagt folgendes: Die jeweils erwerbstätige Generation sorgt durch die gerechte Verteilung aller Ressourcen einerseits dafür,
– daß die Alten einen angemessenen Ruhestand genießen können,
und sie sorgt andererseits dafür,
– daß die Jungen einen durch Ausbildung und Studium, Lehr- und erste Arbeitsplätze gesicherten Übergang von der Kindheit/Jugend ins Erwerbsleben finden können.
Da Solidarverhältnisse nur auf Wechselseitigkeit beruhen können bzw. nur funktionieren, wenn das wechselseitige Verhältnis erhalten bleibt, kann es nicht überraschen, daß die emotionale und finanzielle Sorge der Elterngeneration ein Pendant haben mußte.

Schauen wir uns zunächst an, was die Kinder als Pendant zu geben hatten. Sie zeigten Freude und Anhänglichkeit, Lernbereitschaft und Neugierde, Dankbarkeit und Vertrauen, auch Gehorsam gegenüber den Älteren. Sie zeigten die Bereitschaft zur Anerkennung der Autorität von Eltern, Lehrern oder Meistern. Sie waren in der Lage, von den Älteren etwas anzunehmen.

Um das zu skizzieren, was die Jüngeren den Älteren entgegenbrachten, habe ich soeben eine ganze Reihe von „altmodischen" Begriffen verwendet, die alle als Grundlage voraussetzen, daß die Jüngeren den Älteren Vertrauen entgegenbringen konnten. Das Vertrauen nämlich, daß die Älteren nicht nur ihr eigenes Wohl, sondern auch das Wohl der Anderen, Jüngeren, berücksichtigen würden. Das ist der Unterschied zwischen einem Solidarverhältnis und einem Ausbeutungs- oder Herrschaftsverhältnis: Wechselseitigkeit.

Wie sah aber der Beitrag der Großeltern und Alten aus: Die Großelterngeneration ihrerseits gewährte den Kindern und den Enkelkindern emotionale und finanzielle Unterstützung, und, was am wichtigsten war: sie hatte Zeit und Aufmerksamkeit für die Bedürfnisse der Jüngeren übrig. Das heißt konkret, sie war nicht vorwiegend, wie die heute lebende sogenannte „Goldene Rentnergeneration", mit der Suche nach der Verlorenen Zeit und der eigenen Lebenserfüllung beschäftigt. Sie hatte auch das Wohl der jetzt erwerbstätigen eigenen Kinder im Auge. Die mittlere Genaration, also die der gegenwärtigen Eltern, war somit zum Teil wenigstens entlastet von der Versorgung, gerade auch der emotionalen Versorgung der Kinder.

Nicht die geringste Auswirkung dieser gegenseitigen Rücksichten war die Allgegenwart von – keinesfalls konfliktfreien – zwischenmenschlichen Interaktionen. Das Zuhause war nicht leer, es war jemand da: die Mutter, die Tante, die Großeltern, die Geschwister, die Cousins und Cousinen, die Nachbarin...

Dieser Generationenvertrag, der in seiner Umsetzung selbst immer konflikthaft war, eben ein Teil des lärmend-konflikthaften Übergangs zwischen den Generationen, gehört nun der Vergangenheit an. Neben dem gesellschaftlichen Wandel und dem Wandel der Produktionsverhältnisse liegt das am Wandel der Qualität innerfamiliärer Bindungen selbst.

Ich will diese Qualität der zwischenmenschlichen Bindungen nun weiter über den psychoanalytischen Konfliktbegriff und das Nachdenken über seine Voraussetzungen verdeutlichen. In einen Konflikt gerät man immer dann, wenn einem in bezug auf unvereinbare Wünsche und Interessen eine Entscheidung abgefordert wird.

Ich gebe ein Beispiel: Ein kleines Kind ist hin- und hergerissen zwischen einem Selbstbehauptungswunsch, dessen Erfüllung es auch stolz machen würde, und einem Verbot der Mutter, die das Gewünschte für gefährlich hält. Der Konflikt entsteht nun nicht etwa zwischen Behauptungswunsch und Verbot, wie man auf den ersten Blick glauben könnte. Er entsteht für das Kind zwischen der Selbstliebe und der Liebe zur Mutter, also der Objektliebe, wie dies in der psychoanalytischen Entwicklungspsychologie genannt wird.

Ein Verbot an sich kann keinen Konflikt im Kind heraufbeschwören – nur Unterwerfung oder Protest. Konflikthaft wird es erst, wenn das Kind auf der Grundlage seiner Geschichte liebevoller, emotionaler Erfahrungen mit der Mutter das Verbot ins Verhältnis setzt zur Selbstliebe einerseits und zur Liebe zur Mutter, also zur Objektliebe andererseits.

Diese Fähigkeit zum Erkennen eines Konflikts sowie zur Konfliktbearbeitung entwickelt sich, lebensgeschichtlich betrachtet, auf dem Boden von zuvor erfahrenen Szenen mit den frühen Bezugspersonen. Konfliktfähigkeit setzt damit Bindungsfähigkeit voraus. John Bowlby hat in der Bindungsfähigkeit eine Grundanlage des Menschen gesehen, und seine Nachfolger haben im Rahmen der Bindungstheorie empirisch erforscht, welche Formen bzw. Bindungsqualitäten sich zwischen Eltern und Kindern entwickeln. Die Psychoanalyse geht darüber hinaus, indem sie in ihrer Entwicklungstheorie (von Anna Freud über René Spitz, Margaret Mahler bis zu Kritikern und Fortführern wie Lichtenberg, Stern und Emde) zeigt, wie sich diese Bindungsqualitäten herausbilden.

In der heutigen Forschung besteht Einigkeit darüber, daß das Kleinkind in bezug auf seine körperlichen wie physischen Kompetenzen von Anfang an besser ausgestattet ist als in bezug auf seine seelischen.[2] Sein Verständnis der seelischen bzw. psychischen Welt muß sich erst entwickeln, erst dann kann es die Absichten bei sich selbst und bei den anderen angemessen erkennen und interpretieren. Es muß erst einen Verstehenshorizont entwickeln, der, wie auch die Neuropsychologie zeigt, in Form von Engrammen eine innerpsychische Repräsentanz finden muß.

Ein solcher Verstehenshorizont bzw. seine innerpsychischen Repräsentanzen sind Voraussetzung für das oben geschilderte Verständnis von Konflikt. Dabei stehen Emotionalität und Rationalität in einem innigen Verhältnis zueinander, wie ich nun anhand der Wiederaufnahme des obigen Beispiels weiter zeigen möchte.

Die Mutter in unserem Beispiel hat dem Kind verboten, mit seinem Dreirädchen aus der Nebenstraße heraus auf die Hauptstraße zu fahren. In dieses Verbot sind sowohl emotionale wie rationale Überlegungen eingegangen. Sie wird das Bedürfnis des Kindes nach Selbstbehauptung, Abenteuer und Stolz auf gelungene neue Leistungen abwägen gegen die Fähigkeiten des Kindes, im Straßenverkehr zu bestehen, sie wird die reale Gefährdung auf der Hauptstraße einzuschätzen versuchen, und, was das Wichtigste ist, sie wird ihre eigene Besorgnis, das Kind aus den Augen zu lassen, ihre Angst, es könnte ein Unglück passieren, mit bedenken, aber nicht in den Vordergrund stellen. D. h., daß die Mutter in ihrem Herzen, wie man früher sagte, den Wunsch des Kindes nach allen Seiten bewegt hat und nicht nur ihre, sondern gerade auch seine Bedürfnisse mit in die Entscheidung für ein Verbot hat einfließen lassen. In der heutigen Diskussion fokussiert man nicht auf die Sache des Herzens, sondern auf die inneren Räume der Mutter.

Die Mutter hat den Wunsch des Kindes in einem inneren, geistigen Prozeß bewegt. Das Kind und sein Bedürfnis haben damit eine Repräsentanz im Denken und Empfinden der Mutter gefunden, eine innere Repräsentanz des Kindes als Subjekt mit eigenen Absichten und Wünschen.

Vor dem Verbot trägt die Mutter also zunächst einen Konflikt in sich selbst aus, indem sie ihre eigenen Bedürfnisse und Wünsche auf dem Hintergrund ihrer Vorstellung vom Kind abwägt.

Der englische Psychoanalytiker Peter Fonagy (1992, 1998) hat das Vorhandensein einer

---

[2] S. die Zusammenfassung dieser Diskussion in der Zeitschrift Psyche 52, 4/1998, mit Beiträgen von Dornes, Fonagy, Köhler u. a.

innerpsychischen Vorstellung vom Kinde als Subjekt mit eigenen Absichten, Wünschen und Interessen bei den Eltern als das wesentliche Moment von Elternschaft bezeichnet. In dieser innerpsychischen Repräsentanz bei den Eltern sieht er die Voraussetzung dafür, daß Eltern in der Lage sind, die Bedürfnisse des Kleinkinds richtig zu interpretieren und angemessen mit ihnen umzugehen.

In einer älteren Terminologie, der von René Spitz (1965), würden wir zumindest für einen Teil dieser komplexen Fähigkeit der Eltern von der „koenästhetischen" Wahrnehmungsfunktion sprechen, einer Form der ganzheitlichen und Tiefenwahrnehmung für die Situation und die Bedürfnisse des Kindes. Diese Fähigkeiten gehören zu dem, was Fonagy das erlebende oder vor-reflexive Selbst nennt; der innere Abwägungsprozeß, der Umgang mit dem Konflikt und schließlich die Konfliktlösung – oder ihr Scheitern – findet in einem anderen Teil des Selbst statt, das er das „psychologische Selbst" nennt: „Das psychologische Selbst reflektiert über die bewußten und die unbewußten seelischen Erfahrungen." (Fonagy 1996, S. 96)

Diese Fähigkeit läßt sich vergleichen mit der von René Spitz beschriebenen „diakritischen" Wahrnehmungsfunktion. Es ist ersichtlich, daß letztere bei der Interaktion zwischen dem Kleinkind und der frühen Pflegeperson zunächst nur beim erwachsenen Partner entwickelt ist. Sie bildet sich beim Kleinkind heraus in den Szenen des Umgangs mit ihm und durch die Angemessenheit, mit der die Mutter oder eine andere Pflegeperson die Absichten des Kleinkindes erfassen. Hierfür ein Beispiel:

> „Man stelle sich ein 11 Monate altes Kind vor, das ziemlich verzweifelt auf ein Glas Wasser zeigt. Die Mutter greift zuversichtlich unter den Tisch, um eine in Alufolie gewickelte Verpackung aufzuheben, und gibt diese dem Kind. Das Kind lächelt zufrieden. In diesem Beispiel macht sich die Mutter klar, daß der Säugling ein glänzendes Ding gesehen hat und dieses aus den Augen verlor; statt dessen zeigte es nun auf einen anderen glänzenden Gegenstand, als ob es der Mutter wenigstens annähernd zeigen wollte, was es sich wünscht. Die Fähigkeit der Mutter, dem Kleinkind dessen geistige Existenz in ihrem eigenen Denken und Fühlen zeigen zu können, legt in den frühen Jahren die Grundlage für die Fähigkeit des Kindes, sich selbst und seine Rolle wahrzunehmen. Die seelisch-geistige Erfahrung des Kleinkindes von sich selbst wird langsam durch seine sorgfältige Beobachtung des Gegenübers und seine Schlußfolgerungen über den seelischen Zustand dieses Gegenübers erworben." (Fonagy 1991, S. 96; Übersetzung leicht verändert, Verf.).

Ich denke, daß ich damit die entwicklungsgemäßen Voraussetzungen soweit geschildert habe, daß wir zum nächsten Punkt übergehen können, und möchte zunächst kurz meine Erkenntnisquellen und -interessen nennen, um anschließend eine etwas längere Fallgeschichte vorzustellen, die dann als Hintergrund für das weitere Verständnis von Konflikt und Kampf zwischen den Generationen dienen kann.

2. Quellen für Erkenntnisinteresse und Ergebnisse

Zur Erweiterung der um den Konfliktbegriff zentrierten vorstehenden Überlegung zum Verhältnis zwischen den Generationen möchte ich einige der Quellen nennen, aus denen unser Erkenntnisinteresse entstanden ist und aus denen wir die obigen Erkenntnisse gewonnen haben.

Neben der Forschung im Rahmen der psychoanalytischen Entwicklungstheorie stammen sie aus der psychoanalytischen therapeutischen Praxis und damit aus der Analyse von Lebensgeschichten, in denen sich das reflexive Selbst nur unzureichend oder gar nicht entwickelt hat. Diagnostisch gesprochen, handelt es sich um Analysen mit Patienten, die an frühen Störungen ihrer Persönlichkeitsentwicklung leiden; psychoanalytisch gesprochen, vor allem um Borderline-Persönlichkeitsstörungen, um antisoziales Verhalten und um narzißtische Persönlichkeitsstörungen.[3] In der kli-

---
[3] Neuere Literatur hierzu mit weiterführenden Angaben: Otto F. Kernberg (Hg.) (1996): Narzißtische Persönlichkeitsstörungen. Stuttgart, Schattauer.

nischen psychoanalytischen Literatur sind diese Entwicklungen und ihre psychoanalytischen Behandlungsmöglichkeiten in den letzten Jahrzehnten ausführlich erforscht und diskutiert worden. Sie haben in die Diskussionen der Soziologie und der Pädagogik Eingang gefunden. Auch in der Terminologie der international verwendeten Diagnostischen Nomenklatur DSM-III-R sind diese pathologischen Entwicklungen detailliert definiert und werden dort in ihrem individuellen Krankheitswert wie in ihrer Auswirkung auf die umgebende soziale Welt gewürdigt.

Daß wir als Psychoanalytiker in unserer Praxis, vor allem aber die Kolleginnen und Kollegen in den gemeindenahen Institutionen wie Kindergärten, Erziehungsberatungsstellen, Kinderärzte, Lehrer, es mit Kindern, jungen Menschen und Erwachsenen zu tun haben, die solche Entwicklungsstörungen aufweisen, hat unser Erkenntnisinteresse geweckt, mehr über den normalen Entwicklungsgang und über Familien zu erfahren, bei denen sich das psychologische Selbst einigermaßen unbeschädigt entwickeln konnte.

Es war für uns als an der Universität Lehrende und Ausbilder von künftigen Psychologen daher naheliegend, aus diesen aktuelleren Entwicklungen auch Themen für das Projektstudium herauszugreifen. So stammt ein guter Teil meiner hier präsentierten Erkenntnisse auch aus den Ergebnissen der Arbeit mit Studierenden, beispielsweise aus den Projekten „Beratung unter Supervision" und „Auf dem Weg zur elternlosen Gesellschaft".

Das zuletzt genannte Projekt war besonders interessant für die uns hier beschäftigende Thematik des Übergangs vom Generationenkonflikt zum Generationenkampf. Anknüpfend an die vor nunmehr ca. 35 Jahren veröffentlichte sozialpsychologische Untersuchung von Alexander Mitscherlich, „Auf dem Weg zur vaterlosen Gesellschaft", haben wir als Arbeitshypothese an den Anfang des Projekts gestellt, daß nicht nur die für Triangulierung notwendigen Leistungen der Väterlichkeit verschwinden, sondern auch die für die Begründung der Dyade notwendigen Leistungen der Mütterlichkeit – kurzum: Wir sind „Auf dem Weg zur elternlosen Gesellschaft".

Als weiterer Hintergrund für Erkenntnisinteresse und Quelle für Erkenntnisse ist die ethnopsychoanalytische Perspektive zu nennen. Hier wird nach dem gefragt, was in der eigenen Ethnie aus der bewußten Überlegung, aus der Reflexion herausgefallen ist bzw. was aufgrund von individuellen Konflikten und gesellschaftlichen Interessen „unbewußt gemacht worden ist" (Erdheim 1982). Ich möchte in diesem Zusammenhang auch auf meinen Aufsatz „Jugend angesichts von Postadoleszenz, Zweiter Karriere und Aktivem Altern" (1998) hinweisen. Hierher gehört auch meine Auseinandersetzung mit der Diskussion zur Frage des Generationenkampfs in Frankreich, von der ich wichtige Anregungen für meinen heutigen Beitrag bekommen habe: „La Lutte entre les générations".[4] Dieser reflexive Blick über den Zaun zu unseren Nachbarn und zurück auf die Situation in unserem eigenen Land hat sich für mich nicht nur im Zusammenhang mit der vorliegenden Thematik als fruchtbar erwiesen. Aus meinem anderen Forschungsschwerpunkt zum Generationentransfer zwischen der Elterngeneration im Nationalsozialismus und der sogenannten „Zweiten Generation" waren ebenfalls wesentliche Einsichten zu gewinnen. (Reinke 1992, 1993)

3. Gewinner und Verlierer

Achim
Achim ist ein 18jähriger Schüler einer gymnasialen Einrichtung, in der Studenten der Psychologie als Praktikanten einen Ort zur Aussprache für die Schüler geschaffen haben. Als Achim die Diskussionsangebote der Studierenden aufgreift, sind die Studenten über-

---
[4] >le débat: „Arguments pour une réforme"<, in: „le débat", 89, 1996: „L'État-providence dans la tourmente". Paris: Gallimard, S. 3-19, s. a. S. 19-70 (Weiterführung der Debatte).

rascht. Er gehört nicht zu denen, die dort erwartet wurden – Lärmer und Störer vor allem. Achim ist „unauffällig", ein durchschnittlicher bis guter Schüler. Der sollte Probleme haben?

Was Achim dann erzählt, ist leider ein heute eher durchschnittliches Jugendlichenschicksal. Er ist Sohn gut ausgebildeter Eltern, die Familie kennt keine materielle Not. Die Eltern sind erfolgreich im künstlerisch-pädagogischen Bereich tätig. Achim hat eine um zwei Jahre jüngere Schwester. Die Familie bewohnt ein schönes Einfamilienhaus in der Vorstadt, mit Garten rundum.

Achim, so heißt es in der Schule, „läuft gut", er gibt auch zu Hause keinen Anlaß zu Klagen, etwa der Art, daß er den „hoch organisierten Alltag" der Familie stören könnte. Achim gehört damit zu den Kindern, die es früh gelernt haben, sich an den Distanzwünschen der Eltern zu orientieren. Er zeigt kein „externalisiertes Fehlverhalten", wie die Psychologen das nennen: Er ist nicht aggressiv, zeigt auch kein widersetzliches Trotzverhalten.

Das einzige, was an Achim bislang unliebsam aufgefallen ist, ist sein in letzter Zeit nur noch unregelmäßiger Schulbesuch. Seine „Entschuldigungen" haben die Lehrer jedoch bislang noch nicht alarmiert. Daß Achim schon lange nicht mehr regelmäßig, wenn überhaupt, etwas zu Essen zu sich nimmt – das hat ebenfalls noch niemand bemerkt. Es fällt auch durch das familiäre Wahrnehmungsraster, wie sich nach einem Gespräch mit den Eltern herausstellte. Sie wissen von nichts und glauben es auch nicht: „Es gibt bei uns nie Mangel. Die Kühltruhe ist immer voll, jeder kann sich nehmen, was er will".

Achim habe auch „genug Geld, um außer Haus sich gegebenenfalls etwas zu Essen zu kaufen". Wenn also das Essen in der Kühltruhe nicht weniger wird, so nehmen die Eltern als selbstverständlich an, daß sich Achim etwas zu essen kauft. Achim kauft Kaffee, Alkohol und Zigaretten.

Die Auswertung und Diskussion der Gespräche zwischen den Studenten und den supervidierenden Psychologen legt folgendes Bild nahe: Achim ist, um es in der Terminologie der Bindungstheorie[5] zu formulieren, „sicher-vermeidend" an seine Eltern gebunden. D. h., daß er bereits als Kleinkind gelernt hat, welches Ausmaß an kindlicher Anspruchlichkeit, Eigensinn und Nähe die Eltern, insbesondere die Mutter, zu tolerieren bereit sind. Dieses Maß, und das ist entscheidend, ist nicht an Achims Bedürfnissen orientiert: Es orientiert sich an dem, was die Eltern neben Eigeninteressen, Selbstverwirklichungs- und Partnerwünschen für das Kind zur Verfügung stellen. Für Achim sind das „Sachzwänge", denen er sich anzupassen hat, will er die Eltern nicht kränken. D. h., wieviel Engagement, insbesondere emotionale Verfügbarkeit, sie in die „Kinderarbeit" zu investieren bereit sind, wird von ihm durch die Entwicklung eines entsprechenden Bindungsverhaltens akzeptiert. Dies ist auch begründet in frühen Erlebnissen bezüglich der inneren Repräsentanz, die seine Bedürfnisse und Absichten bei den Eltern gefunden haben, auf die emotionale Nahrung, die verfügbar war, und Achim hat sich darauf eingestellt. In der Sprache der Eltern hieß das: „Achim war immer ein sehr selbständiges Kind".

Seitdem er jedoch mit den Triebschüben der Pubertät, der Zunahme des Narzißmus und der Suche nach der eigenen Identität zusätzlich belastet ist, ist Achim dabei, langsam emotional zu verhungern. Und entsprechend der Weisheit, daß der Konflikt am eigenen Körper ausgetragen wird, wo die psychischen Räume nicht zur Verfügung stehen, „verhungert" Achim nun auch tatsächlich. Dies wird scheinbar nicht wahrgenommen. So kommt es „völlig überraschend" für Eltern und Lehrer, daß er mit ca. 16 1/2 zum ersten Mal als „Notfall" stationär aufgenommen und künstlich

---

[5] Vgl. John Bowlby, dessen Bindungstheorie sich mit den Auswirkungen frühkindlicher Beziehungserfahrungen auf die Persönlichkeitsentwicklung befaßt. Ein neuerer Sammelband hierzu ist: G. Spangler u. P. Zimmermann (Hg.) 1995: Die Bindungstheorie. Grundlagen, Forschung, Anwendung. Stuttgart (Klett-Cotta).

ernährt werden muß. Dies könnte zu einer „zweiten Chance" führen, wenn die Eltern ihr Bindungsverhalten, ihre emotionale Verfügbarkeit altersentsprechend korrigieren könnten. Für Jugendliche heißt dies, daß Eltern „zur Verfügung stehen, um nicht gebraucht zu werden."

Achims Eltern führen ein Gespräch mit dem Psychologen, der ihnen die Zusammenhänge aus seiner Sicht skizziert. Die Eltern setzen ihren eigenen Sachverstand dagegen und erklären, sich von Achim „nicht erpressen zu lassen, auch nicht mit solcher Agiererei". Achim müsse seinen eigenen Weg finden, es sei mit ihrer liberalen Pädagogik nicht zu vereinbaren, daß sie ihm nun Vorschriften machen, Grenzen setzen oder anderswie Zwang ausüben sollen. Es fehle im übrigen bei ihnen zu Hause an nichts. Sie stünden Achim auch immer zu einem Gespräch unter Gleichberechtigten zur Verfügung. Altersunangemessenes, kleinkindhaftes Verhalten wollten sie nicht unterstützen. Achim werde zweifellos zur Vernunft kommen.

Das Gespräch mit den Eltern zeigt sie als gut argumentierend, freundlich. Vielleicht haben sie ein klein wenig zu viel „Belehrendes" an sich. Diese kleine Kritik kann jedoch sicher nicht als ausreichende Erklärung für die Heftigkeit der Gefühle gelten, die sie bei unserem Psychologen ausgelöst haben. Er entdeckt bei sich einen bösen Haß auf diese „netten, vernünftigen Eltern", gemischt mit Gefühlen von ohnmächtiger Wut über die erlebte „glatte Abfuhr". Getrieben von innerer Unruhe, fährt er nach dem Gespräch „zum Italiener, um sich erst mal den Bauch mit Pasta vollzuhauen." Dann wird er wieder ruhiger.

Achim kommt nicht, wie die Eltern hofften, zur Vernunft – d. h., er wendet sich nicht dem Essen zu. Heute, nach vier Jahren und längst volljährig, pendelt Achim weiter zwischen lebensbedrohlichen Zuständen von Magersucht, Kaffeesucht, der Sucht, sich mit dem, was neudeutsch „events" heißt, vollzudröhnen, der Sucht, sich mit Nikotin zu benebeln. Die „Reifeprüfung", wie das Abitur ja wohl auch heißt, hat er nicht gemacht. „Kein Bock mehr auf Schule." Längst nicht mehr schulpflichtig, ging er mal zur Schule, mal nicht. Lust auf einen Beruf hat er auch nicht. Wozu auch? Zuhause stört ihn keiner, macht ihm keiner Druck, bis auf ein gelegentliches „lästiges Gespräch".

Neuerdings hat er nach den Psychologen gesucht, die er damals in der Schule kennengelernt hat, und mit ihnen Gespräche vereinbart. Achim möchte einen „Anlauf machen, um vielleicht doch für sich selbst was zu tun."

4. Überlegungen zur analytisch-sozialpsychologischen Perspektive: Von der „vaterlosen Gesellschaft" auf dem Weg zur „elternlosen Gesellschaft"?

Nach der Fallgeschichte möchte ich nun den Faden der theoretischen Betrachtungen wieder aufnehmen, die wir zu ihrer Interpretation herangezogen haben.

Im ersten Abschnitt meines Beitrags hatte ich aus der Perspektive der Entwicklung von inneren Repräsentanzen als Voraussetzung für das reflexive Selbst und als Voraussetzung für Konfliktfähigkeit argumentiert. Die Möglichkeit zur Entwicklung eines reflexiven Selbst und die Qualität der Bindung, wie sie zwischen den Generationen entsteht, sollen nun im Zusammenhang dargestellt werden. Hier entscheidet sich weiter, ob – und das wäre dann die analytisch-sozialpsychologische Ebene – von einem Solidarverhältnis zwischen den Generationen gesprochen werden kann, ausgedrückt in einem wie oben skizzierten Generationenvertrag, oder ob und inwieweit die These des „Kampfes zwischen den Generationen", d. h. ein Prozeß der Entsolidarisierung, belegt werden kann.

Die Begriffe „psychologisches Selbst" und „Bindungsqualität" stammen aus zwei unterschiedlichen Theorie- und Empirietraditionen. Der erste stammt aus der Psychoanalyse mit ihren klinisch-empirischen, ihren Direktbeobachtungsmethoden und naturalistischen Forschungsdesigns; auch mit standardisierten Methoden der Auswertung, wie z. B. Rating-Verfahren. Diesen Begriff habe ich bereits vorgestellt.

Der Begriff der Bindung wurde, wie bereits erwähnt, von John Bowlby in das Zentrum des theoretischen und empirischen Interesses gestellt. Dies entsprang einer Kritik John Bowlbys an der damals noch nicht objektbeziehungstheoretisch ausdifferenzierten Psychoanalyse. Sie war noch, wie es in der Kritik von Michael Balint, eines der bekannteren psychoanalytischen Objektbeziehungstheoretikers, heißt, eine Art „Ein-Personen-Psychologie", die sich hauptsächlich mit der Struktur der Psyche, repräsentiert in Ich, Es und Über-Ich, beschäftigte. Michael Balint und andere, wie D. W. Winnicott („there's no such thing as a baby...") oder Otto Kernberg, haben den in der Dyade und Triade oder Triangulierung organisierten Prozeß zwischen den Subjekten in den Mittelpunkt gestellt, auf den ich noch eingehen werde.[6]

John Bowlby und seine mit experimentell-psychologischen Methoden arbeitenden Nachfolger, insbesondere Mary Main und, in Deutschland, die Gruppe um Klaus Grossmann (vgl. Spangler u. Zimmermann 1995) sind einen anderen Weg gegangen. Sie haben herausgearbeitet, welche Qualitäten von Bindung zwischen den Generationen in der frühen Kindheit grundlegend sind. Nach ihren Forschungsergebnissen ist die Qualität der Bindung zwischen einem Säugling/Kleinkind und seiner Pflegeperson (care giver) bis zum Ende des ersten Lebensjahres eingespielt. Ich möchte die Grundannahmen der Bindungstheorie hier nicht ausführen, sondern nur zeigen, daß auch in der Bindungsforschung das Geschehen zwischen den Subjekten in den Mittelpunkt gestellt wird: Die Parallelen zur psychoanalytischen Diskussion sind vielleicht jetzt schon augenfällig, und es müssen uns in bezug auf die Störungen des psychologischen Selbst insbesondere zwei Bindungsqualitäten interessieren: die unsicher gebundenen und die desorganisiert gebundenen Säuglinge. Für die Normalpsychologie scheinen uns die vermeidend-gebundenen Formen zunehmend relevant. Peter Fonagy schlägt vor, das Verhältnis zwischen beiden Ansätzen wie folgt zu betrachten:

> „Mein Vorschlag geht dahin, daß die Stärke der kindlichen Bindung an das Objekt eine Funktion des Grades ist, in dem es die Eltern als genaue Beobachter seines seelischen Zustands erlebt hat. Die Bindung des Säuglings an das Objekt ist ein Niederschlag des Geschehens zwischen den Subjekten." (Fonagy, a.a.O., S. 98)

Dieses Geschehen entwickelt sich, wie oben gezeigt, zunächst in einem dyadischen Raum zwischen dem Säugling und der Pflegeperson. Die Pflegeperson, meist die Mutter, ist jedoch keine Monade, sie ist selbst ausgestattet mit einer Geschichte an Beziehungserfahrungen und als Erwachsene eingebettet in einen familialen, sozialen und gesellschaftlichen Raum. Wie Alfred Lorenzer (1972) in seiner Sozialisationstheorie gezeigt hat, greift jedes theoretische Bemühen zu kurz, das diese Einbindung der Pflegeperson nicht systematisch berücksichtigt. Das sich in der Dyade entwickelnde oder in seiner Entwicklung gestörte psychologische Selbst muß folglich immer unter einer doppelten Perspektive gesehen werden:
– unter der Mehrgenerationenperspektive, die die Beziehungserfahrungen der Mutter einbezieht, und
– unter der Perspektive familialer, sozialer und gesellschaftlicher Bedingungen, die durch das Handeln der Mutter in die Dyade mehr oder weniger direkt eingreifen.

In bezug auf die Mehrgenerationenperspektive lautet unsere Annahme, daß die Mutter selbst erlebt haben muß, was sie ihrem Kind vermitteln möchte: daß sie Eltern hatte, die genaue Beobachter ihres seelischen Zustands

---

[6] Zur gegenwärtigen Diskussion zwischen Psychoanalyse und Bindungstheorie siehe das Psyche-Themenheft „Bindungsforschung", In: Psyche 52, 4/1998.

waren, die über eine innere Repräsentanz ihres Kindes als eines absichtsvollen Subjekts verfügten. Wenn dies nicht der Fall war, ist ihre elterliche Fähigkeit zur feinfühligen Einstellung auf das Kind punktuell eingeschränkt oder geschädigt, was folgenreich ist für den Raum, den sie der nächsten Generation zur Verfügung stellen kann.

Um das reflexive Vermögen der Eltern herauszufinden, haben Fonagy und seine Mitarbeiter ein Interview-Auswertungsverfahren entwickelt, das möglichen punktuellen Schwächen und Stärken der Eltern nachspürt. Dieses Verfahren ist darauf angelegt, schon durch den Prozeß der Auseinandersetzung mit Fragen über innerpsychische Prozesse die Feinfühligkeit, die Entwicklung des psychischen Selbst und die Stärkung der innerpsychischen Repräsentanzen zu stärken. Es ist also ein ebenso diagnostisches wie Fähigkeit entwickelndes Verfahren, mit dem wir gegenwärtig in Deutschland erste Erfahrungen sammeln.

Wenn die Fähigkeit zum Reflektieren der eigenen Kindheitserfahrungen und deren Zusammenhang mit den eigenen Elternerfahrungen nicht völlig zerstört ist – solche Extremfälle sind z. B. bei Psychosen zu beobachten –, kommt durch das Interview ein (kognitiver) reflexiver Funktionsmodus und ein (emotionaler) selbstheilender Prozeß in Gang, der weit über die konkreten Gesprächssituationen mit dem Interviewer hinausgreift. Die elterliche Fähigkeit, psychische Zustände beim Kind zu erkennen und angemessen darauf zu reagieren, scheint die kindliche Entwicklung zentral zu determinieren, und diese Fähigkeit kann sowohl erkannt als auch weiterentwickelt werden.

In bezug auf die gesellschaftlichen Bedingungen lautet unsere Annahme, daß diese für eine Wechselseitigkeit günstig sein können und dann nur vermittelt über die Subjektivität der Mutter in die Dyade eingehen. Sie können jedoch auch den dyadischen Raum zerstören und mit ihren von außen Bedingungen setzenden „Sachgesetzlichkeiten" unmittelbar eindringen und an die Seite der Mutter-Kind-Bindung treten; im Extremfall können sie die Dyade gänzlich zerstören.

Eine unmittelbar in die Dyade eingehende gesellschaftliche Bedingung hat Alexander Mitscherlich (1963) in seiner Analyse der „vaterlosen Gesellschaft" benannt: Das Verschwinden des väterlichen Prinzips aus dem familialen Raum mit der Folge, daß die Mütter mit allen Anforderungen in der Dyade auf sich selbst zurückgeworfen wurden. Dies hat zur pathologischen Statik in dyadischen Beziehungen beigetragen, indem das väterliche Prinzip als das Dritte, die Dyade trennende und damit dynamische Moment nicht entwickelt wurde. Das führt zu unmittelbaren Folgen für die Konfliktfähigkeit bzw. behindert ihre Weiterentwicklung: Das Du und/oder Ich wird handlungsbestimmend, die Einnahme einer dritten Position und weiterer dynamisch-komplexer Positionen – wie die einer Mehrgenerationenperspektive – wird erschwert.

Für die Solidarverhältnisse zwischen den Generationen ist das Aufgeben der dyadischen Position jedoch notwendig. Fonagy (1991) schreibt:

„Die in der Mutter Kind-Dyade grundgelegte Beziehung zwischen den Subjekten – definiert als gemeinsame oder geteilte Erfahrung seelischer Prozesse zwischen Selbst und Objekt – besteht solange, bis die seelische Anerkennung des Dritten in der Entwicklung des Ödipuskomplexes diese Phase beendet."

Diese triadische Position erst erlaubt die volle Entwicklung des psychologischen Selbst, die Möglichkeit, sozusagen von sich selbst einen Schritt zurückzutreten und auf sich selbst als Teil eines Beziehungsgeflechts oder einer Solidargemeinschaft zu reflektieren. Dieses Reflektieren kann dann handlungsrelevant genutzt werden. Dabei handelt es sich nicht um eine einmal erreichte Fähigkeit, wenn auch die Grundlagen dazu sicher in der frühen Kindheit und in der Dyade gelegt werden müssen. Es ist eine dynamische, auch situationsabhängige Fähigkeit, die sich gleichsam in Form der Echternacher Springprozession zeigt: Fortschritte und Rückschritte, Seitenschritte wechseln sich ab.

Sie wird ja auch nicht in der primären Sozialisation ein für alle Mal festgelegt; in der sekundären Sozialisation finden neue Beziehungserfahrungen statt, die besonders in Schwellenzeiten wie dem Eintritt in die Schule oder in die Pubertät als „zweite" und weitere Chance genutzt werden können. Deshalb sind die Fähigkeiten von Lehrern zur inneren Repräsentanz des Schülers ebenso wichtig, und es gibt keine größere Gefahr, als eine Schulform, die den Lehrer auf einen Stundengeber reduzieren möchte. Die ungleiche Verteilung von Emotionalität und Rationalität, die hieraus entsteht, ist ein Verbrechen an der Schülergeneration, indem sie die Möglichkeit einer „zweiten Chance" zur Entwicklung oder Stärkung der triadischen Position durch die Schule verhindert. Es ist aber auch ein Verbrechen an den Lehrern, indem diese nicht als pädagogische Subjekte, sondern nur als Objekte der Vermittlung von Kenntnissen anerkannt werden. Dort, wo sich die gesellschaftlichen Verhältnisse so zugespitzt haben, wie z. B. in US-amerikanischen Ghettoschulen, haben Lehrer hieraus längst die Konsequenzen gezogen. Sicherheit der Bindung steht auf dem Stundenplan, Mathematik wird mitangeboten.

Es ist letzten Endes auch ein Verbrechen an der Gesellschaft, indem es Solidarverhältnisse zerstört, ohne die der Generationenkonflikt zum Kampf zwischen den Generationen wird.

5. Zur analytisch-sozialpsychologischen Mehrgenerationen-Perspektive: Von der „Goldenen Trias" zur neuen Ausdifferenzierung der Lebensalter?

Meine bisherige Argumentation lautet zusammengefaßt: Die frühere, lärmend-konflikthafte Ablösung der Generationen basierte auf gegenseitiger Anerkennung, genauer gesagt: Anerkennung der eigenen und der Bedürfnisse und Absichten des Gegenübers.

Voraussetzung ist das Existieren eines inneren Raums zwischen Eltern und nachwachsender Generation (s. Winnicotts „Möglichkeitsraum"), der zunächst im emotional-sicheren Klima von Familienbeziehungen existiert. Konfliktfähigkeit hatte als ihr gesellschaftliches Pendant einen Generationenvertrag, der auf Solidarität zwischen den Generationen beruhte.

Dies fand sich in der Struktur des alten Generationenvertrags wieder, der durch die sogenannte „Goldene Trias" gekennzeichnet war, mit den geschilderten gegenseitigen Bindungs- und Ablösungsverhältnissen zwischen den drei Generationen.

Gegenwärtig bietet sich ein anderes Bild, das des Egoismus der Generationen, die ihre jeweiligen Privilegien entweder entschieden verteidigen und/oder Angehörigen anderer Generationen den Zugang zu diesen Privilegien verwehren. Dieser Prozeß ist eigentlich alarmierend, er wird auch erkannt, es werden jedoch entweder voreilige Schlüsse gezogen und/oder die richtigen Zuständigkeiten verleugnet. Wie die Generationenlandschaft gegenwärtig aussieht, wird anhand der neu in die Diskussion eingeführten Begriffe
– Postadoleszenz
– Zweite Karriere und
– Aktives Altern diskutiert.

Diese Begriffe können natürlich nicht unabhängig voneinander gesehen werden. Ich werde sie deshalb von einer bestimmten Perspektive aus, der der Postadoleszenten, betrachten, d. h., daß ich die ebenfalls berechtigten Perspektiven der anderen vernachlässige.

Bei den Postadoleszenten handelt es sich um die Jugendlichen bis jungen Erwachsenen, die bezüglich der Übernahme von Verantwortung im Bereich Elternschaft und Erwerbstätigkeit „unentschieden" bleiben. Sie stellen Forderungen – oder ihre selbsternannten Fürsprecher tun dies – nach immer weitergehender familialer und/oder staatlicher Alimentierung. Aus der Perspektive der älteren Generationen stellen sie daher eine der neuen „Risikogruppen" der Gesellschaft dar.

Für die Alimentierung – oft bis zum Beginn des 3. Lebensjahrzehnts – können natürlich nur die finanziellen Ressourcen der Familien, der Wirtschaft und des Staates herangezogen werden. Die Postadoleszenten stellen unter diesem Aspekt einen Kostenfaktor dar.

In bezug auf die Eltern und die kinderlosen Berufstätigen sind sie jedoch auch – möglichst kleinzuhaltende – Konkurrenten um attraktive Erwerbstätigkeit. In dieser Generationengruppe hat sich das Phänomen der „Zweiten Karriere" herausgebildet, welches wie folgt umschrieben werden kann: Unternehmungslustige 45-50jährige scheiden z. B. nach Abschluß der in ihrem relativen Anteil am Lebensalter verkürzten Familienphase aus einem ungeliebten Beruf aus und verwirklichen ungelebte Wünsche in einer zweiten Berufskarriere. Sie schaffen sich attraktive Tätigkeiten, die dann natürlich für die Jüngeren blockiert bleiben. Ein Beispiel hierfür von der Bremer Sozialwissenschaftlerin Sibylle Tönnies aus der FAZ vom 12. August 1998:

> „Wenn sie mit ihren Altersgenossinnen zusammenkomme, Frauen Mitte Fünfzig, seien diese allesamt in behaglichen, gesicherten Positionen. Aber ganz anders stehe es um die erwachsenen ausgebildeten Kinder. Da fahre ein Elektrotechniker Taxi und sehe sein mühsam angelerntes Wissen verfallen. Da warte ein junger Theologe zusammen mit 400 anderen auf eine der fünfzig Pfarrstellen, die seine älteren Amtsbrüder durch Lohnverzicht freigemacht hätten. Da mache eine Ernährungswissenschaftlerin ihren Doktor, bloß weil sie nichts besseres zu tun habe." [7]

Aus der Zweiten Karriere oder auch direkt können die ehemals Fünfzigjährigen dann übergehen in die Phase des Aktiven Alterns. Hier wird besonders kontrovers diskutiert. Die Ansicht, daß sich die Menschen um die 60/65 zurückziehen sollen oder wollen, geht an der Tatsache vorbei, daß durch die erhebliche Verlängerung der zu erwartenden Lebensspanne und durch die Ausschöpfung der Möglichkeiten des Gesundheitswesens eine Zeitspanne zwischen 15 und 20 Jahren entsteht, in der das „Aktive Altern" seinen Raum finden kann. In bezug auf die Jugend bedeutet dies, daß die zeitlichen, emotionalen und finanziellen Ressourcen der Einzelnen bzw. der Gesellschaft in zunehmendem Maße von den Älteren verbraucht und damit den Nachfolgenden entzogen werden.

Hierzu fällt mir ein Beispiel aus einer Analyse ein: Eine Patientin, die selbst gerade Mutter geworden war, berichtete voller Zorn und Enttäuschung von einem Plan der frischgebackenen Großeltern: Sie wollten ihr Einfamilienhaus teuer verkaufen, um sich dann, „eine luxuriöse Seniorenresidenz" leisten zu können. Die Patientin verkündet, daß diese Großeltern es dann auch nicht wert seien, ihr Enkelchen zu sehen, und daß sie die Beziehung zu ihnen abbrechen werde. In der Bearbeitung stellt sich heraus, daß die Patientin andere Pläne für ihre Eltern hatte: Sie wollte sie gern auf einem Grundstück neben ihrem Haus haben und als hilfreiche Großeltern gewinnen. Sie konnte trotz ihrer Enttäuschung erkennen, daß der Plan der Großeltern einem Nachholbedarf an nicht gehabten „luxuriösen" Lebensqualitäten zu verdanken war. Das brachte sie mit den Eltern wieder ins Gespräch. Ohne einen Raum für Reflexion, wie ihn die Analyse darstellen kann, wäre es vielleicht zum zornigen Beziehungsabbruch und zum Kampf gekommen.

Im Kampf um diese Ressourcen der Älteren wird nun von den Befürwortern des Aktiven Alterns das Argumente angeführt, daß es darum gehe, die unausgeschöpften Potentiale einer Lebensphase, die bisher als Verfall begriffen wurde, zu mobilisieren. Die finanziellen Mittel stehen dieser so genannten „Goldenen Rentnergeneration" in weit höherem Maße als je einer Generation zuvor – und wohl zukünftigen Generationen – gegenwärtig zur Verfügung.

Die Gegenpartei fordert allerdings, daß sich

> „...die Alten endlich dünne machen und die Plätze für die Jungen räumen, und sei es zu dem Preis, daß sie ihren Lebensstandard drastisch ein-

---

[7] Arnulf Baring: „Wer zahlt die Zeche? Aus politischen Zeitschriften: Sollen die Alten verschwinden". FAZ, 12.8.1998.

schränken. Angesichts der Alterspyramide, die ihren Namen nicht verdient, weil sie sich nach oben hin keineswegs zuspitzt, müssen sich die Alten von der Vorstellung verabschieden, daß ihnen der historisch einmalige Wohlstand, an den sie gewöhnt sind, erhalten bleibt." (Tönnies, zitiert nach Baring, a.a.O.)

Beide Positionen sind leicht als Kampfpositionen zu erkennen und unterscheiden sich von der Möglichkeit der zuvor in ihren Bedingungen erhellten Solidarbeziehung.

6. Abschließende Bemerkung

Die gegenwärtige, nur an der Oberfläche stillrationalistische Ablösung (falls man diesen Begriff hier noch verwenden darf) der Generationen basiert auf der Auflösung der emotionale Sicherheit ermöglichenden Familienbeziehungen und hat auf der gesellschaftlichen Ebene zur Entsolidarisierung zwischen den Generationen geführt.

Aus der Perspektive von Psychoanalyse und Bindungstheorie hat dies mit dem Verlust von Konfliktfähigkeit zu tun. Konfliktfähigkeit kann sich bilden, wenn die Eltern eine innerpsychische Repräsentanz von ihren Kindern als Subjekte mit eigenen Absichten und Bedürfnissen haben und wenn sie durch angemessene emotionale und rationale Handlungsweisen/Haltungen diese gleiche Fähigkeit zum psychischen Selbst bei ihren Kindern entwickeln helfen.

Dieser innere Raum der Eltern kann durch eigene Lebensgeschichte und/oder gesellschaftliche Bedingungen geschädigt oder auch gefördert werden. Es handelt sich um einen lebenslangen Prozeß, und es gibt zahlreiche „Zweite Chancen" zur Wiedergewinnung oder Festigung des psychischen Selbst – nicht zuletzt durch die eigene Elternschaft und das Nachdenken über sie aus der „Position des Dritten".

Überlegungen zur Verteilung von Reichtum zwischen den Generationen müßten sich zumindest auf vier Gebiete beziehen: Reichtum an Gefühlen – Reichtum an Zeit – Reichtum an finanziellen Mitteln – Reichtum an Erfahrung.

Literatur

Bernfeld, S. (1923): Über eine typische Form männlicher Pubertät. Wiederabgedruckt in: Ders. (1970): Antiautoritäre Erziehung und Psychoanalyse. Bd. 3. Darmstadt (März), S. 750-767.
Bowlby, J. (1951): Mütterliche Zuwendung und geistige Gesundheit. München, 1973 (Kindler).
Bowlby, J. (1969): Bindung. München, 1982 (Kindler)
Bowlby, J. (1973): Trennung. München, 1976 (Kindler).
Bowlby, J. (1979): Das Glück und die Trauer. Stuttgart, 1982 (Klett-Cotta).
Bowlby, J. (1980): Verlust. München, 1983 (Kindler).
Erdheim, M. (1982): Die gesellschaftliche Produktion von Unbewußtheit. Eine Einführung in den ethnopsychoanalytischen Prozeß. Frankfurt/M. (Suhrkamp).
Fonagy, P. (1991): The Role of the Dyad and the Triad in coming to understand mental states: Clinical evidence from the psychoanalytic treatment of borderline personality disorder. (Vortragsmanuskript).
Fonagy, P. (1992): Das Junktim der Kinderanalyse. Eine Fallstudie zur Beziehung von Forschung und Praxis. In: Forum der Psychoanalyse 12, (1996), S. 93-109.
Fonagy, P. (1998): Metakognition und Bindungsfähigkeit des Kindes. In: Psyche 52, S. 349-368.
Kernberg, O. F. (Hg.) (1996): Narzißtische Persönlichkeitsstörungen. Stuttgart (Schattauer).
Mitscherlich, A. (1963): Auf dem Weg zur Vaterlosen Gesellschaft. München (Piper Verlag)
Reinke, E. (1992): Zweite Generation – zweite Chance? Transgenerationelle Übermittlung von unbearbeiteten Traumen im Zusammenhang mit dem Nationalsozialismus. In: Flaake, K., King, V. (Hg.) (1993): Aufsätze zur weiblichen Adoleszenz. Frankfurt/M (Campus).
Reinke, E. (1993): Kollektive Verbrechen und die zweite Generation. In: Böllinger, L., Lautmann, R. (Hg.): Vom Guten, das noch stets das Böse schafft – kriminalwissenschaftliche Essays zu Ehren von Herbert Jäger. Frankfurt/M. (Suhrkamp).
Reinke, E. (1998): Jugend angesichts von Postadoleszenz, Zweiter Karriere und Aktivem Altern. In: Jugend und Kulturwandel, Ethnopsychoanalyse 5, S. 79-96. Frankfurt/M. (Brandes & Apsel), S. 79-96.
Spangler, G., Zimmermann, P. (Hg.) (1995): Die Bindungstheorie. Grundlagen, Forschung, Anwendung. Stuttgart (Klett-Cotta).
Spitz, R. (1965): Vom Säugling zum Kleinkind. Geschichte der Mutter-Kind-Beziehung im Ersten Lebensjahr. Stuttgart (Ernst Klett).

Hat Slobodan Milošević eine Borderline-Persönlichkeitsstörung?

Versuch einer psychoanalytischen Interpretation

Hans-Jürgen Wirth

Zur Methode der angewandten Psychoanalyse

Psychoanalytiker gelten als Spezialisten in der Diagnose und im helfenden Umgang mit psychisch gestörten Menschen. Um sein diffiziles therapeutisches Instrumentarium zur Anwendung bringen zu können, benötigt der Psychoanalytiker in aller Regel sehr viel Zeit. Zudem bedarf er der spezifischen „psychoanalytischen Situation", die sich u. a. dadurch auszeichnet, daß sich zwischen Analytiker und Patient eine exklusive, höchst persönliche Beziehung entwickelt und der Patient bereit ist, intimste Geheimnisse von sich preiszugeben. Die psychoanalytische Untersuchung von Personen der Historie und Zeitgeschichte, aus Literatur, Film und Kunst, die psychoanalytische Deutung von Märchen und Mythen, von gesellschaftlichen Ideologien, kollektiven Träumen und (Wahn-)Vorstellungen sind insofern fragwürdige Unternehmungen, als sie nur auf Analogieschlüssen beruhen. Fehlt der direkte Kontakt zwischen Analytiker und Analysand, kann der Analytiker zwar begründete Hypothesen aufstellen, diese aber nicht durch weiteres Material erhärten, das der Analysand als Reaktion auf die Deutungen des Analytikers produziert. Diesen verschiedenen Formen der angewandten Psychoanalyse haftet also immer ein spekulatives Element an. Gleichwohl hat schon Sigmund Freud die klinischen Erkenntnisse auf Gegenstände außerhalb seines psychotherapeutischen Erfahrungsraumes angewandt: Er hat Leonardo da Vincis (Freud 1910) und Goethes Kindheitserinnerungen (Freud 1917) analysiert, Jensens „Gradiva" (Freud 1907) gedeutet und den Moses des Michelangelo (Freud 1914) einer psychoanalytischen Interpretation unterzogen. Selbst vor einer psychoanalytischen Studie über den amerikanischen Präsidenten Thomas Woodrow Wilson (Freud 1930) hat er sich nicht gescheut. Und seine Interpretationen der Mythen und Sagen vergangener Kulturen, insbesondere der der Griechen, dienten ihm gar als wichtige Bestätigung seiner eigenen, in der therapeutischen Arbeit gefundenen Erkenntnisse über die Universalität des Ödipuskomplexes und des Inzest-Tabus.

Inzwischen hat die Psychoanalyse zahlreiche Nachbardisziplinen inspiriert. Doch blieb speziell die Politikwissenschaft psychoanalytischen Anregungen weitgehend verschlossen. So existieren psychoanalytische Studien über einzelne Politiker-Persönlichkeiten kaum. Und nach wie vor gilt auch die Aussage Paul Parins (1978), daß Psychoanalytiker nur „ungern zu zeitpolitischen Fragen Stellung nehmen". Ein Grund mag darin bestehen, daß ein möglicher Mißbrauch psychoanalytischer Argumente gefürchtet wird. Der Vorwurf einer Pathologisierung des politischen Gegners wiegt in der Tat schwer und könnte das Ansehen sowohl der

Psychoanalyse als auch das des Autors in Verruf bringen.

Auch bei der hier vorgelegten psychoanalytischen Studie über die Persönlichkeit von Slobodan Milošević besteht die Gefahr, daß sie zur Dämonisierung von Milošević mißbraucht wird. Die Untermauerung eines Feindbildes Milošević ist aber genauso wenig Absicht dieser Untersuchung wie die Entschuldigung von Milošević, er sei im Grunde selbst ein bedauernswertes Opfer. Gegen einen möglichen Mißbrauch ist diese Analyse – wie im übrigen jede andere Theorie auch – allerdings nicht gefeit.

Vorweg sei auch noch auf die problematische Quellenlage hingewiesen. Informationen über Milošević habe ich der Tagespresse (FR, FAZ, TAZ, SZ, Zeit, Spiegel, Focus) entnommen. Hintergrundinformationen lieferten mir insbesondere Lettre international, die schon seit vielen Jahren ausführlich über die Situation auf dem Balkan berichten, und die zitierten Bücher. Weitere Informationen entnahm ich den zahlreichen Fernsehberichten zur Zeit des Kosovo-Krieges.

Ich habe mich also nur auf Quellen gestützt, die allgemein zugänglich sind. Eigene Datenerhebungen oder die Auswertung von zeithistorischen Quellen waren mir nicht möglich. Auch habe ich keine kritische Bewertung der von mir benutzten Quellen vorgenommen. Sollten diese Quellen in systematischer Weise verzerrt sein, wäre auch meine Interpretation entsprechend zu relativieren.

Diese Studie stellt den Versuch dar, ein in sich kohärentes Interpretationsmodell zu konstruieren. In einem ersten Schritt werden die psychischen, psychosozialen und durchaus auch die psychopathologischen Merkmale des Menschen Slobodan Milošević mit den Mitteln der Psychoanalyse untersucht. (Die Diagnose neurotischer, narzißtischer oder sonstiger psychopathologischer Symptome und Charaktermerkmale betrachte ich dabei keineswegs als Diffamierung, muß man doch davon ausgehen, daß jeder Mensch unter mehr oder weniger gravierenden psychopathologischen Symptomen leidet, so wie auch kein Mensch frei von körperlichen Krankheiten ist.) In einem zweiten Schritt wird dann die individualpsychologische, familiendynamische und paardynamische Ebene mit ethnopsychoanalytischen Betrachtungen auf der kollektiven Ebene der serbischen Ethnie verknüpft. Und schließlich wird diskutiert, welchen Nutzen die Politik aus einer solchen psychoanalytischen Betrachtungsweise ziehen könnte.

Milošević als schwer traumatisiertes Kind

Slobodan Milošević wurde am 20. August 1941 unter der Besatzung der Nationalsozialisten, mitten im Bürgerkrieg, der zwischen Titos Partisanen, kroatischen Ustascha-Faschisten und serbischen Königstreuen tobte, als zweiter Sohn eines orthodoxen katholischen Priesters geboren. Sein Vater Svetozar, ein überzeugter Antikommunist, verließ nach dem Krieg seine Familie und kehrte in seine Heimat Montenegro zurück. Slobodan wuchs bei der Mutter auf, einer Lehrerin und kommunistischen Aktivistin. Sie galt als „hart, despotisch und unduldsam". Obwohl sie bei der Versorgung ihrer Kinder auf sich gestellt war, erfüllte sie neben ihrer Tätigkeit als Lehrerin ihre Pflichten gegenüber der Partei mit geradezu fanatischem Eifer. Insbesondere nach dem Bruch zwischen Tito und Stalin 1948 mußte sie – wie alle Lehrer – als Staatsbeamtin „ihre Rechtgläubigkeit in jeder Hinsicht und auf jedem Schritt beweisen, vom Atheismus bis zur Ergebenheit gegenüber der Partei und Tito." (Djuric 1995, S. 7)

Als Slobo – wie ihn seine Anhänger heute noch nennen – sieben Jahre alt war, nahm sich sein Lieblingsonkel, ein Geheimdienstgeneral, durch einen Schuß in den Kopf das Leben. Als er 21 Jahre alt war, tat sein Vater das gleiche. Die Umstände seines Suizids blieben mysteriös. Gerüchte besagen, der Geheimdienst habe seine Hände im Spiel gehabt. Slobodan Milošević war auf einer Exkursion in Rußland und erfuhr erst bei seiner Rückkehr vom Selbstmord seines Vaters. Am Begräbnis konnte er nicht teilnehmen. In seinen Selbstdarstellungen pflegte Milošević seinen Vater mit keinem Wort zu erwähnen. Dieses „schwarze Loch in Miloševićs Biographie" (Djuric 1995, S. 7) legt die Vermutung nahe, daß Milošević den Selbstmord seines Vaters als Schande erlebt und seelisch nur ungenügend verkraftet hat, denn nach serbischer Tradition ist „der Vater ein ‚Heiligtum' für seine Kinder, vor allem für die Söhne" (ebd.). Slobos Abwesenheit beim Begräbnis des Vaters mag dazu beigetragen haben, daß er nicht um den Verlust des Vaters trauern konnte.

Als Slobodan 33 Jahre alt war, folgte der nächste Schicksalsschlag: Seine Mutter erhängte sich auf dem Dachboden. Laut Zeugen traf der Selbstmord seiner Mutter Slobodan tief.

Würde mir ein Patient eine solche Lebensgeschichte erzählen, würde ich ihn für schwer traumatisiert halten. Ich nehme deshalb an, daß auch Milošević ein seelisch schwer traumatisierter Mensch ist. Da ein Suizid in aller Regel nicht aus heiterem Himmel kommt, sondern eine lange Vorgeschichte hat und auf eine gestörte Persönlichkeit und auf ein defizitäres Familienleben zurückzuführen ist, gehe ich davon aus, daß seine Eltern unter gravierenden psychopathologischen Konflikten litten. Die Beziehung zwischen Milošević und seinen Eltern war demnach von früher Kindheit an von erheblichen Spannungen belastet, und er ist in einer funktionsgestörten und psychopathologischen Familie aufgewachsen. Sein persönlicher und familiärer Lebensweg scheint von Kindheit an durch extreme Formen der Destruktivität in Verbindung mit extremer Selbstdestruktivität geprägt gewesen zu sein.

Aus der psychotherapeutischen Arbeit mit Suizid-Patienten und ihren Familien ist bekannt, daß die psychisch kranken und suizidalen Mütter ihre Kinder häufig dazu benutzen, ihr eigenes inneres Gleichgewicht zu stabilisieren. Vieles spricht dafür, daß Slobodans Mutter nicht nur „hart, despotisch und unduldsam", sondern auch psychisch überlastet war. Nachdem der Vater die Familie im Stich gelassen hatte, mußte sie, ganz auf sich gestellt, mit ihren beiden Söhnen zurechtkommen. Slobodan wurde von seiner Mutter unbewußt die Aufgabe zugewiesen, sie zu trösten, sie zu stützen und ihrem Leben einen Sinn zu geben. Ob Slobo für die Mutter eher die „Rolle eines Partnerersatzes" (Richter 1963) oder eher die Rolle eines versorgenden Elternteils einnahm, kann nicht verläßlich geklärt werden. Jedenfalls scheint er frühzeitig Erwachsenenfunktionen übernommen zu haben und von der Mutter zum Retter der Familie verklärt worden zu sein.

Solche Deprivationserfahrungen, traumatischen Verlusterlebnisse und unbewußten Rollenerwartungen der Mutter an das Kind, wie sie Slobodan erleiden mußte, führen dazu, daß Teile der Persönlichkeit eine seelische Frühreife erfahren, die mit einer Flucht aus der symbiotischen Verbindung mit der Mutter in eine Pseudoautonomie verbunden sind. Andere Teile der Persönlichkeit bleiben wiederum in einer archaischen Abhängigkeit fixiert, in der die seelische Verschmelzung mit der Mutter gesucht wird, und erfahren so keine normale Entwicklung.

Die Entwicklung einer Pseudoautonomie und einer „seelischen Frühreife" zeigte sich bei Slobodan schon in der Kindheit und Jugend: „Mitschüler und Lehrer erinnern sich an Milošević als ‚zugeknöpft' oder ‚ordentlich und zurückhaltend'. Er trug schon als Grundschüler dunkle Anzüge mit weißen Hemden und Krawatten. Diese Art, sich zu kleiden, behielt er auch als Gymnasiast, Student und erwachsener Mann bei, und er bezeichnete sie als ‚Beispiel anständigen Benehmens'. Seine Mitarbeiter, die sich legerer kleideten, kritisierte er offen als ‚ungehörig'. Ein Schulkamerad: ‚Wenn ich mich an Slobodan aus der Gymnasiumszeit erinnere, so konnte ich ihn mir als künftigen Chef eines Bahnhofs oder als pedantischen Beamten vorstellen'." (Djuric 1995, S. 7)

Slobo entspricht dem Bild eines überangepaßten, frühreifen, im Grunde aber tief verängstigten und kontaktgestörten Jungen, der nie Kind sein durfte, weil er von seiner Mutter als Pseudoerwachsener seelisch gebraucht und ausgenutzt wurde. „Als Junge vermied Milošević sportliche Aktivitäten und Schulausflüge und zeigte größeres Interesse an der Politik." (ebd.) Von Gleichaltrigen hielt er sich eher fern und suchte statt dessen Kontakt zur Welt der Erwachsenen. Seine Lehrer bescheinigen ihm eine „gute Auffassungsgabe, fleißige Mitarbeit im Jugendverband, Hilfsbereitschaft" (Gruber u. a. 1999). Von dem späteren Kriegsherrn heißt es: „Er hat sich nie geprügelt." (ebd.) Der „strebsame Jungkommunist" war „immer Klassenbester" (Olschewski 1998, S. 398). Später als Student an der Juristischen Fakultät beschreiben ihn Studienkollegen als „Menschen mit zugeknöpftem Ernst, fester Überzeugung und Parteidisziplin" (Djuric 1995, S. 7).

Später wird er von Leuten, die ihn gut kennen, wie etwa der ehemalige deutsche Botschafter in Jugoslawien, Horst Grabert, oder der Bosnien-Unterhändler Holbrooke, als distanziert, humorlos, egozentrisch und als Einzelgänger beschrieben. Er sei abwechselnd wütend und depressiv. Auch sei er sehr mißtrauisch und habe selbst innerhalb des Kreises seiner politischen Anhänger keine Freunde. Vielmehr gehe er auch mit seiner politischen Gefolgschaft sehr berechnend um, protegiere einzelne, wenn es ihm nützlich erscheint, lasse sie aber genauso schnell wieder fallen, wenn sie ihm in die Quere zu kommen drohen oder ihm nicht mehr nützlich sind. „Er hat viele Menschen benutzt. Noch mehr haben sich ihm zur Benutzung angeboten", schreibt der Journalist und Balkan-Experte Malte Olschewski (1998, S. 399f).

Insgesamt gewinnt man aus diesen Beschreibungen den Eindruck, daß es sich bei Milošević um einen Menschen mit ausgeprägt narzißtischen Zügen handelt. Er wird dargestellt als ein kühl berechnender Machtmensch, der alles, was er tut, unter dem narzißtischen Aspekt der Machterweiterung betrachtet. Dafür ist er bereit, jedes Opfer einzugehen. Politische, religiöse oder sonstige Überzeugungen bedeuten ihm nichts. Er wechselt sie nach Gutdünken aus und setzt sie funktional für seine jeweiligen Zwecke ein. „Ideologien wechselt er wie ein T-Shirt", urteilt der Politologe Milos Vasic. Wenn es um den Erhalt seiner Macht geht, wandelt er sich chamäleonartig vom geschmeidigen Opportunist zum geschickten Taktiker bis hin zum ideologisch verbohrten Fanatiker oder zum skrupellosen Befehlshaber von Mörderbanden.

Nach Otto Kernberg (1975, S. 268) sind narzißtisch gestörte Persönlichkeiten dadurch charakterisiert, „daß sie ihre Beziehungen zu anderen häufig als reines Ausnutzungsverhältnis erleben". Die Einstellung des Narzißten zu anderen Menschen ist entweder von Verachtung geprägt (er hat die anderen ausgenutzt und ausgequetscht wie eine Zitrone, und jetzt sind sie ihm nur noch lästig, und er wirft sie verächtlich weg) – oder aber von Angst und Mißtrauen durchsetzt (er wähnt sich immer in der Gefahr, die anderen könnten ihn angreifen, ausnutzen und ihn mit Gewalt von sich abhängig machen). (vgl. ebd.) Kernbergs klinische Darstellung der „narzißtischen Persönlichkeit" liest sich wie der Steckbrief des Slobodan Milošević:

„Die mitmenschlichen Beziehungen solcher Patienten haben im allgemeinen einen eindeutig ausbeuterischen und zuweilen sogar parasitären Charakter. Narzißtische Persönlichkeiten nehmen gewissermaßen das Recht für sich in Anspruch, über andere Menschen ohne jegliche Schuldgefühle zu verfügen, sie zu beherrschen und auszunutzen; hinter einer oft recht charmanten und gewinnenden Fassade spürt man etwas Kaltes, Unerbittliches." (ebd., S. 162) Weiter schreibt Kernberg: „Was besonders auffällt, ist das Fehlen echter Gefühle von Traurigkeit, Sehnsucht, Bedauern; das Unvermögen zu echten depressiven Reaktionen ist ein Grundzug narzißtischer Persönlichkeiten." (ebd., S.163) Und: „Solche Menschen weisen in angsterregenden Situationen oft ein erstaunliches Maß an Selbstbeherrschung auf, so daß auf den ersten Blick leicht der Eindruck einer sehr gut entwickelten Angsttoleranz entsteht; bei genauerer analytischer Untersuchung zeigt sich jedoch, daß diese Angsttoleranz nur um den Preis gesteigerter narzißtischer Größenphantasien und des Rückzugs in eine Art von ‚splendid isolation' aufrechterhalten werden kann und jedenfalls nicht als Ausdruck einer authentischen Fähigkeit zur Meisterung realer Gefahrensituationen anzusehen ist." (ebd., S. 264)

Wenn ich Milošević in den Tagen des Kosovo-Krieges mit der immer gleichen unbewegten Mimik und seiner starren Körperhaltung vor die Kameras treten sah, fragte ich mich, was sich wohl hinter diesem „ausdruckslosen Babyface" (Olschewski 1998, S. 400), hinter der glatten Fassade seiner formelhaften Statements emotional abspielen mochte: War er traurig und verzweifelt darüber, wie sein Land von Tag zu Tag mehr und mehr in Schutt und Asche gelegt wurde? Bedauerte er seine Entscheidung, den Vertrag von Rambouillet nicht doch unterzeichnet zu haben, angesichts des Elends und der Zerstörung, die nun über sein geliebtes Serbien hereingebrochen war? Hatte er Angst vor der militärischen Übermacht der Nato? Von all solchen Gefühlen war auf seinem Gesicht nichts zu erkennen. Oder hatte er die situationsangemessenen Gefühle von Angst, Verzweiflung und auch Wut gewissermaßen abgeschaltet und sonnte sich nun in dem narzißtischen Überlegenheitsgefühl, im Mittelpunkt weltweiter Aufmerksamkeit zu stehen? Genoß er das Gefühl gleichsam grenzenloser Macht? Unbewußt mag er es so empfunden haben, als befehlige er nicht nur die serbischen Truppen im Kosovo, sondern auch die Nato-Bomber, hatte er doch die Angriffe provoziert, und lag es doch zu jeder Zeit des Kosovo-Krieges in seiner Macht, die Bombardements sofort zu beenden.

Die Psychodynamik, die sich hier andeutet, läßt sich auch unter dem Aspekt des Sadomasochismus beschreiben. „In der masochistischen Perversion erreicht der Masochist einen subjektiven Zustand ... ‚kompletter Kontrolle' über seine Bestrafung und seinen sadistischen Partner" (Keiser 1975, zitiert nach Wurmser 1993, S. 423). Der Masochist empfindet den masochistischen Akt nur so lange als befriedigend, wie er *vortäuschen* kann, daß der andere stärker ist als er, gleichzeitig aber das Gefühl hat, die Situation vollständig zu beherrschen. „Es handelt sich also um ein ganz prekäres Gleichgewicht zwischen zwei nahezu gleich starken Teilen, welche (...) nebeneinander in einer merkwürdigen Spaltung (...) koexistieren: die Illusion totaler Macht/die Illusion masochistischer Unterwerfung." (ebd., S. 416) Sobald der sadistische Partner wirklich Kontrolle über die Situation erlangt, bricht beim Masochisten die lustvolle Stimmung abrupt zusammen.

Nehmen wir einmal an, die Interaktion zwischen Milošević und der Nato sei nach diesem Muster verlaufen. In diesem Fall hätte Milošević die Angriffe der Nato mit der „bittersüßen Lust" genossen, „gleichzeitig sowohl vollständig hilflos als auch total Meister über sich selbst" (ebd., S. 417) und die Situation zu sein. Lustvoll wären für Milošević nicht die Nato-Angriffe an sich, sondern die Phantasie, daß er die Macht besitze, die Nato zu zwingen, ihn zu bestrafen. Diese masochistisch lustvolle Situation konnte für Milošević nur solange Bestand haben, wie er die Illusion aufrechterhalten konnte, die Nato meine es nicht wirklich ernst, das ganze sei nur ein sadomasochistisches Spiel, dessen Regeln letztlich er bestimme. Erst als er realisieren mußte, daß es die Nato doch ernst meinte, brach seine sadomasochistische Lust zusammen.

Im Verhältnis zur Nato kommt der masochistische Anteil von Milošević Persönlichkeit zum Tragen. Sadismus und Masochismus gehören aber immer zusammen. Der sadistische Anteil von Milošević kommt in seinen Handlungen gegenüber den Kosovo-Albanern zum Ausdruck. Es ist durchaus vorstellbar, daß Milošević an einer ausgeprägten sadomasochistischen Perversion leidet. Vielleicht läßt er sich täglich detaillierte Berichte (auch als Video) vorlegen über die Folterungen, die Vergewaltigungen und die Massaker, die mit seinem Wissen, auf seine Anordnung und nach dem von ihm ausgesponnenen Plan seit Jahren verübt werden. Vielleicht benötigt er eine tägliche Dosis sadistischer Grausamkeiten, um seine latente Selbstdestruktivität in Schach zu halten. Er wehrt seinen Masochismus und seine Suizidalität durch Verkehrung ins Gegenteil, d. h. durch Sadismus, ab (vgl. Wurmser 1993). Indem er die Menschen im Kosovo ermorden und vertreiben läßt und mit seiner Politik hunderttausende Menschen schwersten Traumatisierungen aussetzt, fügt er anderen aktiv das Leid und die Traumata zu, die er in seiner Kindheit selbst passiv erleiden mußte.

Die Destruktivität und Selbstdestruktivität, die seine Kindheit und Jugend geprägt haben, haben auch dem weiteren Lebensweg von Milošević ihren Stempel aufgedrückt und spiegeln sich in seiner Politik wider: Seine Destruktivität wird deutlich in den vier Kriegen, die er in den letzten 10 Jahren angezettelt hat, in den „ethnischen Säuberungen", den Massakern, den Vertreibungen, die er angeordnet hat, und in der Rücksichtslosigkeit, mit der er seine politischen Ziele verfolgt. Seine Selbstdestruktivität zeigt sich darin, daß er die Kriege verliert, sein Staatsgebiet schrumpft und er sich mit einem militärisch übermächtigen Gegner, der Nato, anlegt und in Kauf nimmt, daß sein Land durch die Nato-Bomben zerstört wird. Die häufig von Journalisten geäußerte Phantasie, Milošević werde dereinst eines gewaltsamen Todes sterben, entweder durch die eigene Hand oder durch die des von ihm verführten und betrogenen Volkes – wie Ceaușescu –, weist in die gleiche Richtung.

Aber ist Milošević tatsächlich ein potentieller Selbstmörder? Ist er nicht viel zu berechnend und zu egoistisch, um sich selbst zu töten? Der Selbstmörder ist ein Mensch, bei dem Haß auf andere und Selbsthaß zusammenfallen. Indem der Selbstmörder sich selbst umbringt, will er eigentlich und ursprünglich den anderen, häufig den nächsten Angehörigen, treffen, und er ist bereit, für diesen Triumph einen sehr hohen Preis, nämlich den des eigenen Lebens, zu bezahlen. Beim Mörder – und in dieser Position befindet sich Milošević sowohl psychisch als auch real – ist es umgekehrt: Er wehrt seine latente Suizidalität ab, indem er seine Selbstdestruktivität nach außen gegen andere richtet. Indem Milošević andere massakriert oder massakrieren läßt, versucht er seinen verdrängten Haß auf seine Eltern und seinen verdrängten Selbsthaß unter Kontrolle zu halten. Sollte er seiner Macht und damit seiner Möglichkeit, andere stellvertretend für sich leiden zu lassen, eines Tages beraubt sein, fiele seine Destruktivität auf ihn zurück – er wäre suizidgefährdet.

Genau genommen, handelt es sich bei der psychischen Störung von Milošević um eine Borderline-Störung. Menschen mit einer Borderline-Persönlichkeits-Störung spalten sowohl ihre innere Gefühlswelt als auch die Wahrnehmung ihrer Mitmenschen in absolut „gute" und absolut „böse" auf. Ihr Denken ist von Mißtrauen, Aggressivität und Schwarz-Weiß-Schemata beherrscht. Sie sind narzißtisch, leicht kränkbar und neigen zu intensiven Wutausbrüchen. Ihren Mitmenschen begegnen sie mit einer rücksichtslos fordernden Haltung und entwertenden Angriffen. Macht und Kontrolle über andere ist ihr bevorzugtes Mittel, um mit ihrer Angst vor Nähe, ihrer schizoiden Kontaktunsicherheit und ihrem mangelnden Vertrauen und Selbstvertrauen umzugehen. In ausgeprägtem Maße zeigen sie eine mangelhafte Angsttoleranz und durchgehend eine sehr geringe Impulskontrolle. Häufig tritt die Neigung zu selbstschädigenden Aktivitäten und zur Suizidalität auf. Das Sexualleben ist regelmäßig durch sexuelle Perversionen gekennzeichnet. Alle diese Merkmale finden sich – mehr oder weniger ausgeprägt – im Charakter Miloševićs.

Nach psychoanalytischen Erfahrungen entsteht eine Borderline-Persönlichkeits-Störung dann, wenn das Kind von den Eltern, insbesondere der Mutter, kalt und unfürsorglich behandelt wurde, emotional hungrig geblieben ist und schwerwiegenden Traumatisierungen in Folge von sexuellem oder narzißtischem Mißbrauch, tiefgreifenden Verlusterlebnissen oder körperlicher und seelischer Gewalt ausgesetzt war. Ein weiterer Faktor besteht regelmäßig darin, daß die Mutter (und in manchen Fällen auch der Vater) nicht nur gefühlskalt war, sondern ihrem Kind zugleich vermittelt hat, es sei etwas besonderes, es sei schöner, klüger, begabter als seine Geschwister und es habe die Ehre, als Retter der Familie oder gar als Rächer der beschädigten Familienehre auserkoren zu sein. Das Kind bekommt unbewußt die Aufgabe zugewiesen, das verlorengegangene Glück der Eltern stellvertretend wiederherzustellen. Aufgrund dieser unbewußten Erwartungen der Eltern entwickelt das Kind eine Größenphantasie von sich selbst. Um seiner seelischen Einsamkeit, seiner Gier nach Zuwendung, seinen narzißtischen Kränkungen und seinem Selbsthaß zu entkommen, flüchtet sich das Kind in grandiose Phantasien über die eigene Größe, Macht, Vollkommenheit und Unabhängigkeit. Diese Größenphantasien können dann entweder dazu führen, daß der Betreffende wirklich außergewöhnliche Leistungen vollbringt – wobei er nie wirklich glücklich wird mit den Leistungen, die er erreicht –, oder er muß immer noch mehr Macht anhäufen, um nun seine Umwelt so zu manipulieren, daß sie seinen Größenphantasien Unterstützung leistet. Es kann aber auch dazu kommen, daß die Größenphantasien so sehr in Widerspruch zur Realität des eigenen Lebens geraten, daß als Ausweg der Selbstmord gewählt wird, weil dieser als letzte Möglichkeit erscheint, die Größenphantasie von sich selbst als einem idealen und entrückten Wesen aufrechtzuerhalten. Seine Lebensumstände, sein Machtinstinkt, seine Intelligenz – und nicht zuletzt der Ehrgeiz seiner Frau Mira – haben es Milošević bislang erlaubt, den ersten Weg zu gehen, nämlich so viel Macht anzuhäufen, daß er seine narzißtischen Größenphantasien in der Realität ausagieren konnte, ohne (persönlich) bestraft zu werden. Er kann extrem destruktiv sein, und die dabei gleichzeitig entstehende Selbstdestruktivität trifft nicht ihn persönlich, sondern „nur" sein eigenes Volk.

Slobo und Mira: ein narzißtisches Paar

Milošević lernte seine Frau Mira Marcovic schon in der Schule kennen. Das Paar galt bald als unzertrennlich und wurde von den Mitschülern spöttisch Romeo und Julia genannt, die bekanntlich kollektiv Selbstmord begingen – auch Slobos Eltern brachten sich beide um, wenn auch nicht gemeinsam. Das Motiv des Doppelselbstmordes, der kollektiven Selbstdestruktivität, taucht bereits hier auf.

Auch Mira hat eine hochdramatische, ja traumatische Familiengeschichte. Miras Mutter wäre – so der amerikanische Schriftsteller Norman Mailer (1999, S. 49) – „als Protagonistin einer griechischen Tragödie durchaus geeignet gewesen". Die Nazis nahmen sie als Partisanin gefangen, folterten sie, bis sie die Namen ihrer Genossen preisgab, und ließen sie dann laufen. Sie galt fortan als Verräterin. „Als Folge dieser Verhöre sind im Raum Belgrad Dutzende Parteimitglieder verhaftet und großteils exekutiert worden." (Olschewski 1999, S. 399) Der Anführer ihrer Partisanengruppe, der im übrigen auch ihr Vater war, exekutierte sie. (Vgl. Mailer 1999) Mira war beim gewaltsamen Tod ihrer Mutter 1943 noch kein Jahr alt.

Auch in Miras Familie finden wir ein hohes Maß an innerfamiliärer Destruktivität und Selbstdestruktivität, wobei die familiären Dramen aufs engste verwoben sind mit politischen Prozessen. Das Thema des Verrats haftete der Familie Marcovic als ewiger Schandfleck an. Mira versuchte mit ihren politischen Ambitionen, den Makel des Verrats abzuwaschen, indem sie eine überhöhte Treue-Ideologie vertrat. Mira betonte immer wieder, sie werde das Schicksal ihrer Mutter nie vergessen und dem „ehrlichen Kommunismus", für den die Mutter gestorben sei, immer treu bleiben. 1994 gründete Mira eine neue Partei, die Jugoslawische Linke, weil ihr Slobodans Sozialisten nicht linienkonform genug waren (vgl. Gruber u. a. 1999). Häufig trug Mira eine Seidenrose, die sie auf einem Foto ihrer Mutter entdeckte, in ihrem Haar. Das sollte ein Symbol des Sozialismus sein und an ihre Mutter erinnern. Mit der Seidenrose im Haar ließ sich Mira – in zarte Pastelltöne getaucht – wiederholt auf ihren Büchern und in Zeitschriften ablichten – teils alleine, teils an der Seite ihres Ehemannes. Damit inszenierte sie nun selbst das süßliche Bild von Romeo und Julia, in dem Kitsch und Tod eine Verbindung eingehen. Sie erzeugte eine merkwürdige Atmosphäre voller Mysterien, Mythen und Pseudospiritualität, wie sie auch für den Kitsch des Nationalsozialismus kennzeichnend ist (vgl. Friedländer 1984). Nur verbrämt als Kitsch kann Mira Gefühle und Erinnerungen an den gewaltsamen Tod ihrer Mutter zulassen. Die Motive Verrat, Treue, Rache, Ungerechtigkeit, Tod, Verzweiflung und Trauer werden im verkitschten Bild mit der Seidenrose symbolisch verdichtet, rituell verklärt und ästhetisiert. Mira selbst stilisiert sich zur Heldin, die dem Schicksal ihrer Mutter, das auch ihr eigenes ist, treu bleibt, auch wenn es nur Tod und Vernichtung bringt. Indem der Tod mythisch verklärt, stilisiert und ästhetisiert wird, wird sowohl der wahre Tod, den Mira in ihrer eigenen Familie erschreckend erfahren mußte, als auch der wahre Tod, den die serbische Politik der „ethnischen Säuberungen" im Kosovo anrichtet, in seinem alltäglichen Schrecken und seiner Banalität entwirklicht und damit für Mira erträglich gemacht.

In einer *folie à deux* haben sich Slobo und Mira schon in der Schulzeit zu einer symbiotischen Einheit verschworen. Sie waren sich darin einig, sich wechselseitig nicht als eigenständige Individuen wahrzunehmen, sondern nur als „narzißtische Objekte", das heißt als Erweiterung des eigenen Selbst, als etwas, das für ihr je eigenes Selbst eine bestimmte Funktion hatte, ihr Selbst auffüllte, ergänzte, schmückte und erhöhte. Für Slobo war dieses Beziehungsmuster des narzißtisch Mißbrauchtwerdens bereits durch die Beziehung zu seiner Mutter Teil seiner Persönlichkeit geworden. In Mira suchte und fand er eine Frau, mit der er dieses Beziehungsmuster einer „narzißtischen Kollusion" (Willi 1975) fortsetzen konnte. Und Mira fand in Slobo einen Bundesgenossen, den sie für ihre eigenen ehrgeizigen politischen Ziele funktionalisieren konnte. Mit ihrem eigenen politischen Ehrgeiz trieb Mira Slobo schon früh in die politische Laufbahn. Dereinst, so verkündete sie schon während ihrer Studienzeit, werde das Konterfei Slobodans die Portraits von Tito in den öffentlichen Gebäuden ersetzen (vgl. Fahrni 1999). „Sie plante seine politische Karriere, stachelte seinen Ehrgeiz an", schreibt der Biograph von Milošević. „Ohne sie gäbe es keinen serbischen Führer Milošević." Sie benutzte Slobo, um ihre eigene unbewältigte familiäre Vergangenheit, den unehrenhaften Tod ihrer Mutter, wiedergutzumachen. Er benutzt sie, um sein grandioses Selbst vorbehaltlos und ohne Unterlaß bestätigen zu lassen.

Auch heute noch sind die beiden unzertrennlich, bilden eine narzißtische Einheit. Er stützt seine folgenreichen politischen Entscheidungen auf Polizeiberichte und die Ratschläge seiner Frau. Mira wiederum „glaubt an übernatürliche Kräfte und liest die politische Zukunft auch aus Horoskopen." (Gruber 1999) Als narzißtisch schwer gestörte Persönlichkeiten teilen Slobo und Mira eine paranoide und zynische Weltsicht. Sie sind zutiefst mißtrauisch und spalten alle echten Gefühle ab, da diese nur die Gefahr erneuter Verletzungen in sich bergen. Mögliche Spannungen und Konflikte innerhalb ihrer Beziehung, die auch aus der zu großen Nähe, aus der narzißtischen Verschmelzung mit dem Partner herrühren könnten, werden nach außen abgeführt.

Mit Horst-Eberhard Richters familiendynamischem Modell könnte man auch von einer „paranoiden Festungs-Ehe" sprechen, die sich bemüht, „unerträgliche wechselseitige feindselige Impulse nach außen gegen einzelne Personen, Gruppen oder Weltanschauungen abzuleiten" (Richter 1972, S. 91). Die Festungs-Beziehung bleibt trotz ihres hohen Aggressions- und Konfliktpotentials stabil, weil alles Böse nur draußen gesehen und dort bekämpft wird. Wie Richter weiter ausführt, kann das Freund-Feind-Denken des paranoiden Fanatikers auch über die Familie hinaus ansteckend wirken. Nur so könne man sich die „epidemieartigen Verbreitungen abnormer überwertiger Ideen in Zeiten scharfer Gruppenpolarisierungen erklären. Wer nicht über eine sehr fundierte persönliche Identität verfügt, ist anscheinend unter gewissen Umständen auch gegen besseres Wissen bereit, dem suggestiven Sog eines paranoiden Denksystems zu erliegen, das blitzableiterartig eine Abfuhr aller bedrohlichen intraindividuellen beziehungsweise gruppeninternen Spannungen verheißt." (ebd.)

Großgruppen-Identität der Serben

Natürlich kann die Politik der jugoslawischen Regierung nicht allein aus der Persönlichkeitsstruktur, den seelischen Problemen, der Psychopathologie der Familie und der Ehe ihres Führers erklärt werden. Diese Faktoren stellen die persönlichen unbewußten Beweggründe der Führerfigur dar, die nur dann zur Entfaltung kommen können, wenn sie sozusagen in das psychokulturelle Klima der Großgruppe passen. Meine These ist, daß sich die Problematik von Milošević, die mit den Stichworten Traumatisierung, Unfähigkeit zu trauern, Destruktivität, Selbstdestruktivität und narzißtische Größenphantasie charakterisiert werden kann, in einigen zentralen Aspekten der Großgruppen-Identität der Serben widerspiegelt. Dabei ist zu berücksichtigen, daß es sicherlich eine Vereinfachung und Verfälschung darstellt, von *den* Serben zu sprechen. Es soll während des Kosovo-Krieges 50.000 Deserteure und junge Männer, die untergetaucht waren, um sich dem Wehrdienst in der serbischen Armee zu entziehen, gegeben haben. Auch machte vor einigen Jahren eine breite Oppositionsbewegung gegen Milošević von sich reden. Und überhaupt ist es in jeder differenzierten Gesellschaft problematisch, von *den* Serben, *den* Deutschen, *den* Amerikanern zu sprechen. Gleichwohl kann man nicht leugnen, daß sich die Angehörigen einer Nation oder einer Volksgruppe in mancherlei Hinsicht ähnlicher sind als einzelnen aus anderen Gruppierungen. Insofern kann man zu Recht davon sprechen, daß eine Nation oder Ethnie gemeinsame Merkmale aufweist, die man als Großgruppen-Identität bezeichnen kann. Bei den folgenden Überlegungen beziehe ich mich auf das soeben erschienene Buch des amerikanischen Psychoanalytikers und Konfliktforschers Vamik D. Volkan „Das Versagen der Diplomatie. Zur Psychoanalyse nationaler, ethnischer und religiöser Konflikte". (1999)

Volkan geht davon aus, daß Großgruppen und Nationen eine gemeinsame Identität dadurch erlangen wollen, daß sie sich auf einen gemeinsamen Ursprung beziehen. Dieser Ursprung ist häufig ein gemeinsam geteiltes Erfolgserlebnis, mit dem sich Triumphgefühle verbinden. Volkan spricht von „gewählten Ruhmesblättern", deren in jährlich wiederkehrenden Feierlichkeiten gedacht wird und durch die ein generationsübergreifender Traditionszusammenhang hergestellt wird. Mit der Überlieferung der Ruhmesblätter wird zugleich die Großgruppen-Identität von einer Generation an die nächste weitergegeben. Solche nationalen Feiertage beziehen sich häufig auf die Befreiung von einer Vorherrschaft oder die Konstituierung als nationale Gruppe. In Krisen- oder gar Kriegszeiten werden die gewählten Ruhmesblätter aktiviert, um das Selbstwertgefühl der Gruppe zu stärken. Diese Vorgänge sind leicht nachvollziehbar und in allen Nationen beobachtbar.

Etwas schwerer verständlich und in seinen psychologischen Auswirkungen häufig sehr weitreichend und destruktiv ist ein anderer Vorgang, den Volkan als „gewähltes Trauma" bezeichnet. Hier wählt die Gruppe nicht ein siegreiches triumphales Ereignis als gemeinsamen Bezugspunkt ihrer Gruppenidentität, sondern eine Situation, in der die Gruppe schwere Verluste oder demütigende Verletzungen hinnehmen mußte und sich als Opfer fühlt. Wenn die vorangegangenen Generationen unfähig waren, die erlittenen Verletzungen und Traumata zu verarbeiten, geben sie diese Erfahrungen an die nächste Generation weiter, und zwar mit dem Auftrag, daß die nächsten Generationen die erlittenen narzißtischen Verletzungen des Selbstwertgefühls und die Demütigungen wiedergutmachen oder auch rächen sollen. Ähnlich wie das aus familientherapeutischen Behandlungen bekannt ist, daß nämlich die Eltern ihre eigenen ungelöst gebliebenen Konflikte, die Verletzungen, über die sie nicht trauern konnten, an ihre Kinder weitergeben und diesen die Bürde aufladen, stellvertretend die Konflikte der Eltern auszuagieren, kann man sich das auch auf einer kollektiven Ebene vorstellen: Die ältere Generation gibt an die nächste die selbst erlebten Traumata weiter mit der unbewußten Rollenerwartung, daß die nachfolgenden Generationen die früheren traumatischen Erlebnisse und Erfahrung rückgängig machen oder sie gar in ihr Gegenteil verkehren sollen. Psychologisch betrachtet, ist das eine große Last für die nachfolgenden Generationen. Dieses Vermächtnis führt in der Regel zur Perpetuierung der alten Konflikte (vgl. Rosenthal 1987).

Im Falle der Serben kann man die Schlacht auf dem Amselfeld, bei der die Serben vor 600 Jahren gegen die Türken eine militärische Niederlage erlitten, als ein solches kollektives Trauma bezeichnen. Das Ereignis ist historisch nicht ganz eindeutig rekonstruiert. Vielmehr wird es von Mythen und Legenden umrankt. In seiner serbischen Fassung beinhaltet dieser Mythos die Vorstellung, das serbische Volk habe zwar im Kampf auf dem Amselfeld sowohl seinen Anführer Lazar als auch die Schlacht verloren, mit diesem Opfer aber das christliche Abendland vor der Eroberung durch den Islam in Gestalt der Türken gerettet. Unter Tito war der Mythos vom Amselfeld viele Jahre lang ebenso stillgestellt wie die Konflikte zwischen den ethnischen Gruppen. Offenbar war aber beides nicht aus dem kollektiven Gedächtnis verschwunden. Milošević hat es geschickt verstanden, diesen alten Opfermythos zu reaktivieren und für seine Zwecke nutzbar zu machen. Er ahnte, mit welchen Themen er die Serben packen konnte. Milošević ließ die mumifizierten Überreste des damaligen Serbenführers Lazar, die in der Nähe von Belgrad lagen, in einen Sarg legen und durch ganz Serbien transportieren. Diese Prozession mit dem 600 Jahre alten Leichnam führte von Dorf zu Dorf, von Stadt zu Stadt und endete auf dem Amselfeld. Überall wo der Leichnam hinkam, weinten die Leute, klagten und hielten Reden, in denen sie beteuerten, daß sich eine solche Niederlage nie mehr wiederholen dürfe. Auf einer psychologischen Ebene war es so, als hätte die Niederlage im Kosovo erst gestern stattgefunden. Das alte Trauma von der Niederlage wurde reaktiviert, und gleichzeitig schürte Milošević nationalistische Gefühle. Er ließ auf dem Amselfeld auf einem Hügel, der das Schlachtfeld überragt, ein riesiges Monument bauen, aus rotem Stein, der Blut symbolisieren soll. Der 600 Jahre alte Haß auf die Türken wurde nun verschoben auf die Muslime im eigenen Land. Nach und nach setzte sich immer mehr die kollektive Wahnidee durch, daß man die Muslime ausmerzen müsse, um die eigene Schande wiedergutzumachen. Den Muslimen sollte das angetan werden, was den Serben von den osmanischen Türken seinerzeit angetan worden war.

Psychoanalytisch betrachtet, zeichnet sich die Großgruppen-Identität der Serben durch eine Opfermentalität aus. Die Einnahme eines Opferstatus impliziert eine sadomasochistische Grundhaltung zum Leben. Der sadistische Anteil dieser Grundorientierung kommt in den Greueltaten zum Ausdruck, die von den Serben ausgeübt werden, der masochistische Anteil zeigt sich darin, wie sehr Serbien bereit ist, zu leiden. Offensichtlich hatte die Nato die Leidensfähigkeit von Milošević und auch die des serbischen Volkes in ihrem Ausmaß und in ihrer psychischen Bedeutung für den einzelnen und in ihrer psychokulturellen Bedeutung für die Großgruppen-Identität der Serben unterschätzt.

Von dem Ethnopsychoanalytiker Georges Devereux (1974) stammt die Unterscheidung zwischen einer idiosynkratischen und einer ethnischen psychischen Störung. Die idiosynkratische Störung entsteht aufgrund ganz spezifischer Lebensumstände bei einem Individuum. Unter einer ethnischen Störung versteht Devereux demgegenüber eine psychische Störung, an der nicht nur Individuen, sondern eine große Zahl der Mitglieder eines Kollektivs leiden.

Die idiosynkratische Störung des Slobodan Milošević, seine Borderline-Persönlichkeits-Störung, sein Sadomasochismus, seine verleugnete Depression, seine latente Suizidalität und seine Unfähigkeit, sich mit seinem persönlichen Leidensweg innerlich auseinanderzusetzen, passen zu der ethnischen Störung der Serben wie der Schlüssel zum Schloß. Milošević hatte ein „intuitives Verständnis für die verletzten Gefühle seines Volkes" (Paasch 1996), weil er in seiner eigenen Biographie ein ähnliches Gemisch aus traumatischen Verlusten, Kränkungen des Selbstwertgefühls und grandiosen Wunschvorstellungen von der eigenen Größe hatte wie das Kollektiv der Serben.

Die Notwendigkeit kollektiver Trauer- und Versöhnungsarbeit zwischen den Ethnien

Durch die Jahrhunderte dauernde Fremdherrschaft, die alle Ethnien auf dem Balkan erleiden mußten, bildete sich bei ihnen eine Sonderform des Nationalismus heraus, den die Politikwissenschaft als „Ethno-Nationalismus" bezeichnet. Wie der Balkan-Experte Michael W. Weithmann ausführt, zeichnet sich der Ethno-Nationalismus durch „ein Nationalgefühl der verlorenen Ehre, des Nicht-Verstanden-Werdens, kurz, des traumatischen Nationalismus (aus), der reziprok dazu die Überhöhung imaginärer historischer Erinnerungen zur Folge hat." (Weithmann 1997, S. 232). Je frustrierender und erniedrigender die gegenwärtigen politischen und gesellschaftlichen Verhältnisse für die einzelnen Ethnien waren oder empfunden wurden, umso mehr suchten sie ihr illusionäres Heil in der ideologischen Rückwendung zur vermeintlich heroischen Vergangenheit. Der Rückgriff auf die weit zurückliegende, heroisch verklärte Geschichte, in der das eigene Volk einst eine bedeutende Rolle gespielt habe, soll Forderungen untermauern, die die Gegenwart betreffen. Betont wird die „Ureinwohnerschaft" und die „Alteingesessenheit" (ebd.) und auch die Religion als ein Unterscheidungsmerkmal, das die eigene Identität stärkt.

Titos Konzept einer föderativen Republik zielte darauf, das friedliche Zusammenleben der verschiedenen Ethnien zu fördern. Das Konzept der föderativen Volksrepublik war etwas wirklich Neues, nämlich erstens die Abkehr von der großserbischen Staatsidee und zweitens die Abkehr vom (kommunistischen) Zentralismus nach Moskauer Vorbild. Dieses Ziel konnte Tito nur erreichen, indem er Serbien auf eine föderal-verträgliche Größe zurechtstutzte: Makedonien und Montenegro wurden als selbständige Republiken aus Serbien herausgelöst, der Kosovo und die Vojvodina erhielten einen Status als autonome Gebiete. Um Jugoslawien stark zu machen, mußte Tito Serbien schwächen (Weithmann 1996, S. 453). Doch woran scheiterte Titos Versuch, die Balkan-Völker in einem gemeinsamen Staat zusammenzufassen, letztlich?

Zunächst muß man betonen, daß Titos Jugoslawien immerhin fast 40 Jahre lang leidlich funktionierte. Die Gründung erfolgte 1945, nach Titos Tod im Jahr 1980 setzten ab 1981 die Auflösungserscheinungen ein. Titos zeitweiliger Erfolg beruhte darauf, daß die Nationalitätenfrage „in der gesamten Tito-Ära mit einem rigoros überwachten öffentlich-rechtlichen Tabu belegt" war (ebd., 451). Zugleich blieb Tito in der nationalen Frage von einer „erstaunlich doktrinären Blindheit geschlagen" (ebd.). Er handelte getreu dem marxistischen Motto, bei psychologischen, kulturellen, ethnischen, religiösen und nationalen Fragen handle es sich um reine Überbau-Phänomene, sie seien also nur von nachgeordneter Bedeutung. Maßgeblich war die illusionäre Hoffnung, mit der sozialistischen Umgestaltung der ökonomischen Basis und der Produktionsverhältnisse fänden auch die jahrhundertealten Konflikte zwischen den Ethnien eine endgültige Lösung. Dies war jedenfalls die offizielle Ideologie. „In Wirklichkeit waren sich, wie wir heute wissen, Tito und seine engeren Mitarbeiter der durch den ‚Aufbau des Sozialismus' keineswegs geschwundenen nationalistischen Explosivkraft durchaus bewußt, versuchten aber durch Ignorieren das Problem totschweigen zu können." (ebd., S. 452)

Besonders verhängnisvoll wirkte sich aus, daß der Haß zwischen den ethnischen Gruppen, der sich in der Zeit der nationalsozialistischen Besatzung aufgebaut hatte, auf einer psychologischen Ebene in keiner Weise bearbeitet wurde. So lieferte das Totschweigen der Greueltaten der faschistischen Ustascha, einer kroatischen Organisation, die mit der SS kollaborierte und etwa 200000 Serben ermordete, dem Haß der Serben immer wieder neue Nahrung. Die wechselseitigen Ressentiments zwischen den verschiedenen ethnischen Gruppierungen auf dem Balkan wurden unter Titos Herrschaft nur unterdrückt, tabuisiert und oberflächlich harmonisiert. Eine offene und kritische Aufarbeitung der während der nationalsozialistischen Besatzung begangenen Massaker und Verfolgungen fand nicht statt. Eine Trauerarbeit, wie sie Alexander und Margarete Mitscherlich für Deutschland forderten und die gegen viele Widerstände in der Bundesrepublik Deutschland tatsächlich teilweise stattfand und noch immer stattfindet (vgl. Wirth 1998), wurde in Jugoslawien nicht versucht. Vielmehr brachen nach dem Ende des Ostblocks und dem politischen Zerfall Jugoslawiens die lange Jahre verdrängten und mit Macht unterdrückten Ressentiments zwischen den ethnischen Gruppen in ihrer ganzen archaischen Gewalt wieder auf. Hier bestätigt sich wieder einmal die Notwendigkeit einer Trauerarbeit auf kollektiver Ebene, wenn kollektive Traumata konstruktiv verarbeitet werden sollen.

Vom möglichen Nutzen der Psychoanalyse für die Politik

Welchen Nutzen kann nun eine solche psychoanalytische Studie für die praktische Politik haben?

Zunächst könnte die psychoanalytische Diagnose der psychischen Situation eines Führers, einer Regierung und eines ganzen Volkes dazu beitragen, den subjektiven, psychologischen Teil der politischen Wirklichkeit realitätsangemessener wahrzunehmen. Politisches Handeln wird nicht ausschließlich durch wirtschaftliche Interessen und militärische Absichten, sondern auch durch bewußte und unbewußte psychologische Motive von einzelnen und von Groß-Gruppen gesteuert. Der ägyptische Präsident Anwar as Sadat behauptete in seiner berühmten Rede vor der israelischen Knesseth sogar, etwa 70 % des israelisch-ägyptischen Konfliktes seien psychologischer Natur. Gleichwohl wurden die Erkenntnisse und Möglichkeiten der politischen Psychologie – speziell auf psychoanalytischer Grundlage – sowohl in Politik und Diplomatie als auch in der öffentlichen Diskussion bislang weitgehend vernachlässigt, oder aber man bezog sich auf eine implizite, unreflektierte Alltagspsychologie.

Sodann könnte die Einbeziehung individual-, familien-, gruppen- und kulturpsychologischer Faktoren bei der politischen Entscheidungsfindung und bei diplomatischen Initiativen wesentlich dazu beitragen, daß unbewußte und irrationale Einflüsse erkannt und berücksichtigt werden. Psychoanalytisch geschulte Beobachter könnten den Sprengstoff, der in religiösen, ethnischen und nationalen Konflikten enthalten ist, so frühzeitig erkennen, daß er noch entschärft werden kann. Solche Alarmsignale können z. B. das vermehrte Auftauchen von Formulierungen wie »die Reinheit des Blutes« sein (vgl. Volkan 1999).

Auch die Diplomatie könnte von der Psychoanalyse profitieren. Diplomatie ist zwar keine Psychotherapie, aber diplomatische Prozesse haben in gewisser Hinsicht Ähnlichkeit mit gruppendynamischen und psychotherapeutischen Prozessen.

Natürlich darf sich die psychoanalytische Untersuchung nicht auf eine Partei beschränken, sondern muß alle beteiligten Parteien einbeziehen und auch ihre Interaktion betrachten. Insofern müßte die vorliegende Studie noch erheblich ergänzt werden. Hinsichtlich der Beziehung zwischen den Parteien will ich abschließend den Aspekt der „Gegenübertragung" diskutieren.

Die Einbeziehung der sog. „Gegenübertragung", d. h. die Reflexion all der gefühlsmäßigen Reaktionen auf Milošević, die sich bei uns einstellen, kann dazu beitragen, daß sowohl die Einschätzung des politischen Gegenüber als auch die Beurteilung der eigenen Handlungen realitätsangemessener werden. Einerseits sollte man Gefühlsreaktionen durchaus als ein wichtiges Element des politischen Prozesses anerkennen, sich aber andererseits nicht seinen spontanen Gefühlsreaktionen unkritisch ausliefern. Psychoanalytiker sind Spezialisten im Umgang mit heftigen Gefühlen – sowohl ihren eigenen als auch denen ihrer Patienten – und könnten insofern Hilfestellungen bei der „Auswertung" von emotionsgeladenen Reaktionen auf politische Prozesse geben. Die z. T. hysterisch zu nennenden Reaktionen mancher Politiker auf Milošević, ihre moralisch aufgeputschte Rhetorik müßte sich unter dem Gesichtspunkt der Gegenübertragung daraufhin befragen lassen, ob es sich um ein unreflektiertes Ausagieren sich spontan einstellender Affekte handelt.

Otto Kernberg (1975, S. 82) weist darauf hin, daß man im Kontakt mit Menschen, die eine Borderline-Persönlichkeit aufweisen, fast unweigerlich vom Denken und Fühlen des so Gestörten affiziert wird und infolge dessen zu Abwehrmaßnahmen greift, die die eigene Realitätswahrnehmung beeinträchtigen:

1. Man muß darauf gefaßt sein, daß man dazu verführt wird, sich masochistisch den Forderungen der Borderliners zu unterwerfen. In solchen Phasen geschieht es leicht, daß man sich mit den Aggressionen und den paranoiden Projektionen des Borderliners identifiziert und dessen destruktives Potential unterschätzt. Möglicherweise befinden sich speziell die Kritiker der Nato-Angriffe in der Gefahr, daß ihre Realitätswahrnehmung in dieser Weise beeinträchtigt wird.

2. Eine andere Gefahr besteht darin, sich innerlich von dem Borderliner zu distanzieren. Dies hat einen Empathie- und damit Verständnisverlust zur Folge. Es kommt zur Ritualisierung des Gesprächs und schließlich zum Kontaktabbruch. Je mehr man sich innerlich von seinem Gegenüber zurückzieht, um so mehr ist man seinen eigenen aggressiv-sadistischen Gegenübertragungsaffekten ausgeliefert. Ist man schließlich entsprechend distanziert und frustriert, neigt man dazu, mit Sadismus „draufzuhauen", und kann dies immer mit der offensichtlichen Destruktivität seines Gegenübers rechtfertigen. In dieser Gefahr stehen zweifellos besonders die Befürworter der Nato-Angriffe.

3. Eine weitere, vielleicht noch schwerwiegendere Gefahr besteht darin, daß man sich narzißtisch von der Realität zurückzieht, indem man die ganz unrealistische Gewißheit entwickelt, mit seinem Verhandlungspartner auf jeden Fall eine Übereinkunft erzielen zu können. Dies führt dann dazu, daß man sich mit dem Borderliner gleichsam auf einer einsamen Insel einrichtet und gemeinsam alle destruktiven Impulse auf „böse" Objekte außerhalb richtet und damit die Beziehung relativ konfliktfrei hält. (Nach diesem Muster funktioniert auch die Ehebeziehung der Miloševićs.) Man glaubt verzweifelt an das Gute in seinem Verhandlungspartner, obwohl er in seinem politi-

schen Handeln keinerlei Anhaltspunkte dafür liefert. Lange Jahre dürfte die Haltung des Westens zu Milošević von einer solch illusionären Einstellung bestimmt gewesen sein. Eine solche „Heilsbringer-Haltung" (Kernberg) hat allerdings mit einer echten verantwortungsvollen Sorge um das Wohl der betroffenen Völker nichts zu tun, denn diese Sorge muß stets auch die Realität mit einschließen.

Wie man sieht, kann eine solche „Gegenübertragungs-Analyse" keine *zwingenden* Begründungen *für* oder *gegen* die Nato-Angriffe liefern. Wohl aber kann sie unbewußte und irrationale Hintergründe sowohl der Argumentationen *für* als auch *gegen* den Krieg erhellen und damit zu einer reflektierteren Argumentation verhelfen.

Frieden im Kosovo und auf dem gesamten Balkan wird dauerhaft nur dann eintreten, wenn er nicht nur durch die militärische Präsenz der Nato erzwungen wird, sondern wenn auch auf psychologischer und kultureller Ebene Trauerprozesse und Versöhnungsarbeit zwischen den verfeindeten ethnischen Gruppen initiiert werden. Die Menschen im Kosovo benötigen nicht nur militärischen Schutz, nicht nur wirtschaftliche Wiederaufbau-Hilfen, sondern auch psychologische Anleitung zur Bewältigung ihrer erlittenen Traumata und zur Aussöhnung mit ihren ehemaligen Peinigern. Hierbei könnte man sicherlich von den Erfahrungen der Wahrheitskommissionen in Südafrika sehr viel profitieren. Doch auch psychoanalytische Erfahrungen und psychoanalytisch und gruppendynamisch geschulte Multiplikatoren könnten mit helfen, solche konstruktiven Prozesse der Trauerarbeit und der Versöhnung auf individueller, vor allem aber auf kollektiver Ebene zu initiieren und zu unterstützen.

Literatur

Djuric, R. (1995): Serbiens Machthaber. Slobodan Milošević und seine „politische Philosophie". In: Lettre international III/95, S. 7-14.

Devereux, G. (1974): Normal und Anormal. Frankfurt (Suhrkamp).

Fahrni, O. (1999): Slobodan Milošević. Der melancholische Schlächter. In: Weltwoche vom 25.3.1999.

Freud, S. (1907): Der Wahn und die Träume in W. Jensens *Gradiva*. In: Sigmund Freud Studienausgabe, Bd. X, S. 9-86.

Freud, S. (1910): Eine Kindheitserinnerung des Leonardo da Vinci. In: Sigmund Freud Studienausgabe, Bd. X, S. 87-160.

Freud, S. (1914): Der Moses des Michelangelo. In: Sigmund Freud Studienausgabe, Bd. X, S. 195-222.

Freud, S. (1917): Eine Kindheitserinnerung aus *Dichtung und Wahrheit*. In: Sigmund Freud Studienausgabe, Bd. X, S. 255-266.

Freud, S. (1930): „Einleitung" zu S. Freud und W. C. Bullitt, Thomas Woodrow Wilson. In: Sigmund Freud Gesammelte Werke, Nachtragsband, S. 683-692.

Mailer, N. (1999): Das kalte, weite Herz. Der Krieg gegen Serbien ist eine Katastrophe für unsere Moral. In: FAZ vom 28.5.1999, S. 49.

Friedländer, S. (1982): Kitsch und Tod. Der Widerschein des Nazismus. München (dtv).

Gruber, P. u. a. (1999): Slobodan Milošević. Der Zerstörer. Psyche eines Despoten. In: Focus vom 12.4.1999.

Kernberg, Otto F. (1975): Borderline-Störungen und pathologischer Narzißmus. Frankfurt (Suhrkamp).

Parin, P. (1983): Warum die Psychoanalytiker so ungern zu brennenden Zeitproblemen Stellung nehmen. In: ders.: Der Widerspruch im Subjekt. Ethnopsychoanalytische Studien, Frankfurt/M. (Syndikat) S. 9-17.

Olschewski, M. (1998): Der serbische Mythos. Die verspätete Nation. München (Herbig).

Richter, H.-E. (1972): Patient Familie. Entstehung, Struktur und Therapie von Konflikten in Ehe und Familie. Reinbek (Rowohlt).

Richter, H.-E. (1969): Eltern, Kind und Neurose. Psychoanalyse der kindlichen Rolle. Reinbek (Rowohlt).

Schmid, Th. (Hg.) (1999): Krieg im Kosovo. Reinbek (Rowohlt).

Volkan, V. D. (1999): Das Versagen der Diplomatie. Zur Psychoanalyse nationaler, ethnischer und religiöser Konflikte. Gießen (Psychosozial-Verlag).

Weithmann, M. W. (1997): Balkan Chronik. 2000 Jahre zwischen Orient und Okzident. Regensburg (Pustet/Styria).

Willi, J. (1975): Die Zweierbeziehung. Spannungsursachen, Störungsmuster, Klärungsprozesse, Lösungsmodelle. Reinbek (Rowohlt).

Wirth, H.-J. (Hg.) (1997): Geschichte ist ein Teil von uns. Schwerpunktthema von psychosozial 67, 20. Jhg., Heft I (Psychosozial-Verlag).

Wurmser, L. (1993): Das Rätsel des Masochismus. Psychoanalytische Untersuchungen von Gewissenszwang und Leidenssucht. Berlin (Springer).

Der Kosovo-Krieg im Spiegel von Gesprächen und Kinderbildern

Trin Haland-Wirth und Hans-Jürgen Wirth

Als Mitte April 1999 etwa 750 Kosovo-Flüchtlinge in der Gießener Erstaufnahmeeinrichtung ankommen, entschließen wir uns spontan, mit den Vertriebenen Kontakt aufzunehmen. Ein Motiv, mit den Flüchtlingen direkt zu sprechen, mag der Wunsch sein, im praktischen Handeln wieder ein Stück der eigenen Souveränität zurückzugewinnen und nicht bloß in einer ohnmächtigen Zuschauerhaltung zu verharren. Natürlich befreit dieses praktische Tun nicht von der Verantwortung und Notwendigkeit, auch zum Krieg selbst eine politische Haltung zu entwickeln.

Bei unseren ersten Versuchen der Kontaktaufnahme werden wir von den zuständigen Stellen und Behörden abgewimmelt. Wir stellen uns als Psychotherapeuten vor, die den Flüchtlingen Gespräche anbieten wollen, da viele dringend psychologischer Betreuung bedürfen. Uns wird zunächst entgegengehalten, man habe „keinen Bedarf". Erst mit einiger Hartnäckigkeit gelingt es uns, Zugang zu der Einrichtung zu erhalten.

Die Flüchtlinge sind in mehreren großen Gebäuden, ehemalige amerikanische Kasernen, untergebracht. In einem Gebäude befindet sich die Kleiderausgabe, ein Spielzimmer für die Kinder und eine Teestube. In der Teestube besteht die Möglichkeit, direkt mit den Flüchtlingen ins Gespräch zu kommen. Sie dient uns als Anlaufstelle. Manche können einige Brocken Deutsch, es stehen aber auch Übersetzer zur Verfügung, deren Hilfe wir in An-

Hundertjähriger Kosovo-Albaner im Flüchtlings-Erstaufnahmelager in Gießen

spruch nehmen können. Neben der Teestube existiert ein separates Beratungszimmer, in dem wir häufig Gespräche führen. Als wir feststellen, daß die Teestube praktisch nur von Männern besucht wird, schlagen wir vor, Zeiten festzulegen, in denen nur die Frauen Zutritt haben. Das wird respektiert und von den Frauen eifrig genutzt.

Die Kontaktaufnahme gestaltet sich ganz unterschiedlich: Manche Menschen können sich im Schutz einer größeren Gruppe öffnen, um über ihre Erlebnisse zu erzählen. Anderen ist dies eher im Rahmen eines Einzelgesprächs im separaten Beratungszimmer möglich.

Die 26jährige A. aus Prishtina beginnt von ihrer Vertreibung zu erzählen. Andere Teestubenbesucher fallen ein und berichten ähnliche Erlebnisse: Es geht um Terror von Polizisten, Soldaten, serbischen Nachbarn und darum, sobald wie möglich wieder in ihr Land zurückkehren zu wollen. Manche werden laut und sind empört, andere ha-

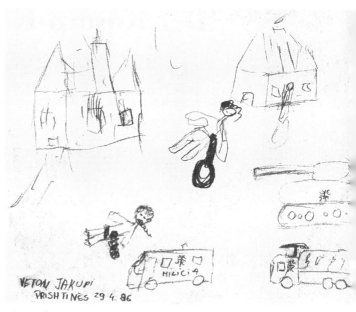

Dieses Bild malte ein zwölfjähriger Junge: In seinem Dorf wurden zwei kosovarische Frauen ermordet. Ihre Leichname liegen auf der Straße. Deutlich zu erkennen sind die Blutlachen. Im Hintergrund sind brennende Häuser zu sehen, im Vordergrund serbische Miliz- und Panzerfahrzeuge.

ben Tränen in den Augen und wirken sehr traurig.

Bei manchen Gesprächspartnern besteht ein ungeheurer Rededrang. Ein 50jähriger Geschichtslehrer läßt dem Übersetzer kaum Zeit, fertig zu übersetzen, so groß ist sein Bedürfnis, uns seine Erlebnisse mitzuteilen. Uns fällt auf, wie sehr er sich bemüht, möglichst beherrscht zu sein und sachlich und chronologisch zu berichten. Erst als er von seinem massakrierten Sohn spricht, überwältigt ihn Schmerz. Er entschuldigt sich bei uns für seine Tränen.

Einige Besucher der Teestube beteiligen sich nicht an den Gesprächen. Sie wirken in sich zurückgezogen. Ein alter Mann sitzt stundenlang an einem Tisch. Manchmal hat er Tränen in den Augen. Als wir ihn ansprechen, wehrt er erst mißtrauisch ab. Später kommt doch ein Gespräch mit ihm zustande, und es stellt sich heraus, daß er Angst vor Repressalien und Bespitzelung hat.

Einige Kontakte finden ganz ohne Sprache statt. Das Schachspiel mit einem 20jährigen jungen Mann dauert eine knappe Stunde. Spä-

Kosovo-Albanerin im Flüchtlings-Erstaufnahmelager in Gießen bei einem Essen, das die Albanerinnen für die Betreuer gekocht haben.

Kosovo-Albanerinnen im Gießener Flüchtlings-Erstaufnahmelager

ben ihre traumatischen Erlebnisse wieder, die sie ein Leben lang begleiten werden und über die sie bislang kaum gesprochen haben.

Sowohl die Erwachsenen als auch die Kinder stehen noch unter Schock. Wir haben den Eindruck, daß viele Eltern versuchen, ihre Kinder zu schützen, indem sie nicht über die traumatischen Ereignisse sprechen. Doch gerade damit lassen sie die Kinder mit ihren Phantasien allein. Im Kontakt mit uns stellt sich immer wieder heraus, daß die Kosovo-Flüchtlinge glauben, daß wir nicht hören wollen, was ihnen widerfahren ist. Es ist ihnen peinlich, wenn sie von ihrem Schmerz, ihrer Trauer und ihren Gefühlen übermannt werden und zu weinen anfangen. Viele entschuldigen sich dafür.

Natürlich können wir nur mit ganz wenigen der 750 Flüchtlinge sprechen. Viele kommen gar nicht in die Teestube. Manche verlassen noch nicht einmal ihre Zimmer. Unsere Gespräche sind nicht mehr als ein Tropfen auf

ter bei der Abreise in seine neue Unterkunft bittet er den Übersetzer immer wieder, uns auszurichten, wie wichtig dieses Schachspiel für ihn gewesen sei.

Auch die Kinder zeigen sich sehr unterschiedlich. Auf den ersten Blick staunt man, wie fröhlich sie wieder spielen. Schaut man genauer hin, sieht man Kinder, die mit leeren Augen vor sich hingucken; Kinder, die wimmernd im Raum oder an der Hand der Mutter stehen; Kinder, die ziellos alle Spielsachen, die sie kriegen können, an sich raffen; Kinder, die auf uns zukommen und etwas sagen wollen.

Mit den Kindern funktioniert die Kommunikation am besten auf der Ebene der Zeichensprache. Unseren Vorschlag zu malen, greifen sie sofort auf. Die Bilder sprechen für sich: Brennende Häuser, Soldaten, die aus nächster Nähe Menschen hinrichten, feuerspeiende Panzer, Gräber, Tote. Die Kinder drücken mit ihren Zeichnungen aus, was sie in den Wochen ihrer Flucht erlebt haben. Sie ge-

Ein fünfjähriger Junge und seine Mutter haben dieses Bild gemeinsam gemalt. Es erzählt von dem Flüchtlingslager in Mazedonien.

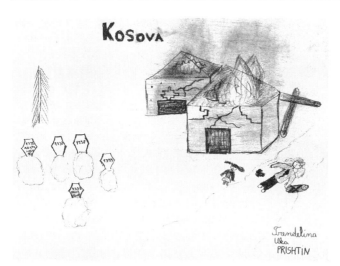

Dieses Bild stammt von einem zwölfjährigen Mädchen. Auf der rechten Seite ist die bittere Realität der Zwölfjährigen zu erkennen: Eine Frau und ein Mädchen wurden ermordet. Der Säugling lebt noch – ob er jemals Hilfe bekam, darüber berichtet die junge Malerin nicht. Auf der linken Seite zeichnet sie, wie sie sich Gräber von getöteten UCK-Soldaten vorstellt, die für viele Kosovo-Albaner Helden sind, auf die sie ihre letzten Hoffnungen setzen.

Der zwölfjährige Junge, der dieses Bild malte, besuchte in seiner Heimat die 6. Schulklasse. Immer wieder habe er solche Szenen gesehen, berichtet er uns: Brennende Häuser, Panzer und Soldaten, die Menschen erschossen. Auffallend an dem Bild ist, wie nahe die Soldaten bei den Getöteten stehen. In dem differenziert gezeichneten Bild verwendet der Junge für die Salven der Panzer die Farbe rot, ebenso für das Blut und für die Feuersbrünste der Häuser. Alles übrige ist in schwarz gemalt.

Auf diesem Bild hat ein Junge gezeichnet, wie sein Dorf von serbischen Panzern angegriffen wird. Alle Häuser wurden in Brand gesteckt. Der Vater des Jungen zeichnete dazu eine Szene, die er selbst erlebt hat. Ein Soldat erschießt einen Mann und dessen Sohn.

den heißen Stein. An eine therapeutische Bearbeitung im engeren Sinne ist nicht zu denken. Unser Zuhören, unser Mitgefühl, unsere Gesprächsangebote – das alles kann nur ein erstes Auffangbecken sein.

Inzwischen sind alle Flüchtlinge auf andere Unterkünfte in Hessen verteilt. Wir würden uns wünschen, daß sich an den Orten, an denen die Flüchtlinge jetzt untergebracht sind, Initiativgruppen bilden, in denen sich hauptamtliche Helfer aus den Wohlfahrtsverbänden zusammen mit ehrenamtlich engagierten Bürgern und mit Psychotherapeuten zusammentun, um gemeinsam zu überlegen und zu organisieren, wie die weitere Betreuung der Flüchtlinge aussehen soll. Vielleicht kann man die Chance nutzen, die spontan in der Bevölkerung entstandene Solidarität und die Bereitschaft zum bürgerschaftlichen Engagement aufzugreifen und zu fördern.

Ein 11jähriges Mädchen zeichnet fast identisch immer wieder dieses Bild. Sie hat die Szene bei ihrer Flucht erlebt. Es bleibt unklar, ob sie die erschossenen Männer kannte.

Literatur zum Krieg im Kosovo und zum Balkan

Bogdanovic, B. (1997): Der verdammte Baumeister. Erinnerungen. Wien (Zsolnay).
Hösch, E. (1995): Geschichte der Balkan-Länder. Von der Frühzeit bis zur Gegenwart. München (Beck).
Kakar, S. (1996): Die Gewalt der Frommen. Zur Psychologie religiöser und ethnischer Konflikte. München 1997 (Beck).
Kleinert, D. (1993): Inside Balkan. Opfer und Täter. Wien (Amalthea).
Olschewski, M. (1998): Der serbische Mythos. Die verspätete Nation. München (Herbig).
Schmid, Th. (Hg.) (1999): Krieg im Kosovo. Reinbek (Rowohlt).
Volkan, V. D. (1999): Das Versagen der Diplomatie. Zur Psychoanalyse nationaler, ethnischer und religiöser Konflikte. Gießen (Psychosozial-Verlag).
Weithmann, M. W. (1997): Balkan Chronik. 2000 Jahre zwischen Orient und Okzident. Regensburg (Pustet/Styria).

Die Soziologen und der Kosovo-Krieg
Dokumentation zum Kosovo-Krieg kostenlos im Internet

Das Informationszentrum Sozialwissenschaften (IZ) in Bonn hat 160 sozialwissenschaftliche Veröffentlichungen und Forschungsprojekte der letzten fünf Jahre dokumentiert, die sich mit dem Zerfall Jugoslawiens, den ethnischen und nationalen Konflikten und der Entwicklung der kriegerischen Auseinandersetzungen befassen.

Der Rolle von Propaganda und den Medien ist ebenso ein Kapitel gewidmet wie den humanitären Problemen und der humanitären Hilfe. Ein weiteres Kapitel befaßt sich mit Menschenrechten, Kriegsgreueln und internationalem Recht, ein anderes mit dem politischen und militärischen Engagement der Völkergemeinschaften. Ein Kapitel zum theoretischen Verständnis aus sozialwissenschaftlicher Sicht rundet das Thema ab. Alle Beschreibungen stammen aus den Datenbanken SOLIS (Literatur) und FORIS (Forschungsprojekte) und enthalten bibliographische Angaben sowie eine kurze Zusammenfassung des Inhalts ('Abstract').

Die Dokumentation steht kostenlos im Internet zur Verfügung (http://www.bonn.iz-soz.de/publications/periodicals/fokus/index.htm):
Pulverfaß Balkan. Der Kosovo-Krieg und seine Genese, bearbeitet von Helmut M. Artus, IZ Sozialwissenschaften: Bonn 1999; 100 Seiten.

Interessenten ohne Internet-Zugang können direkt vom IZ Sozialwissenschaften, Lennéstr. 30, 53113 Bonn, Tel. 0228/22 81-0, auch die gedruckte Fassung beziehen (15,- DM).

ANZEIGE

kursiv

JOURNAL FÜR POLITISCHE BILDUNG

kursiv denken
kursiv lesen
Politische Bildung neu denken

Als das erste Heft **kursiv** – JOURNAL FÜR POLITISCHE BILDUNG mit dem programmatischen Titel „Politische Bildung neu denken" erschien, war unsere Absicht, einen Ort des Gespräches für alle politischen Bildungsbereiche zu schaffen. In **kursiv** – JOURNAL FÜR POLITISCHE BILDUNG wird politische Bildung diskutiert, werden Anstöße gegeben und neue Konzepte diskutiert. Kurz: die kreative Fachinformation für alle politischen Bildner.

Lieferbare Titel: (pro Heft DM 15,–)
☐ Politische Bildung neu denken 1/97
☐ Kooperation in der politischen Bildung 2/97
☐ Total vernetzt – Datennetze und Multimedia in der politischen Bildung 3/97
☐ Politisch denken – pädagogisch handeln 4/97
☐ Unternehmen Bildung 1/98
☐ Ästhetisches und politisches Lernen 2/98
☐ Generationenverhältnisse 3/98
☐ Zivilgesellschaft – Zivilität durch Bildung 4/98
☐ Soziale Fragen – Perspektiven aus der politischen Bildungsarbeit 1/99
☐ Basismethoden politischer Bildung 2/99

Ja, ich will KURSIV – JOURNAL FÜR POLITISCHE BILDUNG kostenlos testen. Bitte senden Sie mir ein Probeheft zu. Nur wenn ich Ihnen innerhalb von 14 Tagen nach Erhalt keine gegenteilige Mitteilung schicke, erhalte ich KURSIV – JOURNAL FÜR POLITISCHE BILDUNG zum Vorzugspreis von DM 12,50 pro Heft zuzüglich Versandkosten. Den Bezug kann ich zum Ende eines jeden Bezugsjahres kündigen. Der Bezugspreis wird jährlich im voraus berechnet.

Datum /Unterschrift

Unsere Vertrauensgarantie: Diese Vereinbarung kann ich innerhalb einer Woche schriftlich widerrufen. Mit meiner 2. Unterschrift bestätige ich diese Vereinbarung.

Datum /Unterschrift

Gesamtkatalog anfordern

WOCHEN SCHAU VERLAG

ein Begriff für politische Bildung

Adolf-Damaschke-Str. 103 • 65824 Schwalbach/Ts. • Tel.: 06196 / 86065 • Fax: 06196 / 86060

Rezensionen

Stavros Mentzos: Der Krieg und seine psychosozialen Funktionen. Frankfurt am Main, 1993, (S. Fischer), 227 Seiten, 19,90 DM.

Um die Aktualität des Gegenstandes muß man sich bedauerlicherweise nicht sorgen: beschäftigt sich Mentzos in seinem Buch noch mit dem damals gerade aktuellen Irak-Konflikt, so ist es zum Zeitpunkt dieser Besprechung die Kosovo-Krise, die das Phänomen Krieg wieder in den Blickpunkt nahezu aller rückt.

Mit den Worten: „ein Ereignis, (das) das Hohe erniedrigt" (X, 324) hatte Freud den Ersten Weltkrieg charakterisiert und seine Enttäuschung über diese primitive Form eines Konfliktlösungsversuchs in Form eines theoretischen Kulturpessimismusses zu verarbeiten versucht. Nach ihm „streift (der Krieg) uns die späteren Kulturauflagerungen ab und läßt den Urmenschen in uns wieder zum Vorschein kommen" (X, 354). Sein trauriges Resümee: „Der Krieg ist aber nicht abzuschaffen" (ebd.). Im September 1932 meldet er sich dann noch einmal zu Wort („Warum Krieg?"), um im Rahmen seiner dualistischen Triebtheorie die Aggressions-/Destruktionstriebe als natürliche Gegenspieler auszuweisen, auf deren Grundlage Kriege entstehen können, da „es keine Aussicht hat, die aggressiven Neigungen des Menschen abschaffen zu wollen" (XVI, 23). Einzig der „organisch" ablaufende Prozeß der Kulturentwicklung" (XVI, 26) arbeite gegen den Krieg.

Gegen diese, noch immer (auch unter Psychoanalytikern) weit verbreitete – und ob ihrer Verkürzungen vielfach kritisierten – Sicht des Verhältnisses von Aggression, Kulturtheorie und Kriegsentstehung tritt nun Mentzos mit seinen Konzepten der Real-Externalisierung, des Grundkonfliktes und der interpersonalen Abwehr, die er um die Perspektive eines „psychosozialen" Funktionsgewinnes erweitert. Diese, einzeln bereits in früheren Schriften etablierten Begriffe werden nun im Hinblick auf das Problem „Krieg" hin gebündelt und neu zentriert, so daß unter der Hinzunahme der Perspektive anderer Wissenschaften (vornehmlich Ethologie und Soziologie) der genuin psychoanalytische Gesichtspunkt weitgehend gehalten werden kann.

In seinem 1976 erschienen Buch über Jnterpersonale und institutionalisierte Abwehr" behauptete Mentzos die Wirksamkeit der Abwehrmechanismen in *allen* sozialen Systemen, beschränkte sich damals aber auf Beispiele aus Paarbeziehung, Gruppentherapie und sozialen Institutionen. Da auch Institutionen formelle und informelle Verhaltensmuster als fertige Angebote in ihrer Struktur anbieten, schlug Mentzos vor, den Ausdruck „psychosoziale Abwehr" als Oberbegriff für interpersonale und instutionalisierte Abwehrkonstellationen zu verwenden. (1976, 22) Interpersonale Abwehrarrangements sind durchaus den intrapsychischen Abwehrmechanismen vergleichbar, da sie dieselben Ziele (Schutz des Ichs, kompromißhafte und regressive Teilbefriedigung, Spannungsabfuhr) bloß mit anderen Mitteln zu erreichen suchen. „Reale" Objekte, faktische Verhältnisse statt bloße „psychische Repräsentanzen" gehen dergestalt in die Konstellation ein, daß der Patient durch Manipulation und Selektion der äußeren Realität seine intrapsychische Situation stabilisierend extern verankern kann.

Damit ist der Begriff der „Real-Externalisierung" bezeichnet, den Mentzos zuvor (1982, 46-52) in seiner neurotischen Form als individuelles Gegenstück der interpersonellen Abwehr beschrieben hatte. Gleichwohl sind die Externalisierungsprozesse in ihrer entwicklungsgeschichtlichen Abfolge (Exkorporation, Projektion, Selbstobjektivierung; man denke hier auch an „Kunstwerke" als Realexternalisierungen!) den Internalisierungsprozessen analog, nur daß hier die Objektseite, die Frage der Entstehung der Welt der Objekte, im Vordergrund steht.

Eine weitere wichtige theoretische Komponente in Mentzos' Analyse des sozialen Gebildes Krieg bildet das Konzept des „Grundkonfliktes"; es ist die Frucht einer Kritik am Drei-Instanzen-Modell und an der Konzeptualisierung von Konflikten durch die Unterscheidung intra- versus intersystematisch; stattdessen werden Bipolaritäten ausgemacht (z.B. Aktivität/Passivität; Nähe-/Distanzsuche; Autonomie/Bindung), die als Tendenzen innerhalb der psychischen Entwicklung notwendig zu erfüllende Aufgaben (manchmal i.S. von Konfliktlösungen) stellen. Im vorliegenden Buch geht Mentzos ausführlich auf das Grundkonflikt-Konzept (1993, 4. Kap. S. 65ff.) ein und erläutert seine Beziehungen zu anderen psychoanalytischen Begriffen und Konstrukten. So erfahren solch wesentliche Konzepte wie Aggression und Narzißmus Korrekturen: Aggression ist „aber letztlich ein sekundäres Phänomen. Es impliziert die Mobilisierung angeborener aggressiver Rekationen zum Zwecke der Durchsetzung von libidinösen und narzißtischen Triebbefriedigungen." (S. 71) Im Hinblick auf die Möglichkeit einer autonomen Triebbasis und deren Quelle im Es heißt es: „Nicht das Es enthält aggressive Triebe, sondern das Ich entwickelt aggressive Affekte und Aktionen, um Hindernisse bei der Befriedigung der narzißtischen und libidinösen Bedrüfnisse zu überwinden oder erlittene Zurückstellungen und Frustrationen zu kompensieren." (S. 72)

Fragten sich noch andere Autoren wie neben Libido und Aggression der Narzißmus als dritte Größe in die psychoanalytische Landschaft theoretisch einzuordnen wäre, so gibt Mentzos eine verblüffend einfache Antwort: Da er die Aggression für etwas Sekundäres hält, verbleiben nur noch Narzißmus und Objektlibido, also in Mentzos' Sprache des Grundkonfliktes: autophile versus heterophile, selbstbezogene gegenüber objektbezogenen Tendenzen.

Der Aggression als zentral wichtigem, aber sekundärem Phänomen ist ein eigenes Kapitel gewidmet, in dem der Autor ein neues, psychoanalytisches Aggressionsmodell vorschlägt, das z. B. mit solch unglaubwürdigen Versuchen und unnötigen Umwegen wie dem Hartmannschen Neutralisierungskonzept aufräumt. Durch die Unterscheidung zwischen funktionaler und dysfunktionaler Aggression gelingt es Mentzos sogar Licht in das Dunkel einer „inneren Aggressionsquelle" zu werfen, indem er durch nähere Betrachtung von klinischen Beispielen tatsächlich die innere Entstehung (quasi: Produktion) von Aggression als Folge einer Auseinandersetzung zwischen den Bipolaritäten des Grundkonfliktes überzeugend aufdeckt. Neben „narzißtischer Aggressionslust" und dem „sogen. Masochismus" behandelt Mentzos auch den „Sexualsadismus" und widmet sich en passant behandlungstechnischen Fragen beim deutenden Ansprechen des zugrundeliegenden Problems.

Insgesamt sind die in dem Buch gemachten Ausführungen und Themen stark um die Schwachstellen der psychoanalytischen Theorie gruppiert, so daß der Leser neben den möglichen psychosozialen „Funktionen" des Krieges auch eine Einführung in die problematischen Konzepte einiger Theoriebestandteile der Psychoanalyse (Todestriebhypothese; Kulturtheorie; Scham- und Schuldgefühle; Macht, Gier, Neid und Rache; Psychodynamik von Gruppen u.v.m.) und Vorschlägen zu deren theoretischer (und z. T. behandlungstechnischer) Überwindung erhält. Am Beispiel seiner Auffassung von Gier als „verzweifelter Versuch zur Kompensierung narzißtischer Defizite, zur Wiedergutmachung von Kränkungen und zur Wiederherstellung der narzißtischen Homöostase" (1993, S. 174), wird deutlich, daß Mentzos' theoretischer Hintergrund eine stärker differenzierte und ausgearbeitete Narzißmustheorie ist, die versucht, den Spalt zwischen Triebtheorie und Selbstpsychologie à la Heinz Kohut unter Beibehaltung des Konfliktgedankens (aufgelöst in die Bipolarität des Grundkonflikt-Modells) zu überbrücken.

Im Hinblick auf die psychosozialen Funktionen des Krieges (Mentzos spricht häufig von der „Institution Krieg", um deutlich zu machen, daß es sich dabei um ein Phänomen handelt, das keineswegs eine isolierte, ausgegrenzte Randständigkeit besitzt, sondern von einem sozialen Kollektiv zu bestimmten, unbewußten Zwecken herangezogen werden kann), werden zunächst die mehr oder minder brauchbaren Ansätze von de Mause, Mansfield, Drewermann, Fornari, Shatan und Volkan diskutiert. Dabei verläuft die kritische Linie Mentzos' hauptsächlich entlang des Nachweises einer Unterschätzung der realen sozioökonomischen und politischen Aspekte (psychohistorischer Ansatz) und einer Übertreibung der Bedeutung endopsychischer Konflikte (Krieg als Externalisierung depressiver Konflikte bei den drei zuletztgenannten Autoren). Immerhin bricht Mentzos eine Lanze für solche Autoren, die durch ihre phantastischen Thesen doch eines in bester psychoanalytischer Tradition bewahren: das Ernstnehmen der Irrationalität der Menschen.

Bei der Untersuchung der psychosozialen Funktionen des Krieges geht Mentzos von einer „Empfänglichkeit", sich von der Kriegspropaganda verführen zu lassen, aus und meint, daß eine kriegsvorbereitende und kriegführende „Synchronisation" sonst nicht möglich sei. (S. 154) Diese psychologische Empfänglichkeit aufzudecken, ist eines der Hauptziele dieses Buches; von der Aufdeckung dieser Zusammenhänge erhofft er sich Möglichkeiten der Veränderung, um den Synchronisateuren „das Wasser abzugraben". „Mit >Wasser< meine ich: aufgestaute (reaktive entstandene) Aggressionen, weit mehr noch narzißtische Bedürfnisse, Hunger nach Anerkennung und Bestätigung, Identitätsverlangen, Gruppenzugehörigkeit, Abenteuerlust, Selbstwerterhöhung, Abwechselungssuche u.ä." (ebda.) Mentzos ist der Meinung, daß gerade narzißtische Bedürfnisse die Kriegsverführbarkeit sehr viel stärker beeinflussen als bisher angenommen wurde (Leere, Langeweile und Monotonie werden ebenfalls als Faktoren genannt). So kritisiert er auch die einseitige und mißverständliche theoretische Auffassung über die psychologische Funktion des Feindes: nicht die Aggressionsprojektion spiele dabei die Hauptrolle, sondern die Selbstabgrenzung und Selbstdefinition. (S. 193) Das überaus informative (weil theoretische Sackgassen der Psychoanalyse diskutierende) Buch schließt mit Vorschlägen zu einer kurz-, mittel- und langfristigen Kriegsprophylaxe, wobei Mentzos zwischen „nicht völlig aussichtslos" und „nicht besonders optimistisch" schwankt. Das Lesevergnügen dieser kleinen Schrift wird stellenweise noch dadurch erhöht, daß sich der Autor immer wieder Streitgespräche mit seinem „Antilogos" liefert, die an Freuds Unterredungen mit einem Unparteiischen aus der Frage der Laienanalyse erinnern.

Ralph J. Butzer (Frankfurt a. M.)

Literatur

Freud, S. (1915): Zeitgemäßes über Krieg und Tod. GW X, Frankfurt a. M. (S. Fischer) (1932): Warum Krieg? GW XVI, Frankfurt a. M. (S. Fischer).
Mentzos, S. (1976): Interpersonelle und institutionalisierte Abwehr. Frankfurt a. M. (Suhrkamp).
Mentzos, S. (1982): Neurotische Konfliktverarbeitung. München (Kindler). Seit 1984 bei S. Fischer/Frankfurt a. M. als Tb.

Gabriele Rosenthal (Hg.): Der Holocaust im Leben von drei Generationen. Familien von Überlebenden der Shoah und von Nazi-Tätern. Psychosozial-Verlag, Gießen 1997, 2., korrigierte Auflage, 461 S., 48,– DM.

Wie gehen wir mit der Vergangenheit um? Gehört sie noch zur Gegenwart und zur Zukunft? Erzählen Eltern und Großeltern ihren Kindern und Enkeln noch vom Früher, vom „Wie es einmal war"?

Walter Benjamin beobachtete bereits die Akkulturation des Erzählens. Er sah den Grund in der Ausgrenzung des Todes aus dem Leben. Da „echtes" Erzählen „angesichts des Todes", im Bewußtsein von Werden und Vergehen sich gestaltet, zerstört ein Weglassen, ein Ausblenden, Verschweigen oder gar Verleugnen ein Erzählen, das, Geschichte, auch Familien- und Lebensgeschichte, tradiert.

Vor allen Dingen nach dem letzten Krieg ist Schweigen an die Stelle des Erzählens getreten. Es ist ein Ver-schweigen von unterschiedlichsten Verstrickungen in Vorkriegs- und Kriegszeit unter der Ägide des Nationalsozialismus. Dabei schweigen die Opfer und ihre Nachkommen ebenso wie die Täter und ihre Familienangehörigen. Doch „wenn die Großeltern oder Eltern als Überlebende der Shoah nicht von ihren Erlebnissen sprechen, so ist ihr Schweigen mit ganz anderen Problemen und Motiven verbunden als das Schweigen der Großeltern und Eltern, die aktiv an den Nazi-Verbrechen teilgenommen haben", schreibt Gabriele Rosenthal, die Herausgeberin und wissenschaftliche Leiterin der Studie „Der Holocaust im Leben von drei Generationen. Familien von Überlebenden der Shoah und von Nazi-Tätern".

Das Schweigen der Großelterngeneration hat Auswirkungen, ebenso die Abwehr der Enkelgeneration. Die Familiendynamik, der unvollständig geführte Dialog, zeigt oberflächlich ähnliche Mechanismen: Abwehr von Informationen über die Familienvergangenheit, Ängste vor Vernichtung und Trennung, symbiotische Tendenzen und verzögerte Individuation bzw. Autonomieentwicklung aufgrund unauflösbarer Loyalitäten. Schuldgefühle, psychosomatische Beschwerden, Depressionen auch in der Enkelgeneration und Ausagieren der verschwiegenen oder verleugneten Familiengeschichte in Phantasien und Alpträumen kennzeichnen den – problematischen – Umgang mit der Vergangenheit.

Familiengeheimnisse wirken im Untergrund. Doch auch hier unterscheiden sich die Inhalte und Funktionen entsprechend der jeweiligen Familiengeschichte.

Die Gemeinsamkeiten, Unterschiede und die jeweiligen Auswirkungen erforschte ein Team in exemplarischen Fallstudien mit der Methode des biographisch narrativen Interviews. In diesen Interviews werden die Lebensgeschichten von einzelnen Familienangehörigen jeder der drei Generationen aus Opfer-, Täter- oder Mitläuferfamilien in West- und Ostdeutschland (ehem. DDR) und Israel erfragt und erzählt; auch Familiengespräche, z. T. mit Vertretern aller drei Generationen, fanden statt. Insgesamt wurden mit zwanzig Familien aus Israel und achtzehn aus Deutschland Gespräche geführt. Israelische und deutsche Autorinnen, ein interdisziplinäres Forscherteam, aus Soziologinnen, Psychologinnen und Politologinnen zusammengesetzt, führte diese qualitativ empirische Studie durch. Nicht nur die Inhalte des Erzählten, sondern auch die Art und Weise, Auslassungen, Wortwahl, Erzählfluß usw. führten zu den oben z. T. schon angeführten Ergebnissen. Daß einfühlsames Zuhören – wozu auch die innere Bereitschaft gehört, dieser schwierigen Thematik Raum zu geben – die Methode erst wirksam macht, so daß ein fruchtbares Wechselspiel zwischen Erzählen und Zuhören stattfinden kann, wird bei der Lektüre deutlich. Daß überhaupt erzählt, daß Schweigen durchbrochen werden konnte, ist das große Verdienst dieser Wissenschaftlerinnen, die sich auch selbst damit ihrer familiengeschichtlichen Vergangenheit stellten.

Diese am Konkreten orientierte Forschung ergab weiterhin, daß das Nicht-Erzählte auch in Mythen- und Phantasiebildungen, die sich strukturell wiederum unterscheiden, seinen Ausdruck findet. Die Überlebenden verfolgter Familien bilden Mythen, die sich auf Stärke und Widerstand konzentrieren (z.B. soll der Großvater einen SS-Mann im KZ geohrfeigt haben), während in Täter-Familien die „Opferrolle der Familienangehörigen strapaziert wird". Auf der einen Seite werden Ohnmachtsgefühle kompensiert, auf der anderen Seite soll das Bild des „sauberen Soldaten", der „sauberen Wehrmacht", und deren Verstrickung in Unrecht und Verbrechen abwehren. Der Vergleich erzählter Lebensgeschichten zeigt auch in anderer Hinsicht strukturelle Differenzen: „Während die Mitläufer und auch die Täter des Nationalsozialismus stundenlang über ihre Erlebnisse während der Kriegsjahre erzählen, haben die Verfolgten Erinnerungs- und Erzählschwierigkeiten". Die ersten versuchen zu verhüllen, die Überlebenden versuchen zu enthüllen, wozu sie die aktive Unterstützung des Zuhörers brauchen. Gabriele Rosenthal beobachtete, „daß mit der Erzählung der Lebensgeschichte geradezu heilende Prozesse eingeleitet werden können."

Die Wiedergabe der Interviews ist den Autorinnen sehr gut gelungen. Zusammenfassungen, Kommentare, Interpretationen, Deutungen, teilweise mit Hilfe familiendynamischer und -therapeutischer Methoden und wörtlich transskribierte Passagen bringen atmosphärisch das Erzählte wie das Verschwiegene, die Nöte und Probleme sowie die Bewältigungsversuche von Menschen nahe, die in eines der düstersten Kapitel der Menschheitsgeschichte verstrickt waren, v. a. aber noch sind. Das ist eines der besonderen Verdienste dieses Buches: ein neues Licht auf unlösbar erscheinende Phänomene zu werfen und sie damit – mit einem neuen Ansatz – lösbar zu machen, sowohl für die Leidenden wie für ihre Therapeuten.

Insbesondere Psychotherapeuten sollten die intergenerationellen Auswirkungen der Vergangenheit noch viel mehr beachten. Die Genese von Eßstörungen ist beispielsweise auch unter diesem Aspekt zu beleuchten: Extremstes Hungern in der einen Generation kann zu Eßzwang in der nächsten (vgl. Familie Goldstern) und möglicherweise zur Eßverweigerung in der dritten führen. Überfürsorglichkeit, weil die Kinder vorm Grauen bewahrt werden sollen, verknüpft mit der Botschaft des „Stark-Sein-Müssens", denn „das soll uns nie wieder passieren", verursachen große Ambivalenzkonflikte. Das grauenhafte Trauma der Mutter, mitangesehen zu haben, wie Kinder des Ghettos in Lodz aus dem Fenster geschmissen werden, läßt den Sohn Fallschirmspringer werden, der Enkel drückt es durch extreme Höhenangst aus. Auch das Phänomen der Parentifikation – die zweite Generation übernimmt oft die Elternfunktion für die Eltern wie für die eigenen Kinder – erhellt sich im historischen Kontext. Angst vor Feuer und Angst vor dem Ersticken, Symptome der Furcht vor der Rache der Opfer, korrespondieren in der Enkelgeneration beispielsweise mit der Familienvergangenheit von Tätern.

Dies sind nur wenige Beispiele. Man muß das Buch einfach lesen! Es gibt jedem einzelnen der verschiedensten Generationen Anstöße zum Arbeiten mit der Familiengeschichte. Und sofern eine Bereitschaft für Verarbeitung und Transformation vorhanden ist, kann es nur gewinnbringend sein. Sowohl in den Einzel- und Familienschicksalen als auch in den umfassenden und fundierten historischen und psychologischen Zusammenhängen, die wiederum mit den konkreten Falldarstellungen korrespondieren, werden mit der dargestellten adäquaten narrativen Methode nicht nur Informationen, sondern realisierte und realisierbare Bewältigungsstrategien aufgezeigt.

Wissenschaftlich wird wieder einmal eine uralte Weisheit bestätigt: „Das Vergessen wollen verlängert das Exil, und das Geheimnis der Erlösung heißt Erinnerung."

Renate Franke

Welzer, Harald; Montau, Robert; Plaß, Christine: „Was wir für böse Menschen sind!" Der Nationalsozialismus im Gespräch zwischen den Generationen. Edition diskord, Tübingen 1997, 224 S.

Für die heute 60-80jährigen Menschen war die Jugend im Faschismus eine prägende Phase. Während die nachfolgende Generation sich davon abgrenzte, fällt es offenbar vielen Enkeln schwer, die Untaten der alten Menschen zu glauben: So finden sich ideologische Versatzstücke aus der NS-Zeit bei vielen Jugendlichen. Wie geschieht aber diese Tradierung von Einstellungen zwischen den Generationen? Welzer, Montau und Plaß führten zur Bedeutung dieser Frage Interviews zum Erleben des Nationalsozialismus zwischen der 1. und 3. Generation durch. Sie untersuchten nicht nur, was erzählt wurde, sondern analysierten auch, welches Zusammenspiel der beiden Generationen sich jeweils herstellte, wie Identifikation und Abgrenzung im Gespräch inszeniert wurden.

Ein Phänomen zeigte sich in vielen Interviews: Die ZeitzeugInnen distanzierten sich vom Nationalsozialismus – und kamen doch ins Schwärmen bei Erzählungen vom Krieg – Erzählungen von der Kameradschaft und den Reisen. Erinnerung, so pointieren die VerfasserInnen, operiert auf mehreren Ebenen; während eine Biographie vom Ende der Geschichte her, d.h. dem Zeitpunkt des Erzählens, organisiert wird und eine zwischenzeitlich erworbene Information in die Erzählung einfließt, behalten emotionale Erlebnisse ihren Zeitkern, werden so erzählt, „als wäre es gestern gewesen". Pädagogisch-kognitive „Aufklärung" über die NS-Zeit erwies sich vielleicht darum so furchtlos, weil sie die emotionalen Welten von Opfern und Tätern nicht vermitteln konnte; übersehen wurde, daß das „Dritte Reich" ein vieldimensionales und widersprüchliches Alltagsleben hatte. Die Übersteigerung des Faschismus zum sensationellen, außerzeitlich-barbarischen Rückfall hat davor und danach bestehende Kontinuität verdeckt; sie hat die Frage, wie diese Traditionen weitergegeben werden, nicht aufkommen lassen.

Traditionen des Nationalsozialismus werden im Gespräch, so rekonstruieren die VerfasserInnen, in fünf Tradierungstypen gemeinsam hergestellt: Opferschaft, Rechtfertigung, Distanzierung, Faszination, Überwältigung.

1. Opferschaft

Die ZeitzeugInnen stellen das erfahrene Leid und die eigene Ohnmacht dar; sie betonen, daß es für die Nachgeborenen nicht nachzuvollziehen ist – was das Leid noch vergrößert; sie betrauern eine verlorene Jugend im Gegensatz zu der jetzigen, der es niemals schlecht gegangen sei. Diese Darstellung impliziert Mitleid der Jetzigen und ermöglicht eine Perspektivenübernahme der Enkelgeneration. In der Opfererzählung tauchen oft Rahmungen auf (Lager, Verhaftung ...), die Elementen der Judenverfolgung entnommen sind und nun der Beschreibung der eigenen Situation dienen; besonders bei der Schilderung der Besatzungsmächte wird man selbst zum Opfer, ihr Vorgehen wird mit dem der Nazis identifiziert.

2. Rechtfertigung

Mit dem Tradierungstyp „Rechtfertigung" beschreiben die VerfasserInnen das Reagieren auf vermeintliche Vorwürfe, bevor das Gespräch begonnen hat: daß man nichts wußte wegen der Zensur, daß man auch sonst nichts erfuhr und daß man bei den Grausamkeiten nicht dabei war; außerdem hätte man für jedes unbedachte oder kritische Wort ins Gefängnis kommen können; Normalität wird reklamiert („da war gar nichts besonderes"), das KZ, wenn man überhaupt davon gewußt hat, galt nur als Arbeits- oder Umerziehungslager für Verbrecher, was für einige bis heute noch eine gute Idee ist; ansonsten dominieren Ahnungslosigkeit und, nachträglich, Bestürzung über die Verbrechen: auch dies ein Angebot an die Enkelgeneration, sich zu identifizieren. Diese rhetorisch-psychische Strategie funktioniert oft nicht, führt zu kritischem Nachfragen; sie gelingt, wenn in die Rechtfertigung Geschichten eingewoben werden: man habe einmal für einen Verfolgten etwas getan und sei dann selbst bedroht worden.

3. Distanzierung

Der Tradierungstyp der Distanzierung funktioniert auf mehreren Ebenen: Man hat auf dem Land oder in der Stadt in einer Gruppe gewohnt, in der das alles weit weg war; die ZeitzeugInnen ironisieren die operettenhaften Führer; in beides kann die Enkelgeneration einbezogen werden. Diese wird durch Vergleiche von Hitler mit Kohl und Popstars implizit aufgefordert, heute die gleiche Distanz zu zeigen mit dem Tenor: Politiker waren schon immer Verbrecher und Aufschneider, geändert hat sich nichts. Wer schon immer kritisch und in der inneren Emigration war, hat sich nichts vorzuwerfen; es entlastet dann auch das intergenerationelle Gespräch, über Hitler, den Anstreicher, zu lästern. Fragen nach der Suggestionskraft des Faschismus werden hier besonders heftig verneint.

4. Faszination

In diesem Tradierungstyp dominiert das Gute in der Erinnerung: die KdF-Ferienmaßnahmen, die Autobahnen, der Volksempfänger, die Jugendorganisationen, Lagerfeuer-Romantik und andere aufregende Erfahrungen, die (angebliche) Abschaffung der Arbeitslosigkeit, das Gefühl eines Aufbruchs und einer historischen Besonderheit, wie es durch die Wochenschau vermittelt wurde: „alles marschierte, alles war vergnügt und lustig, und jeder hat Urlaub gekriegt". Unter diesem Blickwinkel wird die bundesrepublikanische Gegenwart wie die Weimarer Zeit kritisiert und als Niedergang gesehen („Verbrechen gab es da nicht", „die Jugend wurde von der Straße geholt", „Hannover war die sauberste Stadt"); die Maßnahmen der damaligen Zeit werden für die heutige empfohlen. Besonders die Ästhetik der Uniformen, der aufgeräumten Straßen und Plätze, der Aufmärsche und Autobahnen ist ungebrochen. Die jüngere Generation wird dazu verführt, aus ihrer keineswegs problemlosen Gegenwart sich mit der rauschenden, kameradschaftlichen, sinnerfüllten Zeit zu identifizieren.

5. Überwältigung

Während sich die bisherigen Tradierungstypen immer auch auf ein argumentatives Arrangement beziehen, dominieren hier dramatische Erzählungen, welche die Enkel szenisch mit einbeziehen: Geschichten vom Überleben, Erzählungen im Präsens von Kampf- und Leidenssituationen, das Vorzeigen von Narben als Ultrakurzgeschichten. Die im Erzählen szenisch realisierte Überwältigung (durch Panzer etc.) stellt Deutungskonzepte in Frage, läßt Reflexionen zu Täterschaft und Schuld ins Leere laufen; sie nimmt das Inventar des Grauens in Anspruch, das in der öffentlichen Vermittlung den Opfern vorbehalten ist. Sie läßt den ZuhörerInnen nur die eine Möglichkeit: Sie hätten das gleiche getan. Im Interviewverlauf läßt sich zeigen, daß nur diese Binnenperspektive zugelassen, eine kritische Außenperspektive hingegen abgelehnt, entwertet und unterbrochen wird; diese emotionale Darstellungsstrategie ergibt eine hohe Identifikationsmöglichkeit, die Einfühlung und Zustimmung evoziert und manche der Interviewer so gefangennahm, daß sie selbst dann in der Binnenperspektive blieben, wenn die Zeitzeugen bereits zu einer kritischen Bilanz angesetzt hatten.

Diese Tradierungstypen zeigen, daß das „allmähliche Verfertigen der Vergangenheit im Gespräch" (S. 212) eine dialogische Hervorbringung ist; Biographie wird nicht nur aus der Gegenwart heraus entwickelt, sie muß sich nicht nur an die Rahmenvorgaben eines kollektiven Gedächtnisses halten, sondern entfaltet sich in einem intersubjektiven Produktionsverhältnis (S. 213), in diesem Fall zwischen der Zeitzeugengeneration und ihren Enkeln. Folgerungen für den argumentativen und pädagogischen Umgang lassen sich viele ziehen: Opfererzählungen und Umkehr der historischen Täter-Opferrollen passieren die kritischen Filter der InterviewerInnen überraschend widerstandslos – um wieviel mehr bei weniger informierten Enkeln; der Tradierungstyp der Faszination drängt die heutige Generation in eine defensive Position; der Tradierungstyp der Überwältigung demonstriert die Autorität der ErzählerInnen gegenüber den unwissenden Nachkommen am meisten.

Natürlich geht die Analyse der Interviews nicht bruchlos in dem Destillat dieser Tradierungstypen auf: „Die intergenerationellen Texte sind mithin mehrstimmig komponiert – aus Revisionen, Bündnissen, kritischen Einwänden, Affirmationen, Identifikationen, Wissensbeständen, erratischen Bildern usw." (S. 216).

Die Studie war als Pilotprojekt angelegt, in dem Methoden zur Erhebung von Geschichtsbewußtsein und Tradierung evaluiert wurden; zwei Gruppendiskussionen, denen als Anreiz ein Film über Zeitgeschehen vorausging, und achtzehn Einzelinterviews mit ZeitzeugInnen, die ebenfalls zwischen 1913 und 1928 geboren waren, wurden in die Studie mit einbezogen. Das Verhalten der Fragenden war ethnomethodologisch geprägt: Es wurde keine spezielle Technik vorgegeben, sondern die im Alltag erworbenen Fähigkeiten wurden genutzt, in Unterhaltungen zu agieren, den anderen nicht vor den Kopf zu stoßen, ein Gespräch fortdauern zu lassen, um jene Gesprächsrestriktionen, Stereotypen und Tabuisierungen zu finden, welche die Kommunikation über den Nationalsozialismus auch sonst prägen. Die InterviewerInnen sollten zwar als Professionelle offen sein für jedes Thema, doch als Individuen zeigten sie sich natürlich gelangweilt, provoziert, interessiert – gemäß der jeweiligen Geschichte. Die Befragten hatten kein Vorwissen über die Interviewer, was sie benötigt hätten, um die anderen in das Erzählen einzubeziehen; und sie füllten es mit Vorstellungen und Phantasien über den „generalized other", der die „Jugend von heute" darstellt; der Schuldvorwurf war immer präsent, auch wenn er nicht formuliert wurde. Die AutorInnen gehen von einer gemeinsamen Konstruktion der Interviewtexte aus: Man spricht so, wie man glaubt, daß der andere einen versteht, und vor dem Hintergrund, was man an Einstellungen bei ihm vermutet; die gegenseitige Antizipation konstruiert die Texte mit, es handelt sich nicht um eine Datenerhebung; und somit ist die nationalsozialistische Vergangenheit kein Faktum, sondern ein Aushandlungspunkt intergenerationellen Sprechens.

Die Interpretation selbst ist an einen historischen Rahmen und ein bestimmtes Bewußtsein gebunden; es sei durch „hermeneutische Dialoganalyse" erhellbar. Darunter verstehen die AutorInnen eine pragmatische Variante von Oevermanns „objektiver Hermeneutik"; sie halten sich an die Sequenzierung der Interakte (keine Interpretation eines Interakts aus nachfolgenden Interaktionen) und des Gruppenprinzips der Interpretation; darüber hinaus rekonstruieren sie die gemeinsame Textkonstitution, die, Oevermann, so ihre Kritik, nicht in seine Methodik einbezieht.

Die nacherzählten Interviews sind Krimis, Interpretations-Dramen und daher spannend zu lesen; auch die theoretischen Grundlagen (umfassender zu biographietheoretischen Fragen) sind sehr lesbar und flüssig geschrieben. Neben den Themen der Biographieforschung, des Geschichtsbewußtseins und der Methodendiskussion, die den fachlich Interessierten empfohlen werden kann, ist die Darstellung der Tradierungstypen ein Erkenntnisfortschritt, dem man eine große Verbreitung im pädagogischen und sozialpädagogischen Kontext wünscht.

Rudolf Schmitt

Ludwig Janssen (Hg.): Auf der virtuellen Couch. Selbsthilfe, Beratung und Therapie im Internet. Bonn: Psychiatrie-Verlag 1998.

Selbsthilfe, Beratung und Therapie sind inzwischen auch ins Internet vorgedrungen. Beratungszentren und therapeutische Praxen bieten ihre Hilfe im Netz an. Menschen mit psychischen Problemen berichten auf ihrer Homepage öffentlich über ihre Probleme und fordern andere zum Erfahrungsaustausch auf. Sozialpädagogische Verbände und therapeutische Institutionen stellen im Internet ihre Informationen zur Verfügung und nutzen es für den Kontakt mit ihren Klienten.

Für den Internetneuling ist es oft nicht leicht, diese Informationen im Netz zu finden. So ist es zu begrüßen, daß in dem Buch „Auf der virtuellen Couch" eine verständliche Einführung und ein Überblick über Beratungs- und Therapieangebote im Netz geliefert wird. Aber auch der versierte Internet-Nutzer findet hier interessante Anregungen und Informationen. Die Autorinnen und Autoren dieses Buches nutzen das Internet schon längere Zeit. Psychologinnen, Sozialpädagogen, Ergotherapeuten, aber auch Patienten und Klienten beschreiben ihre Erfahrungen über die Chancen und Grenzen auf, vor und hinter der virtuellen Couch.

Der Herausgeber eröffnet das Buch mit einem Überblick über Selbsthilfe-, Beratungs- und Therapieangebote im Netz. Für die Beratung im Netz werden häufig E-Mails (elektronische Post) oder aber auch Chats (Plaudereien mit Hilfe der Tastatur) genutzt. Beratungsangebote richten sich an Menschen in schwierigen Lebenssituationen – wie z. B. Arbeitsplatzverlust, Streß im Beruf oder Trennungen. Ernst zu nehmende Therapieangebote gibt es im Netz aber noch relativ selten. Natürlich gibt es im Internet auch schon kommerzielle Therapieangebote. Bei Dr. Tracy Cabot (www.loveadvice.com) kostet die Beratung 39,95 Dollar, die per Kreditkarte eingezogen werden. Aber es gibt auch nicht – kommerzielle Beratungsangebote im Internet. So stellt Frank Christl die Beratung der Katholischen Telefonseelsorge im Internet (www.telefonseelsorge.de) vor. Interessant ist dabei die Bemerkung, daß manche Klienten die Befürchtung äußern, sie könnten nicht mehr von realen Menschen, sondern von Computerprogrammen beraten werden.

Durch die statistische Auswertung von Suchvorgängen im Internet ist bekannt, daß im Netz am meisten nach Sex in Wort und Bild gesucht wird. So ist es nur all zu einleuchtend, wenn zum Thema „Sexualität" Informationen, Hilfen und Beratung im Netz angeboten werden. Nikola Döring gibt einen umfassenden Überblick. Arno Schöppe berichtet über die Sexualberatung von Pro Familia (www.profa.de). Als ich mir die Web Site von Pro Familia anschaute, war ich bereits der 57643. Besucher. Viele Fragen lassen sich der klassischen Sexualaufklärung zuordnen – unter dem Motto „Wie lange dauert ein Sexualakt?" oder „Können Mädchen schwanger werden, wenn sie beim Oralsex das Sperma schlucken? Antworten auf diese oder ähnliche Fragen befinden sich inzwischen in der FAQ-Datenbank (häufig gestellte Fragen) der Web Site von Pro Familia. Spezielle Probleme werden von Experten beantwortet und per E-Mail an die Ratsuchenden zurückgesandt. Das Internet kann sicherlich keinen Ersatz für eine individuelle Sexualberatung schaffen. Die größere Anonymität und Distanz im Netz erlaubt aber vielen Rat suchenden überhaupt ihre Fragen zu so heiklen Themen wie Liebe und Sexualität zu stellen.

Auch wenn die Fern-Auswertung von Tests und Fragebogen eine psychologisch kompetente Diagnose nicht ersetzen kann, werden im Internet natürlich auch psychologische Tests und Fragebogen angeboten, die sich ja auch schon in Zeitschriften großer Beliebtheit erfreuen.

Chats finden im Bereich Therapie und Beratung nicht so große Verbreitung. Sie sind den Benutzern wohl oft zu oberflächlich. Allerdings gibt es thematisch orientierte Chats zum Thema Autismus oder bei den „Anonymen Alkoholikern".

Marianne Kestler, Katrin Jaeger und Winni berichten ausführlich über ihre Erfahrungen im virtuellen Selbsthilfenetz. Marianne Kestler schildert, wie sie eine Web Site zur Selbsthilfe für psychisch Kranke entwickelte. Es begann alles mit ihrer Veröffentlichung über ihr Leben mit einer endogenen Depression (http://members.aol.com/idiot07). Daraus entwickelte sich die Web Site „Kuckucksnest", an die sich inzwischen Betroffene, Angehörige, aber auch Fachärzte und Sozialarbeiter der Psychiatrie mit Fragen und Informationen über Depressionen, Psychopharmaka oder Borderline-Störungen wenden.

Am Schluß des Buches wird über die Informationsquellen und virtuelle Bibliotheken in der Psychiatrieszene informiert. Im Psychiatrienetz findet man z. B. fast alle im Buch erwähnten Links (Adressen im Internet, die man nur noch anklicken muß, um sie zu erreichen), um dann selbst durch die virtuelle Psychiatrieszene zu surfen (vgl.: www.psychiarienetz.de/verlag). Verraten werden auch noch einige Tips und Tricks, um im Netz selbst etwas zu publizieren. Im Anhang finden sich noch Hinweise auf Newsgroups (Diskussionsgruppen, in denen zu bestimmten Themen im Netz öffentlich diskutiert wird) und Mailinglisten (automatischer Abonnement-Service zu einzelnen Themen) für Selbsthilfe, Beratung und Therapie.

Hervorzuheben ist noch der Beitrag von Peter Weber „Wer ist Dennis? Gedanken zu Mailinglisten und ähnlichem". In diesem Beitrag wird geschildert, wie in einer Mailingliste für Ergotherapeuten Menschen miteinander kommunizieren. Was erfahren wir eigentlich über die Personen, mit denen wir im Internet kommunizieren. Lernen wir immer nur das virtuelle Du kennen? Welcher Ausschnitt der Persönlichkeit wird uns präsentiert? Welches Bild machen wir uns von Rebecca, 34 Jahre, die ihren Beitrag um 23.27 Uhr zum Thema Selbsthilfe ins Netz geschickt hat? Auch wenn wir zukünftig über digitale Kameras Menschen in Wort und Bild fast wie im „wirklichen Leben" begegnen werden, bleibt diese Begegnung virtuell und kann gerade in der Beratung und Therapie wirkliche persönliche Kontakte nicht ersetzen, auch wenn es im wirklichen Leben manchmal ganz schön virtuell zugeht.

Frank Mehler

Christopher Bollas: Der Schatten des Objekts. Das ungedachte Bekannte: Zur Psychoanalyse der frühen Entwicklung. Klett-Cotta, Stuttgart 1997, 78,– DM.

Daß Bollas seine klinischen Beobachtungen zu den Übertragungsprozessen seiner Klienten vor dem Hintergrund der psychoanalytischen Objektbeziehungs-Psychologien (bes. Balint, Winnicott, Masud Kahn und Bion) zusammenstellt, ist Indiz einer insgesamt zunehmenden Aufmerksamkeit für die primär an Interaktionsprozessen orientierten Ansätze, die im Großbritannien der 50er und 60er Jahre in relativer Isolation entstanden. Die klinische Arbeit mit autistischen und schizophrenen Kindern sowie mit Erwachsenen, die an einer Borderline-Störung leiden, hat Bollas zur Modellierung des *ungedachten Bekannten*, „jenes Teils der Psyche, der in der Welt ohne Worte lebt", animiert (S. 15). „Denn in gewissem Sinn lernen wir die Grammatik unseres Seins, ehe wir die Regeln unserer Sprache begreifen" (S. 48). Diese Empfindungs- und Handlungs-Grammatik besteht aus den „frühesten Beziehungserinnerungen", die im vorbegrifflichen, ungedachten Bereich des psychosomatischen *Körpergedächtnisses* (S. 58) eingelagert sind und die der einzelne unwillkürlich in für andere (und sich selbst) unverständlichen Formen re-inszeniert. Das ganz „persönliche Idiom der mütterlichen Betreuung – eine Ästhetik des Seins" ist zum „Grundzug des Selbst" im Kind und Erwachsenen geworden. Wenn sich das Subjekt in jenem unaufhörlichen Dialog mit sich selbst anspornt, bezichtigt, rechtfertigt, ermüdet oder u. U. in Fragmentierungserfahrungen den Kontakt mit sich verliert und/oder in unerträgliche Ängste absinkt, aber auch wenn das Subjekt sich und sein Leben genießen und kluge Vorsorge treffen kann, wiederholen sich in den „intrasubjektiven Beziehungen eines Menschen zu sich selbst als zu einem Objekt" die Muster der frühen elterlichen Versorgung und werden zur manchmal fatalen Selbstversorgung. Je weniger Einblick die Person in die Logik dieses „Idioms" hat, desto mehr wird dieses sich u. U. in ästhetischen oder religiös-esoterischen Erlebnissen, in ideologischen Fixierungen und privaten Obsessionen, in Konsum-, Reise- und vor allem im Beziehungsverhalten niederschlagen.

Deshalb darf in der therapeutischen Technik bei der Traumdeutung nicht nur nach den Inhalten gefragt werden. Entscheidend sind vor allem der Stil und die Form der „Welt", die „der Andere im Selbst" dem „träumenden Subjekt eröffnet". Wenn der Träumer z. B. in einer Wüste neben einem See agiert und niemals auf die Idee kommt, aus diesem See zu trinken, drückt sich eine Abspaltung von Bedürfniswahrnehmungen aller Art aus; und es zeigt sich, wie der internalisierte „Andere im Selbst" mit dem Subjekt umgeht, d.h. wie er es versorgt (S. 83). Deshalb auch sind neben

Träumen die Stimmungen des Klienten ein wichtiger Gegenstand der Analyse. In ihnen tauchen frühere (ungedachte) Positionen des Selbst verwandelt wieder auf – Positionen, die sich um ein „konservierendes Objekt", um einen fest fixierten „Seinszustand" zentrieren (und einen „Stockungs- und Fixierungspunkt der Familie" signalisieren). Der „normotischen Störung" hingegen, die in radikaler Überanpassung keinerlei emotionale Verbindung zu äußeren Personen oder Ereignissen aufbaut, mangelt es sogar an der Fähigkeit, in Stimmungen zu versinken. Unter den familiendynamischen Interaktionsformen, die derlei fatale (Selbst-)Versorgungs-Logiken hervorbringen, verzeichnet Bollas neben der projektiven Identifizierung, in der „jemand einen unerwünschten Teil seiner selbst einem anderen aufzwingt", die „extraktive Introjektion", in der jemand einem anderen ein Element seines psychischen Erlebens wegnimmt (S. 169).

Weil die „Ich-Struktur der Abdruck einer Beziehung" ist (S. 63), schafft jeder Klient in der Analyse seine spezifischen „Umwelten" (S. 212); er greift organisierend in den Analytiker ein und bildet „im Laufe der Zeit den Idiolekt seiner Objektwahrnehmung aus" (S. 21). Umso mehr gilt es, gerade auch die Regression in sogenannte unanalysierbare Zustände als Chance zu begreifen (S. 37), die die Ebene der freien Assoziation und Widerstandsanalyse noch nicht erreichen können und deshalb in der Therapie unablässig und einsichtsunfähig(/-unwillig) frühe Muster inszenieren. Im Banne der Gegenübertragung, die jenes idiosynkratische „Umweltidiom" des Klienten erzeugt, gilt für den Analytiker häufig, „daß ich da bin, wo er war" (S. 199). Wenn z.B. HysterikerInnen ihr Gegenüber mit vielen verschiedenen Figuren konfrontieren und in der Interaktion *affektiert* Szenen und reine Sinneseffekte herstellen, die als solche keine beständige Empathie oder Reflexion zulassen (z.B. Gesten des Sich-Gehör-Verschaffens, des visuellen Bühnenraum-Einnehmens, des Herstellens von amüsanter Lustigkeit, von giftiger Zornigkeit und tränenrühriger Traurigkeit etc.), fühlt sich der Analytiker betäubt und evtl. unterhaltsam abgelenkt; er verliert den Faden, und zwar genau dann, wenn Reflexion einsetzen könnte/müßte.

Dem psychopathischen Lügner ist das tägliche Entspinnen von Lügengeschichten unabdingbares Lebenselexier, denn er kann zu den ungeschminkten Erlebnissen seiner selbst, die ihm „lahm" und langweilig erscheinen, kein affektiv-engagiertes und reflexives Verhältnis herstellen. Zudem fühlt er sich grundsätzlich von einem „mitleidlosen" und „unbarmherzigen Etwas" umgeben (S. 190). Abgesehen vom metaphorischen Ausdrucksgehalt der Lügengeschichten, signalisiert dieser Modus die Erfahrung eines „dissoziierten Selbst", das den Unterschied von Dichtung und Wahrheit aus den Augen verliert und paradoxerweise deshalb lügen muß, um nicht jegliche Realitätsprüfung gänzlich aufgeben zu müssen. Der Analytiker erlebt in seiner Gegenübertragung genau diejenige Erfahrung, die der Lügner in seinem frühen Leben mit dem „Betreuungsstil" seiner Bezugspersonen machen mußte: nämlich die Erfahrung von wechselnden, aber hyper-kontrollierten und emotional entleerten Handlungsräumen, denen keine „reale Existenz zukommt" und die keinen emotionalen Zusammenhang bilden (S. 193). Nur wenn der Analytiker diese szenischen „Nachschöpfungen" vergangener Erfahrung wahr- und ernstnimmt, durchlebt und artikuliert, kann sich eine Schärfung des Realitätssinns einstellen. Der von Bollas als „Trisexueller" bezeichnete Typus betreibt eine permanente Verführung seiner Umwelt, die, oberflächlich betrachtet, bisexuell orientiert ist, jedoch tatsächlich so funktioniert, daß jegliche „Eroberung" sofort desexualisiert und in weihevolle Erinnerung überführt wird. Dadurch entsteht eine Gemeinde des Verführers, die ihm und sich selbst in einer quasi-esoterisch gestimmten Weise huldigt. Als „Direktor" in einem „Museum der Erinnerung" und sinnenden Sehnsucht

(S. 95) muß er die unbewußte „Anbindung an die Erotik seiner Eltern", an das „überbesetzte Familiendreieck", nicht brechen (S. 101). Daß der Trisexuelle Macht ausübt, „nicht indem er sich etwas aneignet, sondern indem er etwas aufgibt", und sich „weigert, Einfluß zu nehmen" (S. 104), wird die (Gegen-)Übertragungs-Arbeit entscheidend bestimmen.

Bollas insistiert, daß das Verbalisieren der (Gegen-)Übertragungsinteraktion und ihrer Affekte und Assoziationen, das im wesentlichen der Therapeut zu leisten hat, szenisch authentisch erfolgt; d.h der Analytiker ist auch als intuitive und emotional reagierende sowie sich wehrende Person anwesend. Denn wenig ist gewonnen, wenn „amtlich beglaubigte psychoanalytische Dechiffrierungen" erlassen werden (S. 216) und „aseptische Welten" einer interpretierenden Interaktion entstehen (S. 242). Daß dieses authentische Reagieren nur in kontrollierter und reflektierter Weise zum Einsatz kommen kann, ist selbstverständlich; daß andererseits im therapeutischen Feld „die Scheu vor diesem Bereich der psychoanalytischen Technik beinahe phobische Züge hat", ist eine andere Sache.

Für einen beziehungsanalytischen Ansatz überaus inspirierend ist Bollas' theoretische Unterscheidung zwischen einer „unbewußten Form" (dem „unbewußten Ich") und „unbewußten Inhalten" (dem „verdrängten Unbewußten") (S. 20), zumal ein – wenngleich flüchtiger – Bezug zu Gregory Batesons „Beziehungsfalle [double bind]" aufgenommen wird (S. 46). Mißverständlich und befremdlich hingegen ist die Zuordnung der Form zu einer „ererbten Disposition" und die Annahme einer „Dialektik zwischen innerstem Kern" (d.h. Vererbung) bzw. der „Essenz des wahren Selbst" einerseits (S. 288) und der „Umwelt" andererseits (S. 20/45). Dabei bezieht Bollas' Ansatz doch gerade aus der Beleuchtung der Dialektik der (Gegen-)Übertragungen und der Bezüge des Selbst-als-Objekt im Spannungsfeld der Differenz von Ich und Subjekt seine große Überzeugungskraft. Daß zudem orthodoxe Begriffe von Trieb und Ödi-

palität in diesem Buch über frühe Objektbeziehungsstile eine doch vergleichsweise große (und eigentlich unpassende) Rolle spielen, hat wohl mit der Kleinianischen Tradition der Britischen Schule zu tun. Ferner ist der im Grunde aporetische Vorsatz, das „lebensgeschichtlich Faktische und das Phantastische, das Reale und das Imaginäre" auseinanderzuhalten, wohl dem verständlichen Bedürfnis geschuldet, sich von den Verengungen des Lacanschen Ansatzes abzugrenzen. Die „ästhetische Erfahrung" – jene „verzückte intransitive Aufmerksamkeit" (S. 44) – mag in der Reduzierung auf Dynamiken der Verschmelzung zu eng gefaßt sein. (Dabei konnte die Korrespondenz mit dem differenzierteren Begriff des Szenischen in den Kulturanalysen der Schule Alfred Lorenzer wohl aufgrund der Sprachbarriere nicht aufgenommen werden.) Von derlei Detailfragen abgesehen, liegt ein überaus einsichtsvolles und an klinischen Fallbeschreibungen reiches Buch über frühe Objektbeziehungen vor.

Harald Weilnböck

Helmuth Figdor: Scheidungskinder – Wege der Hilfe. Psychosozial-Verlag, Gießen, 2. Auflage 1998, 272 Seiten, 38,– DM.

Daß ihre Eltern sich scheiden lassen – dieses Risiko ist für Kinder heutzutage ziemlich hoch geworden. In städtischen Ballungsgebieten wird jede 2. Ehe, in ländlichen Regionen jede 5. Ehe geschieden, so steht es in amtlichen Statistiken. Ob verheiratet oder nicht – man trennt sich viel häufiger als früher und geht in der Regel bald eine neue Beziehung ein. So kommt es, daß fast jedes 2. Kind nicht in der Familie aufwächst, in die es hineingeboren wurde. Und jedes 4., so schätzen Fachleute, ist zum Zeitpunkt der Trennung noch keine 3 Jahre alt. Die damit verbundenen Erschütterungen ereilen Kinder immer früher, oft in einem Stadium, wo sie hochsensibel und äußerst verletzbar sind.

Was empfinden Kinder, wenn sie die Trennung der Eltern erleben? Wie tief gräbt sich das Drama der Scheidung in ihre Seele ein? Und was können Eltern tun, um das Schlimmste zu vermeiden?

Zu diesem Thema ist aus der Feder eines erfahrenen Kindertherapeuten vor kurzem ein einfühlsames Buch erschienen: „Scheidungskinder – Wege der Hilfe". Der Autor, Helmuth Figdor, ist Psychoanalytiker und Erziehungsberater in eigener Praxis. Er lehrt in der Universität Wien und ist mit zahlreichen Veröffentlichungen hervorgetreten. Doch das – vorneweg gesagt – braucht man nicht unbedingt zu wissen, um zu erkennen, daß hier ein Fachmann schreibt, wie man ihn nur wünschen kann.

Figdor schildert eindrucksvoll, wie eine Scheidung abrupt den Alltag eines Kindes verändert. Wenn der Vater z. B. die Koffer packt und auszieht, dann verläßt nicht nur eine Person das Haus, die bisher immer da und ansprechbar war. Auch eine intensive Liebesbeziehung droht zu zerschellen, zumindest in der Phantasie. Angst und Gefühle des Bedrohtseins, die es bisher nicht kannte, durchfluten die innere Welt des Kindes. „Wenn Papa geht, werd' ich ihn wiedersehen? Haben meine bösen Gedanken ihn vertrieben? Wenn zwischen den Eltern die Liebe zerbricht, werd' ich nicht eines Tages auch verlassen sein?" Kinder werden unausweichlich von Fragen dieser Art bedrängt. Oft sind sie zu jung, um sich vorstellen zu können, daß etwas ohne ihr Zutun geschieht. Wenn sie obendrein sehen, daß die Eltern sich über Fragen der Kindererziehung streiten, schützt sie nichts davor zu glauben, sie selbst trügen Schuld am Zerwürfnis der Eltern.

Nicht alle Gefühle, die das Scheidungsdrama aufrührt, sind dem Kind deutlich bewußt. Wo aber ist der Raum, darüber zu sprechen und Ängste zu besänftigen? Manche Kinder sind von Spannungen überwältigt, sie werden auffällig unkonzentriert oder nässen ein. Andere zeigen sich ungewohnt anhänglich oder haben Angst vor dem Alleinsein. Zu den Folgen psychischer Erschütterungen können auch ungewohnte Wutausbrüche oder psychosomatische Beschwerden zählen, z. B. Darmkrämpfe oder Kopfschmerzen. Der Autor spricht von Erlebnisreaktionen, wenn die Symptome nach einiger Zeit, d. h. nach gelungener Anpassung wieder verschwinden. Es kann aber geschehen, daß das von Ängsten und Phantasien bedrückte Kind durch seine scheidungsgestreßten Eltern keinerlei Unterstützung erhält. In diesem Fall können Abwehrstrukturen im Ich des Kindes zerbrechen – ein Vorgang, der zur neurotischen Erkrankung führt.

Die Scheidung verändert das Gefüge der täglichen elterlichen Verantwortung, häufig führt sie in neue Partnerschaften. Der in Therapie und Beratung erfahrene Autor bringt das, was im pädagogisch-psychologischen Spannungsfeld dieses Geschehens sich zuträgt, mit äußerster Einfühlsamkeit zur Sprache.

Sein Buch ist deshalb mehr als ein marktgängiger Ratgeber, wie der Titel vermuten läßt. Es bietet wichtige, in die Tiefe der Gefühle gehende Einsichten, die der Verfasser aus professioneller Praxis selbst gewonnen und im Fundus des modernen psychoanalytischen Wissens verankert hat.

Die Lektüre ist ein Gewinn nicht bloß für Scheidungseltern und nicht bloß für Fachpädagogen, sondern für alle, die über die emotionale Welt der Eltern-Kind-Beziehungen belehrt sein wollen. Wissenswertes erfährt man auch über die Arbeitsweise der Institutionen, die an Scheidungen beteiligt sind.

So werden anhand von einzelnen Beispielen die Gründe erläutert, warum es empfehlenswert ist, im einen Fall ein Mediationsverfahren zu wählen, im anderen eine Beratung vorzuziehen, in wieder anderen Fällen aber eine Therapie ins Auge zu fassen, deren Setting wiederum spezifisch zu bestimmen ist. Einige Gerichtsentscheidungen, die zitiert werden, beleuchten die Spruchpraxis von Familiengerichten. Schließlich werden auch die Vor- und Nachteile bestimmter Modelle benannt, nach denen das gemeinsame Sorgerecht gehandhabt werden kann.

Rainer Fellmeth

Ilka Quindeau: Trauma und Geschichte. Interpretationen autobiographischer Erzählungen von Überlebenden des Holocaust. Brandes u. Apsel, Frankfurt a. M. 1995, 281 S., 39,80 DM.

Wie konnten die Überlebenden der nationalsozialistischen Massenvernichtung, die zur Zeit der Verfolgung noch Kinder und Jugendliche waren, mit ihren extremtraumatischen Erfahrungen weiterleben? Ausgehend von dieser Frage, begibt sich Ilka Quindeau in eine selbstreflexive Auseinandersetzung mit autobiographischen Erzählungen von Holocaust-Überlebenden. Die Erzählungen entnimmt Quindeau selbstgeführten Interviews mit Überlebenden der Shoah. Exemplarisch werden die Überlebensgeschichten von drei Frauen vorgestellt – ein Interview in voller Länge und zwei verdichtete Interpretationsskizzen. Die Frauen berichten von ihrer Kindheit, den Familienbeziehungen vor und während des Krieges, der aufziehenden Bedrohung durch den Nationalsozialismus, ihren Verfolgungs- und Deportationserfahrungen, der Zeit in Arbeits- und Konzentrationslagern, von ihren Leiden, Ängsten und Überlebensstrategien, von der Befreiungserfahrung und dem „Neuanfang" in einem anderen Land. Bei den Erzählungen handelt es sich um Narrationen mit Brüchen; Narrationen, die zu versprachlichen suchen, was kaum oder nicht zu versprachlichen ist. Von „Sprachnot" spricht Quindeau angesichts der Traumatisierungserfahrungen der Erzählenden. Auch sie als über die geronnenen Erzählungen arbeitende Sozialwissenschaftlerin kann sich einer solchen Sprachnot nicht entziehen.

Bewußt läßt sich die Autorin in ihrer Studie auf das ein, was sich der narrativen Struktur widersetzt, was ihre interpretatorischen Bemühungen zensiert und sie zur Akzeptanz der fortwährenden „bloßen" Annäherung an ihren Erkenntnisgegenstand zwingt. Dabei werden die Grenzen des Verstehens des Massenmords spürbar. Diese sich in den Narrationen der Überlebenden abzeichnenden Grenzen markieren zugleich auch die Grenzen, entlang derer sich die von Quindeau entwickelte „psychoanalytisch inspirierte" hermeneutische Vorgehensweise bewegt. Es bedarf eines mühevollen interpretatorischen und (selbst)reflexiven Ringens mit den Geschichten der Überlebenden und der eigenen Geschichte als Nachfahre des Täterkollektivs. Quindeau benennt in diesem Zusammenhang auch ein persönliches Anliegen, nämlich im Prozeß der Auseinandersetzung mit den Überlebendenzeugnissen die „Lücken in der eigenen Geschichte von der anderen Seite her zu verringern". Hier drängt sich bereits die Besonderheit der Interviewsituation auf, die Quindeau konsequent mitdenkt: Holocaust-Überlebende teilen sich einer jungen nicht-jüdischen Deutschen mit, die sich zudem als Wissenschaftlerin ihnen und ihrer Geschichte zuwendet. Daher überrascht es nicht, daß es in den Gesprächen mit den Überlebenden zu vielfältigen Übertragungen kommt. Sensibel beobachtet die Autorin, wie sie von ihren Interviewpartnerinnen mal als Täterin, mal als Zuschauerin, mal als Freundin, Mutter oder Tochter adressiert wird. In diesem Wechselspiel der Rollen-Übertragungen von Verfolgern und Vertrauten scheinen für Quindeau selbstreflexive Momente auf: Sie fühlt sich mehr denn je auf ihre deutsche Herkunft verwiesen, beschreibt die Unausweichlichkeit des historischen Erbes Nationalsozialismus.

Mit Paul Ricoeur geht Quindeau davon aus, daß die Textinterpretation die Selbsterkenntnis fördert. Sie hält damit auch fest an der von Alfred Lorenzer im Zusammenhang psychoanalytischer Textinterpretation formulierten Maxime, daß eine solche hermeneutische Praxis zwangsläufig auch Veränderungen des Bewußtseins der Forscherin bewirke. Wie stellt sich dieser bewußtseinsverändernde Interpretationsprozeß bei Quindeau dar, von welchen Fragestellungen läßt sie sich leiten?

Im Zentrum ihres Erkenntnisinteresses stehen die Fragen, wie Menschen die Traumatisierungen des Holocaust verarbeiten konnten und wie sie sich nach der Befreiung ein „neues" Leben aufbauen, sich ihre geraubte Subjektivität und Identität wiederaneignen konnten. In ihrer Analyse der Narrationen trifft Quindeau auf ein zentrales Motiv der Überlebenden: das eigene Überleben in irgendeiner Weise zu erklären. Hieran knüpft sich auch der Versuch, die Unerträglichkeit des Zufalls des Überlebt-Habens in einer sinnstiftenden biographischen Erzählung aufzufangen. Die Autorin unterzieht die legitimationsstiftende Funktion dieser Erzählungen einer kritischen Betrachtung. Dabei verfolgt sie das Ziel, den subjektiven Niederschlag der Ereignisse in den Darstellungen der Überlebenden, aber auch – im Sinne der angestrebten Selbstreflexion – in der eigenen psychischen Struktur sichtbar zu machen. In Anlehnung an den von Böhme geprägten Begriff der „obliquen Reflexion" entwickelt Quindeau ihre „oblique Hermeneutik". Diese charakterisiert die Autorin als „eine Art Schrägblick", ein diskursives hermeneutisches Verfahren, mit dem die der manifesten Bedeutung zugrunde liegende latente Bedeutung der Lebensgeschichten ihrer InterviewpartnerInnen geborgen werden soll.

Es handelt sich dabei freilich um kein methodisches Novum der qualitativen Sozialforschung, geht es doch in den meisten hier entwickelten Verfahren um die Erschließung eines vor oder hinter dem Manifesten liegenden Sinns. Was ist also das Besondere an der „obliquen Hermeneutik"? Sie stellt vor allem den Versuch dar, verschiedene hermeneutische Zugänge aus der qualitativen Sozialforschung, aber auch der Literaturwissenschaft, unter dem Dach der Psychoanalyse zu vereinen. Dabei strebt die interdisziplinäre Vorgehensweise von Quindeau nicht bloß danach, einer „Methodenorthodoxie" vorzubeugen. Vielmehr betont sie den epistemologischen Ansatz der Psychoanalyse als einen (vielleicht den einzigen) Ansatz, in dem der Erkenntnisprozeß selbst zum Gegenstand der Reflexion wird. Für die Interpretation der Zeugnisse von Holocaust-Überlebenden scheint die Methodensynthese von Ilka Quindeau vor allem deshalb geeignet, weil davon ausgegangen werden kann, daß die Symbolisierung der Erfahrung der Massenvernichtung unmöglich ist, die extreme Traumatisierung sich der Versprachlichung entzieht. So verfolgt Quindeau in erster Linie das Anliegen, „über die Analyse der subjektiven Deutungsmuster und die Dekonstruktion des subjektiv intendierten, manifesten Sinns der Lebensgeschichten den stets prekären Umgang mit der extremtraumatischen Erfahrung der Massenvernichtung zu beleuchten." Diese Herangehensweise stützt die Autorin auch durch Erkenntnisse aus erzähltheoretischen Ansätzen. Einem dialektischen Paradigma von Gegenstand und Methode folgend, markiert Quindeau hier die Zusammenhänge von Sprache und menschlicher Praxis auf sozialisationstheoretischer Folie. Dabei ernennt sie die Psychoanalyse mit der ihr eigenen Trennung von Sprache und Unbewußtem zur Metatheorie für ihre „oblique Hermeneutik". Auf diese Weise hofft sie, „narrativ geglättete Widersprüche" und „falsche Evidenzen" in den autobiographischen Erzählungen der Überlebenden aufdecken und deuten zu können.

Alle Interpretationen sind in einer Interpretationsgruppe mit Expertinnen entstanden, die Quindeau eigens für ihre Forschungsarbeit etabliert hat. In dem hier angewandten Interpretationsverfahren, welches sich am „Szenischen Verstehen" der Tiefenhermeneutik (Lorenzer) orientiert, werden zwecks Validierung drei „Szenen" vergleichend übereinandergelegt: die Erzählung des Überlebenden, die Interaktion zwischen Interviewer und Überlebendem und schließlich die Interaktion der InterpretInnen im gemeinsamen Deutungsprozeß. Quindeau baut auf ein Konsensmodell der „Wahrheitsfindung". Dabei verläßt sie sich auf das Expertentum erfahrener, zum Teil seit Jahren zur Thematik arbeitender amerikanischer Psychoanalytikerinnen (Judith Kestenberg u. a.).

Sorgfältig bereitet Quindeau ihre LeserInnen auf die Einzelfallstudien vor. Sie durchdringt zunächst kundig die Dimensionen des Traumabegriffs im Hinblick auf den Holocaust, führt in das Phänomen der „Coping-

Strategien" ein und beschreibt die Besonderheiten des Umgangs mit Verfolgungserfahrung in der Kindheit bzw. der Adoleszenz. In ihren Ausführungen „Erinnerung und Rekonstruktion" problematisiert Quindeau die Tabuisierung des Massenmords an den europäischen Juden. Davon ausgehend, daß sich gesellschaftliche Diskurse über die Massenvernichtung auch in Begegnungen mit Überlebenden niederschlagen und auf diese Weise die Rekonstruktion der Verfolgungserfahrung beeinflussen, thematisiert die Autorin mögliche Aspekte der Gegenübertragung: Abwehrmechanismen, Verschiebung von Wut auf die Opfer, Einfühlungsverweigerung, Gefühle von Scham und Schuld. Hieraus leitet Quindeau die Notwendigkeit der Reflexion der eigenen Gegenübertragungstendenzen als „eine unverzichtbare Voraussetzung für das Verstehen der Verfolgten" ab. Durch eine nähere Betrachtung der psychischen Funktionen, die mit dem Rekonstruktionsprozeß von Erinnerung verbunden sind, arbeitet die Autorin sukzessive die Spezifik des Erinnerns an den Holocaust heraus. Dabei konzentriert sich Quindeaus Analyse nicht auf die konkreten Inhalte der erzählten (Über-)Lebensgeschichten, sondern auf die Struktur der jeweiligen Erzählung. Es geht der Autorin vornehmlich um die Herausarbeitung verschiedener Erzählmuster als Formen des Umgangs mit der erlittenen Traumatisierung. Den zentralen Befund ihrer Untersuchung bildet schließlich die Feststellung, daß die Verfolgungsgeschichte in der Regel von einem lebensgeschichtlichen Krisenpunkt aus entwickelt wird, der vor der Traumatisierungserfahrung liegt. Quindeau fragt nach der Funktion, die bestimmte Darstellungen innerhalb einer (Über-)Lebensgeschichte einnehmen, betont den Konstruktcharakter von Biographie und verweigert sich hartnäckig einem Konzept der Widerspiegelung „ereignishafter Wirklichkeit". Ihre Forschungsarbeit zielt darauf ab, den Konstruktionsprozeß von Lebensgeschichten – Überlebensgeschichten – unter Aufdeckung der zugrundeliegenden psychischen Konflikte sichtbar zu machen. Überzeugend zeigt sie, daß die untersuchten Erzählungen nicht nur den Umgang mit dem Trauma zum Ausdruck bringen, sondern zugleich selbst eine Form des Umgangs mit dem Trauma darstellen. Quindeau stößt in ihren drei Fallbetrachtungen auf biographische Kontinuitäten und Leitmotive der Überlebenden. Von diesen ausgehend, arbeitet Quindeau lebensgeschichtliche Konzeptionen wie „Arbeit", „Aktivität und Stärke" sowie „Heilen und Helfen" als Schlüsselkategorien, die „die Erfahrung der Massenvernichtung für die Überlebenden integrierbar" machen, heraus.

Am Ende ihres Buches wendet sich die Autorin noch einmal der Reflexion der subjektiven Bedeutung des Erzählprozesses zu, betrachtet die Erzählung als Versuch und Möglichkeit der Bewältigung der Kontingenz des Überlebt-Habens sowie als Bemühen um Integration des Traumas. Auch expliziert sie die Rolle des Gegenübers im Prozeß der Erzählung und kommt auf diesem Wege wieder zu sich selbst, indem sie das Ringen um das Verstehen zum selbstreflexiven Akt erhebt und ihre Rolle als nicht-jüdische deutsche Forscherin noch einmal (wissenschafts-)kritisch ins Visier nimmt.

Es handelt sich bei „Trauma und Geschichte" um ein außerordentlich ambitioniertes Buch, das sich durch Interdisziplinarität und ausdauernde methodologische Reflexion sowie einen sensiblen und (selbst-)kritischen Umgang mit dem Erkenntnisgegenstand – den autobiographischen Erzählungen von Holocaust-Überlebenden – auszeichnet. Zweifelsohne sind dies Eigenschaften, deren Verbreitung ganz allgemein in wissenschaftlichen Arbeiten wünschenswert sind. Für das hier beschriebene Problemfeld – die Auseinandersetzung mit den Erzählungen der Opfer des nationalsozialistischen Terrors – sind es darüber hinaus Eigenschaften, die zu Geboten gerinnen müssen, will man wie Quindeau ethisch verantwortungsvoll die Spuren des Traumas für die Nachwelt sichern.

Viola Georgi

ANZEIGE

279 Seiten
DM 48,– · öS 350,– · SFr 44,50
ISBN: 3-932133-49-8

„Ein Plädoyer, von der Psychoanalyse zu lernen."
taz, 29.5.1999

Volkans Arbeiten, und nicht allein die Studie zum Kosovo, sind eine Entdeckung und Gedanken wie seine akut notwendig. Erschütternd ist an diesem Buch, daß es so alleine dasteht (...).

Vamık Volkans Werk über die Psychologie der Großgruppen müßte Politiker heute mindestens so sehr interessieren wie die Debatte um Bodentruppen."

*Caroline Fetscher
in Der Tagesspiegel, 23.5.1999*

September 1999 · ca. 350 Seiten
DM 48,– · öS 350,– · SFr 44,50
ISBN 3-932133-79-X

Perverse Paare entwickeln raffinierte Strategien, um Genuß in der Erniedrigung und Zerstörung des anderen zu finden. Hurni und Stoll liefern erstmals eine umfassende klinische Beschreibung dieser „perversen Logik" und verfolgen sie zurück auf frühe traumatische Erfahrungen, in denen das Selbstwertgefühl und die sexuelle Identität des Kindes zerstört wurden.

**P&V
Psychosozial-Verlag**

400 Seiten · gebunden
DM 48,– · öS 350,– · SFr 44,50
ISBN 3-932133-70-6

270 Seiten
DM 36,– · öS 263,– · SFr 33,–
ISBN 3-932133-72-2

Trennungen können gegensätzliche Gefühle auslösen, die dennoch oft eng miteinander verbunden sind: Schmerz und Trauer über den Verlust, aber auch freudige Erleichterung über die Freiheit, wenn die Loslösung gelungen ist. Die Auseinandersetzung mit schmerzhaften Trennungserlebnissen von Mutter (und Vater) bildet einen der Schwerpunkte dieses Buches.

Das „Handbuch Interkulturelle Suchthilfe" ist ein Praxishelfer für die tägliche Arbeit der Suchtberatungsstellen, die sich mit Menschen aus anderen Kulturen beschäftigen. Ausgehend von aktuellen Forschungsergebnissen zur Suchtsituation von Migranten, stellt dieser praktische Ratgeber bewährte Modelle, Konzepte und Ansätze in der interkulturellen Suchtarbeit anhand von Fallbeispielen, Projektbeschreibungen, nationalen Interventionsmaßnahmen, präventiven, beraterischen und therapeutischen Ansätzen vor.

P V
Psychosozial-Verlag

Neuerscheinungen

Bundeszentrale für gesundheitliche Aufklärung
Bundeszentrale für gesundheitliche Aufklärung (Hg.) (1998): Kompetent, authentisch und normal? Aufklärungsrelevante Gesundheitsprobleme, Sexualaufklärung und Beratung von Jungen (Bd. 14). Köln.
Bundeszentrale für gesundheitliche Aufklärung (Hg.) (1998): Sexualpädagogische Konzepte (Bd. 9). Köln.
Bundeszentrale für gesundheitliche Aufklärung (1998): Gesundheit für Kinder und Jugendliche (1). Köln.
Bundeszentrale für gesundheitliche Aufklärung (1998): Gesundheit von Kindern. Epedemiologische Grundlagen (Bd. 3). Köln.
Bundeszentrale für gesundheitliche Aufklärung (1998): Sexual- und Verhütungsverhalten 16 bis 24jähriger Jugendlicher und junger Erwachsener (Bd. 12). Köln.

Brandes & Apsel
Resch, T. (Hrsg.) (1999): Psychoanalyse, Grenzen und Grenzöffnung. Frankfurt (Brandes & Apsel).

Beck
Mertens, W. (1999): Traum und Traumdeutung. München (Beck).

Deutscher Universitätsverlag
Loos, P. (1998): Mitglieder und Sympathisanten rechtsextremer Parteien. Wiesbaden (Deutscher Universitätsverlag).

dtv
Benz, W. (1999): Deutschland seit 1945. München (dtv).

Fachhochschulverlag
Plagemann, H., Klatt, M. (Hrsg.) (1999): Recht für Psychotherapeuten. Psychotherapeutengesetz – SGB V – Zulassungsverordnung – Bundesmantelvertrag-Ärzte – Psychotherapeuten-Richtlinien – Ausbildungs- und Prüfungsverordnungen. Frankfurt (Fachhochschulverlag).

Fischer
Ferenczi, S. (1999): Ohne Sympathie keine Heilung. Das klinische Tagebuch von 1932. Frankfurt (Fischer).
Reichel, P. (1999): Politik mit der Erinnerung. Gedächtnisorte im Streit um die nationalsozialistische Vergangenheit. Frankfurt (Fischer).

Friedenauer Presse
Darwin, C. (1998): Sind Affen Rechtshänder?. Notizhefte M und N und die „Biographische Skizze eines Kindes". Berlin (Friedenauer Presse).

Frommann-Holzboog
Sandler, S. (Hrsg.) (1996): Über Freuds „Die endliche und die unendliche Analyse". Freud heute. Wendepunkte und Streitfragen Bd. 1. Stuttgart (Frommann-Holzboog).

Haupt
Matter, H. (1999): Sozialarbeit mit Familien. Eine Einführung. Stuttgart (Haupt).

Herder
Miller, M. V. (1999): Wenn die Liebe Angst macht. Liebesterror und wie man ihm entgeht. Freiburg (Herder).

Juventa
Hirblinger, H. (1999): Erfahrungsbildung im Unterricht. Die Dynamik unbewußter Prozesse im unterrichtlichen Beziehungsfeld. München (Juventa).

Kabel
Luckmann, E. (1998): Lügen haben viele Beine. Der Schmale Grat zwischen Wahrheit und Lüge. Hamburg (Kabel).

Klett-Cotta
Brisch, K. H. (1999): Bindungstherorie zur Therapie. Von der Bindungstheorie zur Therapie. Stuttgart (Klett-Cotta).
Rehberger, R. (1999): Verlassenheitspanik und Trennungsangst. Bindungstheorie und psychoanalytische Praxis bei Angstneurosen. Stuttgart (pfeiffer bei Klett-Cotta).

Kösel
Fritkzsche, K.P. (1998): Die Stressgesellschaft. Vom schwierigen Umgang mit den rasanten gesellschaftlichen Veränderungen. München (Kösel).
Krüger, W. (1998): Die Faszination des Geldes. Begierde, Sehnsucht, Leidenschaft. München (Kösel).

Kohlhammer
Bundesministerium für Familie, Senioren, Frauen und Jugend (Hg.) (1998): Familienorientierte Arbeit mit Kindern und Jugendlichen alkohol- bzw. drogenabhängiger Eltern/-teile. Stuttgart (Kohlhammer).

Bundesministerium für Familie, Senioren, Frauen und Jugend (1998): Praxiserprobung von Vermittlung (Mediation) in streitigen Familiensachen. Pilotstudie. Stuttgart (Kohlhammer).

Konkret Literatur
Krebber, W. (1999): Sexualstraftäter im Zerrbild der Öffentlichkeit. Fakten Hintergründe Klarstellungen. Hamburg (Konkret Literatur).

Lit
Siegrist, K., Silberhorn, Th. (1998): Streßabbau in Organisationen. Ein Manual zum Streßmanagement. Münster (Lit).

Oetker-Voges
Frenken, R. (1999): Kindheit und Autobiographie vom 14. bis 17. Jahrhundert. Psychohistorische Rekonstruktionen (Bd. 1 und 2). Kiel (Oetker-Voges).

Pabst
Rugulies, R. (1998): Die psychosoziale Dimension der koronaren Herzkrankheit und die Chancen multiprofessioneller Intervention. Wien (Pabst).
Kühnen, U. (1999): Verzerrungen bei direkten und inbdirekten selbstbezogenen Ähnlichkeitsurteilen als Konsequenz hoch zugänglichen Selbstwissens. Wien (Pabst).
Kotkamp, U. (1999): Elementares und komplexes Problemlösen. Über Invarianzeigenschaften von Denkprozessen. Wien (Pabst).
Schinagl, T. (1999): Die Topologie des Soziales Feldes. Rekonstruktion der psychologischen Umwelt eines Kinderferienlagers. Wien (Pabst).
Saathoff, J. E. (1999): Visuelle und motorische Informationen beim Erinnern von Handlungen. Wien (Pabst).

Papy Rossa
Preuschoff, G. (1999): Wachsen und wachsen lassen. Anregungen für das Leben mit Kindern. Köln (Papy Rossa).
Beckmann, H. (1999): Das Prinzip des Agamemnon. Töchterschicksale im Namen des Vaters. Köln (Papy Rossa).

Passagen
Kos, M. (1998): Frauenschicksale in Konzentrationslagern. Wien (Passagen).

Patmos
Landmann, S. (1999): Der jüdische Witz. Düsseldorf (Patmos).

Quell
Falardeau, W. (1998): Das Schweigen der Kinder. Sexueller Mißbrauch an Kindern. Die Opfer, die Täter, und was wir tun können. Stuttgart (Quell).

Rowohlt
Shorter, E. (1999): Von der Seele in den Körper. Die kulturellen Ursprünge psychosomatischer Krankheiten. Reinbek (Rowohlt).

Sigma
Kistler, E., Noll, H-H., Priller, E. (Hrsg.) (1999): Perspektiven gesellschaftlichen Zusammenhalts. Empirische Befunde, Praxiserfahrungen, Meßkonzepte. Berlin (Sigma).

Spektrum
Spitzer, M. (1996): Geist im Netz. Modelle für Lernen Denken und Handeln. Heidelberg (Spektrum).

Suhrkamp
Moser, T. (1999): Mutterkreuz und Hexenkind. Eine Gewissensbildung im Dritten Reich. Frankfurt (Suhrkamp).
Menninghaus, W. (1999): Ekel. Theorie und Geschichte einer starken Empfindung. Frankfurt (Suhrkamp).

Vandenhoeck & Ruprecht
Rauchfleisch, U. (1999): Außenseiter der Gesellschaft. Psychodynamik und Möglichkeiten zur Psychotherapie Straffälliger. Göttingen (Vandenhoeck & Ruprecht).
Auchter, Th., Strauss, L. V. (1999): Kleines Wörterbuch der Psychoanalyse. Göttingen (Vandenhoeck & Ruprecht).

Walter
Neuburger, R. (1999): Mythos Paar. Was Paare verbindet. Düsseldorf (Walter).

Waxmann
Arnold, E. (1999): Familiengründung ohne Partner. Münster (Waxmann).

Westdeutscher
Hessel, A., Geyer, M., Brähler, E. (Hrsg.) (1999): Gewinne und Verluste sozialen Wandels. Globalisierung und deutsche Wiedervereinigung aus psychosozialer Sicht. Opladen (Westdeutscher).
Klein, A., Legrand H.-J., Leif, Th. (Hrsg.) (1999): Neue soziale Bewegungen. Opladen (Westdeutscher).

Die AutorInnen

Bergman, Anni, in Wien geboren, in die Vereinigten Staaten emigriert, arbeitet heute in New York als Psychoanalytikerin für Kinder, Jugendliche und Erwachsene. A. Bergman war langjährige Begleiterin und Mitarbeiterin von Margaret S. Mahler u. a. im New Yorker Masters Children Center. Schwerpunkt ihrer gemeinsamen Forschungsarbeit war die frühe Entwicklung der Mutter-Kind-Beziehung und des menschlichen Separations-Individuationsprozesses. Sie ist Mitautorin des bekannten Buches „Die psychische Geburt des Menschen", das ein Ergebnis der langjährigen gemeinsamen Arbeit darstellt. A. Bergman führte die Arbeit M. Mahlers in klinischen Langzeit- und Katamnesestudien fort. A. Bergman lehrte an der City-University of New York als Clinical Professor und als Lehranalytikerin am Institut for Psychoanalytic Training and Research New York und der New York Freudian Society. Zahlreiche Publikationen.

Brisch, Karl Heinz, Dr. med., Leiter der Ambulanz für Kinder- und Jugendpsychiatrie und Oberarzt an der Abteilung für Psychotherapeutische und Psychosomatische Medizin des Universitätsklinikums Ulm. Arzt für Kinder- und Jugendpsychiatrie und Psychotherapie, Arzt für Psychiatrie und Neurologie, Arzt für Psychotherapeutische Medizin, Psychoanalytiker, Gruppen- und Familientherapeut. Forschungsschwerpunkte: Frühkindliche Entwicklung und ihre Störungen, Bindungsstörungen und ihre Auswirkungen auf die Eltern-Kind-Beziehung, klinische Anwendung der Bindungsforschung in der Psychotherapie.

Buchholz, Michael B., Prof. Dr. phil. am Fachbereich Sozialwissenschaften der Universität Göttingen und Funktionsbereichsleiter im Krankenhaus „Tiefenbrunn", Psychoanalytiker (DGPT). Arbeitsgebiete: psychoanalytische Familientherapie, qualitative Psychotherapieforschung, insbesondere Metaphernanalyse. Veröffentlichungen u. a.: „die unbewußte Familie" (1995), „Metaphern der Kur. Eine qualitative Studie zum psychotherapeutischen Prozeß" (1996), „Supervision im Fokus" (1997, mit N. Hartkamp), „Szenarien des Kontakts – eine metaphernanalytische Studie zur stationären Psychotherapie" (1997), Gießen (Psychosozial-Verlag). Im September 1999 erscheint im Psychosozial-Verlag sein Buch „Psychotherapie als Beruf".

Gambaroff, Marina, Dipl. Psych., Psychoanalytikerin (DPV/DGPT), Lehranalytikerin, Mitglied des Psychoanalytischen Institutes Gießen und der Group Analytic Society London. Tätig in freier Praxis, Einzelanalyse, Gruppen- und Paartherapie; Lehraufträge an der Univ. Gießen. Arbeitsfelder: Psychoanalyse des Geschlechterverhältnisses und der weiblichen Sozialisation. Veröffentlichungen: „Utopie der Treue" (1984), „Sag mir, wie sehr liebst du mich – Frauen über Männer" (1987), „Angst Lust, das furchtbar Weibliche" (1994, mit M. Walker), „Abwehr der destruktiven Dimension in der Übertragungsliebe" (1997).

Grieser, Jürgen, Dipl. Psychologe, Studium der Psychologie und psychoanalytische Ausbildung in Zürich. Nach langjähriger Tätigkeit in der Kinder- und Jugendpsychiatrie in freier Praxis psychotherapeutisch tätig. Veröffentlichung: „Der phantasierte Vater" (1998).

Haland-Wirth, Trin, Psychoanalytische Paar- und Familientherapeutin und Supervisorin in eigener Praxis und Dozentin für Familientherapie am „Institut für Psychoanalyse und Psychotherapie - Sektion Familientherapie" in Gießen.

Möhring, Peter, Dr. med. Psychoanalytiker (DPV) in eigener Praxis, Priv.-Doz. am Zentrum für Psychosomatische Medizin am Klinikum der Universität Gießen. Zahlreiche Veröffentlichungen zur Psychosomatik, Krankheitsverarbeitung, u. a. „Mit Krebs leben" (1995), Psychoanalyse sowie Familien- und Sozialtherapie, (Hg.): „Psychoanalytisch orientierte Familien- und Sozialtherapie" (1996), Gießen (Psychosozial-Verlag).

Petri, Horst, Prof. Dr. med., Facharzt für Neurologie und Psychiatrie, Facharzt für Kinder- und Jugendpsychiatrie, Psychoanalytiker (DPG) in freier Praxis, Hochschullehrer für das Fach Psychotherapie und Psychosomatik an der freien Universität Berlin. Zahlreiche Veröffentlichungen in diesem Bereich; letzte Veröffentlichungen: „Verlassen und Verlassen werden – Angst, Wut und Trauer bei gescheiterten Beziehungen" (1991), „Umweltzerstörung und die seelische Entwicklung unserer Kinder" (1992), „Geschwister – Liebe und Rivalität" (1994), „Lieblose Zeiten – psychoanalytische Essays über Tötungstrieb und Hoffnung" (1996), „Guter Vater – Böser Vater. Psychologie der männlichen Identität" (1997).

Reinke, Ellen, Prof. habil., Dr. phil., studierte in Frankfurt a.M. Psychologie und Soziologie, seit 1991 an der Universität Bremen, Studiengang Psychologie, Leiterin des Transfer-Institutes „DIALOG - Zentrum für Angewandte Psychoanalyse" der Universität Bremen, Psychoanalytikerin (DPV/IPV/DGPT) in eigener Praxis. Interessenschwerpunkt: Methodologie der Psychoanalyse sowie Entwicklung und Prüfung methodischer Explikationen der Angewandten Psychoanalyse, Prävention und Psychotherapieforschung. Veröffentlichungen, u.a.: (1998): Jugend angesichts von Postadoleszenz, Zweiter Karriere und Aktivem Altern. In: Jugend und Kulturwandel, Ethnopsychoanalyse 5, S. 79-96. Frankfurt a.M.; (1992): Zweite Generation – zweite Chance? Transgenerationelle Übermittlung von unbearbeiteten Traumen im Zusammenhang mit dem Nationalsozialismus. In: Flaake, K., King, V. (Hg.) (1993): Aufsätze zur weiblichen Adoleszenz. Frankfurt a.M.; (1993): Kollektive Verbrechen und die zweite Generation. In: Böllinger, L., Lautmann, R. (Hg.): Vom Guten, das noch stets das Böse schafft – kriminalwissenschaftliche Essays zu Ehren von Herbert Jäger. Frankfurt a.M.; (1997): Psychotherapie und Soziotherapie mit Straftätern. Klinik und Forschung. Gießen, (Psychosozial-Verlag).

Wirth, Hans-Jürgen, Priv.-Doz., Dr. rer. soc., Dipl. Psych., Psychoanalytiker (DPV), geb. 1951, Studium der Psychologie und Soziologie, 1984 Promotion, 1997 Habilitation am Fachbereich Psychologie der Universität Bremen. Zur Zeit selbständig als Psychoanalytiker und Verleger. Priv.-Doz. am Fachbereich Psychologie der Universität Bremen.